実務家のための
知的財産権判例70選
2020年度版

平成31年3月7日～令和2年3月25日判決

一般社団法人弁理士クラブ知的財産実務研究所　編

発明推進協会

「実務家のための知的財産権判例70選 2020年度版」の発刊にあたって

　今年も「実務家のための知的財産権判例70選」2020年度版を一般社団法人弁理士クラブ知的財産実務研究所から発刊することになりました。この度の発刊は，2002年度版以来，シリーズ19冊目となります。

　この「実務家のための知的財産権判例70選」シリーズは，前年度一年間に出された知的財産権に関連する裁判の判決の中から，実務上注目される判決を精選し，これを実務家の立場から解説・論評したものです。2020年度版では，2019年度に裁判所ウェブサイトで公開された知的財産裁判例約320件の中から，特許庁における判断が見直された審決取消事例を含む約70件を選び，年と共に多様化する知的財産への考え方をコンパクトにまとめ，紹介しております。特に，近年は，判例の傾向に変化がみられ，その変化を把握しておくことは，知的財産権制度に関わる実務家にとって必須のことと考えます。

　本シリーズの内容をさらに向上させるため，一般社団法人弁理士クラブ知的財産実務研究所は，執筆部会を設け，弁理士クラブに所属する弁理士の有志が多忙な日常業務の合間を縫って協力しながら，判決のより充実した選定・検討作業を行いました。この集大成である「実務家のための知的財産権判例70選」の発刊は，知的財産業界への社会貢献の一つと信じます。

　なお，本シリーズの2002年度版以降に掲載された事件の判決のポイント，参照条文，キーワード等を，弁理士クラブ知的財産実務研究所のホームページにて公開しています。http://ip-practice.jp/index.htmlにアクセスし，ぜひご利用ください。

　最後に，原稿のとりまとめをされた稲山朋宏，今堀克彦，小國泰弘，奥川勝利，永井義久，濱田百合子，森廣亮太，小林恵美子，石田理，須藤淳，玉腰紀子，虎山滋郎，加藤和孝，山内輝和の各先生，また面倒な最終校正作業を引き受けて下さった三苫貴織先生など，一般社団法人弁理士クラブ知的財産実務研究所の諸先生方のご苦労に感謝すると同時に，本書出版のためにご指導とご協力をいただきました一般社団法人発明推進協会の関係者の方々に深く感謝の意を表します。

2020年11月

一般社団法人弁理士クラブ知的財産実務研究所

代表理事 所長　　山 本 晃 司

凡　　例

1．法律名等及び条文の表記

　　法律名等の表記については，本文中では略記を用いなかったが，冒頭の「参照条文」の欄と本文括弧書き中では略記を用いた。略記の意味は，以下のとおりである。

　　　　特：特許法
　　　　実：実用新案法
　　　　意：意匠法
　　　　商：商標法
　　　　不競法：不正競争防止法
　　　　著：著作権法
　　　　民：民法
　　　　民訴：民事訴訟法
　　　　特施規：特許法施行規則

　　また，条文については，項番号については○付き数字で，号番号については漢数字で表記した（例：特許法29条1項3号→特29①三）。ただし，現行法の改正前の法律（一部改正）についての条文は，「旧」を付してある（例：旧35④）。また，準用条文については「準」を付してある（例：特許法50条を準用する場合→準特50）。

2．判例の表記

　　本文中の判例の表記については，事件番号を基本とした。また，ある程度一般的に通用している事件名がある場合（例：キルビー事件），事件名も併せて表記した。最高裁民事判例集（民集）のような判例集における掲載箇所の表記は，省略した。裁判所が提供する，裁判例情報のウェブサイト（https://www.courts.go.jp/app/hanrei_jp/search1）での検索により知り得るためである。

3．図及び写真について

　　本書に掲載されている図及び写真でオリジナル以外のものは，すべて判決又は特許庁発行の公報からの転載である。

目　　次

グループリーダーの付言

今堀克彦　100　　小國泰弘　101　　稲山朋宏　102　　森廣亮太　108
永井義久　226　　濱田百合子　227　小林恵美子　252　石田　理　270
奥川勝利　300

資料編

第1編　　行政事件訴訟編

第1部
審決取消訴訟

第1章

特許・実用新案

水中音響測位システム事件

判 決 の ポ イ ン ト	本件補正において「直ちに」の文言を追加したことは，サポート要件は満たすが，新たな技術的事項の追加に当たるとして，本件発明を維持する無効審判の審決が取り消された。
事件の表示	H31.4.22　知財高裁　平成30年（行ケ）10122
参 照 条 文	特17の2③　特36⑥一
Key Word	新規事項の追加，サポート要件

1．事実関係
⑴　手続の経緯
　被告は，名称を「水中音響測位システム」とする発明について，特許出願（特願2013-196594）をし，拒絶理由通知を受けたため手続補正をしたが，最後の拒絶理由通知を受けたため，再度手続補正（本件補正）をしたところ，設定登録された（特許第5769119号：本件特許）。
　原告は，本件特許の無効審判を請求したが（無効2017-800130），棄却審決（本件審決）がなされたので，その取消しを求めて本件訴訟を提起した。

⑵　本件発明の内容
　本件発明の請求項1の発明（本件発明：本件補正後）の内容は，次のとおりである。なお，下線は筆者が付したものであり，本件補正により追加され争点となった箇所を示す。

A　陸上におけるGPS観測データを基準としたGPSを備えている船上局から送信した音響信号を海底に設置された複数の海底局でそれぞれ受信し，それぞれの海底局から前記音響信号を前記船上局へ送信することによって，前記海底局の位置データの取得密度を向上して収集することができる水中音響測位システムにおいて，
・・・
D　前記それぞれの海底局送受信部から届いた順に<u>直ちに</u>返信された各返信信号を<u>一斉に</u>受信する一つの船上局受信部と，
E　前記一つの船上局受信部において，前記各返信信号およびGPSからの位置信号を基にして，前記海底局送受信部の位置を決めるための演算を受信次第<u>直ちに</u>行うことができるデータ処理装置と，
F　から少なくとも構成されていることを特徴とする水中音響測位システム。

⑶　審決の概要
　審決において，本件補正は，本件当初明細書等に記載した事項の範囲内にお

いてされたものであり新規事項の追加に該当せず，サポート要件違反でもない
とされた。

　新規事項追加の判断において，審決では，構成Dの「一斉に」を，一般的な意
味である「そろって。同時に。」と解すると技術常識に反するため，そのような
意味に解することはできないと判断した。また，本件当初明細書等における「一
斉に」とは，船上局と各底局との間の送受信が互いに時間的に区別されるこ
ととの対比における「そろって。同時に。」であり，「少し違う時間差をもって」
を含む広い意味に用いられるとした。

　また，構成Eの「受信次第直ちに」は，演算を行う時期を特定する文言である
が，「直ちに」とは，「時を移さず。すぐに。じきに。即座に。」の意味を有する
語であって，特定の時点を厳密に指す語ではなく，技術常識をわきまえた当業
者であれば，船上で演算を行う場合を指すと理解すると判断した。

　サポート要件について，審決では，構成Dの「一斉に」及び構成Eの「直ちに」
について，本件明細書の発明の詳細な説明に記載された事項であると判断した。

２．争点

　本事件では，新規事項の追加，サポート要件違反，及び進歩性欠如が争われ
たが，本稿では進歩性欠如については割愛する。

３．裁判所の判断
(1)　構成Dの「一斉に」についての新規事項追加の判断

　裁判所は，本件補正前に特許請求の範囲には「一斉に」の文言は使用されて
いないものの，当初明細書には使用されていることを指摘し，当該記載が先願
の水中音響システム（以下「先願システム」という。）に関するものであったこ
とから，先願システムの説明において用いられている「一斉に」の語の意味を
検討した。そして，船上局から各海底局に対しては音響信号を厳密に同時に送
信できるが，船上局が各海底局からの音響信号を受信するタイミングには，距
離のばらつきに応じた時間差が生じ得るため，先願システムにおける「一斉に」
の語は，厳密に同時であることを意味する語としてではなく，「船上局と各海底
局との位置関係次第では船上局での受信が同時にされる程度の時間差の範囲内
で」との意味を開示しているとした。また，本件当初明細書の実施例において
も，船上局から海底局までの距離差がある２つの海底局からの音響信号が同時
に船上局に到達することが想定されており，「先願システムで使用された「一斉
に」との語を，先願システムと同様の意味を有するものとして構成Dに追加す
ることは，本件当初明細書に記載された事項との関係において，新たな技術的
事項を何ら導入しない」とした。

(2) 構成Eの「直ちに」についての新規事項追加の判断

　裁判所は，構成Eの「直ちに」は，「受信次第」の文言と併せて，海底局送受信部の位置を決めるための演算（以下「位置決め演算」という。）を行う時期を限定するものであるとした。そのうえで，位置決め演算は，海上局又は地上において実行されることが開示されているが，当初明細書には，位置決め演算の時期を限定する記載はないとした。審決では，「受信次第直ちに」を，船上で行う場合を指すと判断したが，「位置決め演算を船上で行うか地上で行うかは，位置決め演算を実行する場所に関する事柄であって，位置決め演算を実行する時期とは直接関係がない。・・・，位置決め演算を「受信次第直ちに」実行しなければならないような特段の事情や，本件発明の実施の形態において，当該演算が「受信次第直ちに」実行されていることをうかがわせる事情等は，本件当初明細書に何ら記載されていない。」と認定した。よって，位置決め演算を「受信次第直ちに」行うことの限定を追加する本件補正は，新たな技術的事項を導入するものであると判断した。

(3) サポート要件について

　裁判所は，本件明細書の発明の詳細な説明について被告が行った本件補正後の記載に基づき，「「前記それぞれの海底局送受信部から届いた順に直ちに返信された各返信信号を一斉に受信する一つの船上局受信部」との記載及び「前記一つの船上局受信部において，前記各返信信号およびGPSからの位置信号を基にして，前記海底局送受信部の位置を決めるための演算を受信次第直ちに行うことができるデータ処理装置」との記載があるところ，これらの記載はそれぞれ構成Dの「一斉に」及び構成Eの「直ちに」の各特定事項に相当するものというべきである。」と認定し，「本件発明は，本件明細書の発明の詳細な説明に記載されたものと認められるから，本件特許はサポート要件に適合する。」とした。

4．実務上の指針

　補正が新規事項を追加する補正であるか否かの判断は，その補正が「当初明細書等に記載した事項」との関係において，新たな技術的事項を導入するものであるか否かにより判断される。そして，「当初明細書等に記載した事項」とは，当業者によって，当初明細書等の全ての記載を総合することにより導かれる技術的事項である（特許・実用新案審査基準第Ⅳ部第2章）。

　本件明細書では，本件発明の実施形態の説明部分には，「一斉に」の文言が1カ所も使用されておらず，先願システムの説明部分にのみ使用されていた。そこで，裁判所は，先願システムに使用されている「一斉に」の意味を認定したうえで，その「一斉に」の意味を本件発明の実施例に適用しても同様の意味を有することから，新たな技術的事項を導入するものではないと判断した。上記

審査基準の「当初明細書等の全ての記載を総合することにより導かれる技術的事項」における「全ての記載」には，本件当初明細書に記載されている本件発明の実施の形態に記載された事項だけでなく，従来例で記載した事項も含まれるという点で，実務上参考になる。

一方，「直ちに」の文言については，本件当初明細書に，位置決め演算を実行する場所についての記載はあるが，位置決め演算を実行する時期に関する記載はないと裁判所は判示した。また，審決において，「受信次第直ちに」を船上で演算を行う場合を指すとした点については，構成Eにおいて，船上局受信部が位置決め演算を行うことが特定されており，「当初明確な文言によって特定されていた事項を，本来の意味と異なる意味を有する文言により特定し直すことになり，明らかに不自然である」と認定した。本件特許の審査段階及び審決においては，「直ちに」の文言が，新規事項の追加には該当しないと判断されており，当初明細書からの補正が，新たな技術的事項を導入するものに該当するかについて，慎重に内容を検討すべきことを示している。

サポート要件について，裁判所は，本件補正後の請求項に対応付けて，本件明細書の【課題を解決するための手段】において被告が行った記載のみに基づいて，サポート要件を満たすと判示している。サポート要件の判断基準については，平成17年11月11日の知財高裁大合議判決（平成17年（行ケ）10042）において，発明の構成と課題との関連性が，発明の詳細な説明に示されるかが，技術常識を加味したうえで判断されることが示され，実務上も定着してきている。また，審査基準においても，「表現上の整合性にとらわれることなく，実質的な対応関係について検討する」旨が示されている（特許・実用新案審査基準第Ⅱ部第2章第2節2.1）。本判決では，補正後の請求項へ対応付ける形式的な明細書の補正だけをもってサポート要件を満たす根拠としており，発明の構成と課題との関連性の検討は行っていない。本判決は，実務上，請求項を補正した場合に，発明の詳細な説明に記載した請求項の対応箇所を同様の文言で補正しておくことで，サポート要件を満たし得る可能性を示している。しかしながら，近年の裁判例や審査基準を考慮すると，発明の構成と課題との関連性を十分考慮して，サポート要件を満たしているかを検討すべきことの重要性は変わらないと考える。

（中村　新二）

新規な葉酸代謝拮抗薬の組み合わせ療法事件

判 決 の ポ イ ン ト	優先日前に諸外国で実施されたがん患者を対象とした第Ⅱ相臨床試験により，本件特許発明が「公然知られた」とか「公然実施された」とは認められないとされた事例である。
事件の表示	R1.11.28　知財高裁　平成30年（行ケ）10115
参 照 条 文	特29①一　特29①二　特29②
Key Word	進歩性，新規性，臨床試験の公然実施

1．事実関係

(1)　事件の概要

　被告は，名称を「新規な葉酸代謝拮抗薬の組み合わせ療法」とする発明についての本件特許（特許第5102928号）の特許権者である。原告は，平成26年12月16日に本件特許の無効審判請求（無効2014-800208）をしたところ，特許庁は，平成30年7月4日，「本件審判の請求は，成り立たない。」との審決（以下「本件審決」という。）をした。原告は本件審決の取消しを求めて本件訴訟を提起した。

(2)　本件発明の内容

　本件特許の請求項1に係る発明（以下「本件発明」という。）の内容は，次のとおりである。

【請求項1】

　　葉酸とビタミンB_{12}との組み合わせを含有するペメトレキセートニナトリウム塩の投与に関連する毒性を低下しおよび抗腫瘍活性を維持するための剤であって，

　　ペメトレキセートニナトリウム塩の有効量を，葉酸の約0.1mg～約30mgおよびビタミンB_{12}の約500μg～約1500μgと組み合わせて投与し，該ビタミンB_{12}をペメトレキセートニナトリウム塩の第1の投与の約1～約3週間前に投与し，そして該ビタミンB_{12}の投与をペメトレキセートニナトリウム塩の投与の間に約6週間毎～約12週間毎に繰り返すことを特徴とする，該剤。

(3)　本件臨床試験

　本件における臨床試験（H3E-MC-JMDR試験，以下「本件臨床試験」という。）は，悪性胸膜中皮腫患者を対象として行われた抗がん剤であるMTA（ペメトレキセートニナトリウム塩）の非盲検の第Ⅱ相臨床試験（臨床試験のうち，限られた少数の患者を対象にして，薬物［治験薬］の安全性と有効性，薬物の体内動態及び最適な投与方法と投与期間を試験するもの）であって，ドイツ，イ

タリア，英国及び米国の4か国にある10施設で実施され，その試験期間は1年10か月半（1999年［平成11年］9月1日～2001年［平成13年］7月14日）であった。本件臨床試験では当初はビタミン投与がない患者が含まれていたものの，患者の安全性向上のために第1フェーズの終了間近に治験実施計画書が改訂され，1999年（平成11年）12月10日以降は，その当時に被験治療をしていたすべての患者に対して葉酸及びビタミンB$_{12}$が投与されるようになった。臨床試験の実施中に医師自身が得た知識に関して，臨床試験の終了後，少なくとも10年間秘密保持義務を負っており，法令等が患者等に対して情報を共有することを要求しているなどの場合でない限り，契約書に規定された以外の目的のために情報を使用してはならないとされていたうえ，治験担当医師は他の個人又は団体からデータの開示を求められた場合，それを直ちに会社に通知することとされていた。

本件臨床試験は医薬品規制調和国際会議が定めたガイドライン（以下「ICH-GCPガイドライン」という。）に沿って実施されたものであり，ICH-GCPガイドライン4.8.10は，インフォームドコンセントの同意書面等に「治験の目的」，「治験における処置の内容」，「治験の手順」，「合理的に期待できる利益」について記載すべきと規定している。また，ICH-GCPガイドライン4.8.7は，治験担当医師は，患者の同意を得るに当たって，患者やその法的に許容される代理人（以下，併せて「患者ら」という。）が，満足するまで患者らからの質問に回答しなければならない旨規定している。

2．争点

本訴訟では，①進歩性の欠如についての認定判断の誤り（取消事由1），②新規性欠如についての認定判断の誤り（取消事由2），について争われた。

本稿では，②について取り上げる。

3．裁判所の判断

本判決は，概要，以下のとおり判断して，本件特許に係る発明が，優先日前に諸外国で実施されたがん患者を対象とした臨床試験により，「公然知られた」とか「公然実施された」とは認められないとして，審決の認定判断に誤りはないとした。

(1) 臨床試験において，投与する抗がん剤がペメトレキセートニナトリウム塩（以下「MTA」という。）であり，それと併用投与されるのが葉酸及びビタミンB$_{12}$であるという程度の情報については患者に対して情報提供があったとは推認できるものの，インフォームドコンセントの同意書面等に記載されるべき「治験の目的」，「治験における処置の内容」，「治験の手順」，「合理的に

期待できる利益」が具体的にどのようなものを指し，どこまでの情報を開示すべきであるのかについて，ICH-GCPガイドラインには明示的な定めがないし，臨床試験が実施されていた諸外国で，当時，どのような法令や実務があったのかについても証拠上明らかではない。そうすると，上記のような開示されたと合理的に推認される情報からさらに進んでMTA，葉酸及びビタミンB$_{12}$の具体的な投与量，投与の時期，投与経路といった情報や「MTA投与に関連する毒性を低下しおよび抗腫瘍活性を維持する」ことまでもが同意書面等に記載されていたと認めることはできない。

(2) ICH-GCPガイドライン4.8.7は，治験担当医師は，患者の同意を得るに当たって，患者らが，満足するまで患者らからの質問に回答しなければならない旨規定しているものの，「患者らが満足するまで質問に回答しなければならない」という規定は抽象的なものであって，MTA，葉酸及びビタミンB$_{12}$の具体的な投与量，投与の時期，投与経路といった情報や「MTA投与に関連する毒性を低下しおよび抗腫瘍活性を維持する」ことといった情報を含むすべての情報が患者らの求めに応じて治験担当医師から患者らに対して提供される体制が構築されていたなどそれらの情報が提供される状況にあったとまで証拠上認めることはできず，ましてや，実際にそれらの情報のすべてが患者らの求めに応じて治験担当医師から提供されたと認めることはできない。

4．実務上の指針

(1) 本件においては，用法・用量に特徴を有する医薬用途発明である本件発明が，優先日前に諸外国で実施されたがん患者を対象とした第Ⅱ相臨床試験に基づき，公然知られた発明又は公然実施された発明と認定できるか否かが争点となった。

(2) 原告は，ICH-GCPガイドライン及び医療機関で用いられている同意書面，本件臨床試験に治験医師として携わった医師の宣誓書・意見書等を証拠として提出し，本件発明の構成が治験に参加した患者に知られており，患者に秘密保持義務はないとした。原告はこれらの証拠に基づき，本件臨床試験に参加した患者は，「具体的な投与量・投与期間，投与経路等の数値を含むすべての臨床試験プロトコール情報」及び「ビタミン補給レジメンが，本件発明における必須の発明特定事項であるMTAの投与に関連する毒性を低下し及び抗腫瘍活性を維持するという効果を奏すること」を知り得る状況にあった，と主張したが，認められなかった。

(3) 本判決においては，本件臨床試験の治験医師である医師については守秘義務があると認定しているが，治験に参加した患者については守秘義務を有する者とは認定していない。また，本判決においては，ICH-GCPガイドライン

の記載に基づき，「患者に対し，投与する抗がん剤がMTAであり，それと併用投与されるのが葉酸及びビタミンB₁₂であるという程度の情報については情報提供があったとは推認できる」と認定した。

　　したがって，本件特許発明のように用法・用量に特徴を有する医薬用途発明ではなく，単に癌の治療においてMTAと葉酸及びビタミンB₁₂とを併用投与するというレベルの発明であった場合には，本件臨床試験の実施により新規性を喪失することに成り得たと考えられる。

(4)　本判決では，①MTA，葉酸及びビタミンB₁₂の具体的な投与量，投与の時期，投与経路といった情報や②MTA投与に関連する毒性を低下し及び抗腫瘍活性を維持することまでもがインフォームドコンセントの同意書面等に記載されていたと本件証拠上認めることはできないとされた。

　　この認定によると，本判決において原告の主張が認められなかったのは立証の問題であり，仮に上記①，②について記載された臨床試験における同意書面等の証拠をもって立証すれば，上記①，②についても「公然知られた」とか「公然実施された」と判断され得るとも考えられる。

　　しかしながら「公然知られた」とか「公然実施された」発明であるというためには，証拠として提出する情報において発明が十分に開示されていることが求められる。また，本件臨床試験は第Ⅱ相臨床試験であり，対象薬剤の安全性や有効性を確認するための試験であって，安全性と有効性の双方が既に確認済みの薬剤が患者に投与される段階の試験ではない。したがって，特に上記②のMTA投与に関連する毒性を低下し及び抗腫瘍活性を維持する点については，臨床試験において患者に投与する際に，期待される効果ではあるものの，実際にこのような効果が得られるかは不明であると推測される。

　　一方で，臨床試験における，試験結果が開示されていないプロトコールが引用発明の適格性を有すると判断され，新規性が否定された事例がある（H19.3.1知財高裁平成17年（行ケ）10818）ことから，上記①が同意書面等に記載されていることにより，上記②についてもその有効性及び安全性は臨床試験においても当然に期待されているものとして，新規性が否定される可能性もある。

(5)　特許取得の観点からは，臨床試験における情報発信のコントロールとともに，臨床試験において開示した情報との構成上の差異を表す請求項の構成及び明細書の記載が重要となると思われる。

（古舘　久丹子）

審決取消訴訟（特許・実用新案）

油冷式スクリュ圧縮機事件

判 決 の ポ イ ン ト	パンフレット及び宣伝リーフレットが頒布された刊行物と認められないとして，新規性及び進歩性が肯定された。
事件の表示	R1.8.8　知財高裁　平成30年（行ケ）10106
参照条文	特29①三　特29②
Key Word	刊行物，頒布

1．事実関係
⑴　手続の経緯
　被告が発明の名称を「油冷式スクリュ圧縮機」とする特許出願について設定登録（特許第3766725号：以下，「本件特許」という。）を受けた後，原告が特許無効審判を請求したが，特許庁は「本件審判の請求は，成り立たない。」との審決（以下「本件審決」という。）をしたので，原告は本件審決の取消しを求める本件訴えを提起した事案である。
⑵　本件特許発明の内容
　本件審決が対象とした請求項1に係る発明（以下，「本件発明」という。）は，以下のとおりである。争点に係る要件に下線を付してある（下線は筆者による）。
【請求項1】
　　油とともに吐出された圧縮ガスから油を分離回収し，一旦下部の油溜まり部に溜め，油分離された圧縮ガスを送り出す油分離回収器を吐出流路に設ける一方，スクリュロータの両側に延びるロータ軸をラジアル軸受により回転可能に支持して入力軸を吸込側のロータ軸とし，吐出側のロータ軸を上記ラジアル軸受よりもスクリュロータから離れた位置にてスラスト軸受により回転可能に支持するとともに，上記スラスト軸受よりもスクリュロータから離れた位置にて上記ロータ軸にバランスピストンを取り付け，かつ上記スラスト軸受とこのバランスピストンとの間に圧力遮断する仕切り壁を設け，このバランスピストンの仕切り壁側の空間に，上記油溜まり部の油を加圧することなく導く均圧流路を設けて形成したことを特徴とする油冷式スクリュ圧縮機。

2．争点
　公知発明の根拠を示すパンフレット及び宣伝リーフレットが本件特許の出願日前に「頒布された刊行物」に当たるといえるか否かが争われた。

3. 裁判所の判断

(1) 甲8パンフレットに基づく新規性欠如

　裁判所は，新規性を否定する証拠として示された甲8パンフレットについて，「平成7年5月頃，既に作成されたものを含む複数の文書を合体し，パッケジャー等の冷凍・冷蔵用圧縮機業界関係者向けに作成した一体の販売促進文書であり，原告の姉妹会社・・・の社員であるAが保管していたものである」との原告主張に対し，次のように判示した。裁判所は，製品のパンフレットであれば綴じられた状態で作成されるのが通常であるとしたうえで，甲8パンフレットは，バインダーで綴じるための穴が開いており，綴じられていないルーズリーフの状態にあること，甲8パンフレットを構成する各書面の変色の度合いが一定ではないこと，さらには，「・・・その次の頁に示されています。」などと記載があるにもかかわらず，対応する記載がない等と各書面の記載が整合していないことから，甲8パンフレットは，加除式であって，書面の一部を差し替えたり，付け加えることを予定したものと認められ，本件特許の出願日前に「頒布された刊行物」とは認められないと結論付けた。そして，裁判所は，本件発明は新規性を欠くとする原告の主張を退けた。

(2) 甲9リーフレットに基づく新規性及び進歩性の欠如

　裁判所は，甲9リーフレットの頒布性及び記載された発明（甲9発明）と本件発明との同一性について言及し，甲9リーフレットの取扱いを明らかにした。まず，裁判所は，「頒布」とは，一般公衆による閲覧可能な状態に置かれることをいうとした。その上で，宣誓供述書において甲9リーフレットは展示会のために作成した旨記載されているとしながらも，実際に同展示会が開催された客観的証拠は提出されておらず，同展示会の内容等も不明なため，甲9リーフレットが一般公衆による閲覧可能な状態に置かれたことを認めるに足る客観的証拠がないとし，本件特許の出願日前に「頒布された刊行物」とは認められないと結論付けた。

　また，本件発明は，スラスト軸受とバランスピストンとの間に圧力遮断する仕切り壁を設け，油溜まり部の油を導く流路として油ポンプを使用しない均圧流路を設けているところ，裁判所は，甲9発明では，スラスト軸受とバランスピストンとの間に壁を設けるものの，壁が「圧力遮断」する仕切り壁か否かが特定されず，また起動直後に油ポンプの使用を示す甲9記載のグラフからすると，吐出圧力が高い領域では油ポンプは使用されないが吐出圧があまり高くない範囲の領域では油ポンプが使用されるものと解され，油溜まり室からバランスピストン室に向けて油を導くバランスピストン室導入流路及び当該流路の導かれる空間並びに当該流路を均圧流路とする構成は特定されていないとして，本件発明と甲9発明との相違点を認定した。そして，起動直後等の圧縮機の負

荷が小さい場合は吐出圧力が高くない場合に当たるものと認められ，吐出圧力が高くない場合に油ポンプを使用することは，本件発明の技術思想に反するものであるから，甲9発明においてこの場合に常に油ポンプを使用するかどうかにかかわらず，実質的な相違点となり，他の文献を参酌しても，甲9発明が均圧流路構成を実質的に備えていると認めることはできないとした。

　そして，裁判所は，甲9文献には「油ポンプは通常不要」，「最小限の油ポンプ要求」との記載があり，吐出圧力が高くない領域で油ポンプを使用することを示した甲9グラフも記載される一方，吐出圧力が高くない場合に油ポンプを使用しないことの説明がないことから，甲9文献を見た当業者は，吐出圧力が高くない場合には油ポンプを使用することを所与のものと理解するほかなく，他の公知文献を適用しても，バランスピストン室導入流路を均圧流路とする構成にしようとは考えないというべきであり，しかもスラスト軸受とバランスピストンの間の壁が圧力遮断する仕切り壁であるか否かや，壁とバランスピストンとの間の空間に油が導かれるか否かも不明な状況を脱しないから，本件発明に至らないことは明らかであると結論付けた。

　以上により，本件発明は新規性及び進歩性を欠くとする原告の主張を退けた。

4．実務上の指針

(1)　特許性を否定する根拠である刊行物には，頒布された日付が確定されること，及びその日付においてその刊行物の所要の情報がたしかに存在していたことが求められる。製品のパンフレットは，一般に日付の確定が困難な場合も珍しくなく，パンフレットを刊行物として適用する場合には，パンフレットにおける所要の記載自体がされた日付の確定の可否に留意する必要がある。日付の確定には，単純にパンフレットが頒布されたことを示す年月の表記があることの確認のみでは必ずしも足りない。書き換え等の恐れがなく，所要の情報がその年月に存在していたことを明らかにできる年月であることの確証があることが重要である。

(2)　本件では，刊行物中の所要の情報自体の日付が問われている。具体的には，裁判所は，第1に，パンフレットが，加除式のものであり，書面の一部を差し替えたり，付け加えることを予定したものであること，第2に，社員Aの宣誓供述書において，取引先から販売促進活動として交付された製品についてのパンフレットは，本来会社が保管すべき資料で，従業員一個人の資料として保管していたとする供述は不自然なこと，第3に，Aが職務と無関係であったパンフレットを退職後15年以上も保管していたことは不自然なこと，第4に，パンフレットが作成された平成8年4月の時点で機密文書であったことが認められ，それ以前の平成7年5月頃に頒布されたというのは著しく

不自然なことを理由に挙げて，所要の情報が特定の時期にたしかに存在したことの証拠となる頒布刊行物に当たるとは認めることができないとした。

⑶　また，本件では，宣伝や広告，説明等のためのリーフレットの「頒布性」が問われている。「頒布」の定義は既述のとおりであるが，具体的には，所定情報の頒布の事実が求められる。その事実の実証には，客観的証拠となるリーフレットそのものが実際に目的どおりに作製され，目的の宣伝や広告，展示会等が実施され，一般公衆による閲覧が可能な状態に置かれたこと，さらには，実施された宣伝や広告，展示会等で開示された内容を客観的に明らかにできることが重要である。

⑷　実務においては，特許文献以外の刊行物（例えば，新聞や雑誌，論文等の非特許文献，又はパンフレット，商品カタログ，インターネット情報等）が証拠資料として挙げられることもしばしばである。パンフレットや取扱説明書等のように，必ずしも製本されない場合や一定の期間で改版に差し替えられる場合も想定される。近年では，インターネット環境で開示されている情報も多く，例えばホームページ上に掲載された情報等のように頻繁に書き換えられ，確からしい情報の入手が困難な場合も少なくない。ホームページ上の掲載画面には，掲載時期の記述がない情報も散見され，掲載時期の記述がある情報でも書き換えの可能性によっては信頼性に欠ける場合もある。証拠は，所要の内容が存在し，その内容がそこに記された年月にたしかに存在したことが重要であり，日付及び内容に疑義が生じないだけの準備に留意したい。本件の場合，パンフレットや宣伝リーフレットに関係して宣誓供述書での主張もなされていたが，供述者は職務上の関係性が低く，しかも10年以上も過去の事情に関する供述であり，そもそも供述内容が曖昧で有利な結果は得られておらず，むしろ証拠の信頼性を損なう結果を来していることにも留意し，関係職務や利害関係等を加味した供述の準備にも留意が必要であろう。上記の点については，特許無効又は取消のための証拠資料に限られず，情報提供手続又は先使用権による保護の可否判断などの場面においても共通する事項である。

（西山　崇）

医薬品相互作用チェック装置事件

判決の ポイント	引用発明と本件発明とで技術思想が相違することを根拠に，本件発明の 進歩性が肯定された。
事件の表示	R1.7.22　知財高裁　平成30年（行ケ）10131（第1事件） R1.7.22　知財高裁　平成30年（行ケ）10126（第2事件）
参照条文	特29②
Key Word	技術思想，有利な効果，進歩性

1．事実関係

⑴　手続の経緯

　　第1事件の被告ら（第2事件の原告ら）は，名称を「医薬品相互作用チェック装置」とする発明についての本件特許（特許第4537527号）の共有特許権者である。第1事件の原告（第2事件の被告）が，平成29年3月9日，本件特許につき特許無効審判（無効2017-800032）を請求したところ，特許庁は，平成30年7月30日，本件特許の請求項1～4，6，8に係る発明についての特許を無効とする一方，本件特許の請求項5，7，9に係る発明についての審判請求は成り立たない，との審決をした。第1事件は，本件審決のうち「請求項5，7，9に係る発明についての審判請求は成り立たない」とした部分の取消訴訟であり，第2事件は，本件審決のうち「請求項1～4，6，8に係る発明についての特許を無効とする」とした部分の取消訴訟である。以下では，第1事件及び第2事件をまとめて「本件訴訟」という。

⑵　本件発明の内容

　　本件特許の請求項1に係る発明（以下「本件発明」という。）の内容は，次のとおりである。

【請求項1】

　　　一の医薬品から見た他の一の医薬品の場合と，前記他の一の医薬品から見た前記一の医薬品の場合の2通りの主従関係で，相互作用が発生する組み合わせを個別に格納する相互作用マスタを記憶する記憶手段と，

　　　入力された新規処方データの各医薬品を自己医薬品及び相手医薬品とし，自己医薬品と相手医薬品の組み合わせが，前記相互作用マスタに登録した医薬品の組み合わせと合致するか否かを判断することにより，相互作用チェック処理を実行する制御手段と，

　　　対象となる自己医薬品の名称と，相互作用チェック処理の対象となる相手医薬品の名称とをマトリックス形式の行又は列にそれぞれ表示し，前記制御

手段による自己医薬品と相手医薬品の間の相互作用チェック処理の結果を，前記マトリックス形式の該当する各セルに表示する表示手段と，

を備えたことを特徴とする医薬品相互作用チェック装置。

(3) 審決の概要

本件審決では，5つの無効理由1～5について判断している。このうち本件訴訟で判断が覆されたのは無効理由4のみであるので，以下では無効理由4に着目して説明する。

無効理由4の概要は，次のとおりである。すなわち，本件発明と甲第14号証（特開平11-195078）に記載された発明（引用発明3）とは，本件発明が「対象となる自己医薬品の名称と，相互作用チェック処理の対象となる相手医薬品の名称とをマトリックス形式の行又は列にそれぞれ表示し」，相互作用チェック処理の結果を，「前記マトリックス形式の該当する各セルに表示」しているのに対し，引用発明3ではマトリックス形式で表示していない点（相違点4-1）で相違するが，この相違点4-1は甲第6～10号証から認定される技術事項に基づいて当業者が容易に想到するものであるから，本件発明は特許法29条2項の規定により特許を受けることができない，というものである。

その他，無効理由4に関して本件審決は，本件特許の請求項2～4，6，8に係る発明についても特許法29条2項の規定により特許を受けることができないと認定する一方，本件特許の請求項5，7，9に係る発明については特許法第29条第2項の規定に違反して特許されたものとすることはできないと認定した。

2．争点

無効理由4に関して，進歩性判断の誤りが争点となった。

3．裁判所の判断

裁判所は，本件審決について，本件発明と引用発明3の相違点の認定に際し相違点4-8，4-9（省略）を看過したものであり，相違点の認定に誤りがあると認定した。

そのうえで裁判所は，相違点4-8，4-9の容易想到性に関して，引用発明3は，添付文書の相互作用の項目に記載された医薬品の情報をそのままコード化してデータベースを構築し，相互作用をチェックするための処理において，データベースの各項目（一般名，薬効，BOX）それぞれについて検索を行うことにより漏れのない相互作用チェックを行うのに対し，本件発明1は，添付文書の相互作用の項目に記載された医薬品の情報に基づいて医薬品と医薬品との組み合わせについてデータベースを構築し，相互作用チェック処理においては，

医薬品と医薬品との組み合わせのみで単純に検索するため，1回の検索（双方向の検索をそれぞれ別の検索と考えても2回の検索）で相互作用チェックできるというものであるから，両発明はその技術思想を異にするものである，と判示した。そして裁判所は，相違点4-8，4-9に係る構成を開示する他の証拠も示されていないから，相違点4-8，4-9に係る本件発明の構成を当業者が容易に想到し得たとはいえないとして，本件発明の進歩性を肯定した。

裁判所はまた，請求項2〜9に係る発明についても，本件発明と同様の理由により進歩性を肯定した。

4．実務上の指針

相違点4-8，4-9は，それぞれが長文であり，また，それぞれの記載だけでは内容を理解することが難しいので本書には転記しないが，要するに，相互作用チェックのために必要となる情報を蓄積しておくデータベースの構造の違い（相違点4-8），並びに，このデータベース構造の違いに起因する検索方法の違い（相違点4-9）である。

具体的に説明すると，本件発明及び引用発明3とも，上記データベース内には，医薬品（以下「自己医薬品」という。）ごとに，注意すべき相互作用のある他の医薬品（以下「相手医薬品」という。）を示す情報が予め格納される。本件発明と引用発明3とでは，データベース内におけるこれらの医薬品の特定方法が異なっており，本件発明では，各医薬品が「薬効コード」という1種類のコードによって特定されるのに対し，引用発明3では，各医薬品が「一般名コード」「薬効分類コード」「BOXコード」という3種類のコードのいずれか1つ以上により特定される（相違点4-8）。

このような特定方法の違いに起因し，本件発明と引用発明3とでは，相互作用チェックのためのデータベース内の検索の方法が異なる（相違点4-9）。すなわち，まず本件発明では，これから処方しようとする一の医薬品（以下「第1医薬品」という。）と，他の医薬品（一の医薬品と同時に処方しようとする医薬品，又は，同一患者に過去に処方したことのある医薬品。以下「第2医薬品」という。）とを特定し，これらの組み合わせに合致する医薬品の組み合わせが上記データベース内にあるか否かを検索することによって，留意すべき医薬品を特定する。この検索方法によれば，薬効コードの組み合わせを検索するだけでよいので，上記のように1回又は2回の検索で相互作用チェックを完了できることになる。

これに対し，引用発明3では，第1医薬品の「一般名コード」「薬効分類コード」「BOXコード」を用いて，データベースに格納されている自己医薬品の中から第1医薬品を検索し，その結果としてヒットしたレコードを上記データベー

スから抜き出して一時記憶テーブルに格納し，第2医薬品の「一般名コード」「薬効分類コード」「BOXコード」を用いて，一時記憶テーブル内に格納されている相手医薬品の中から第2医薬品を検索することによって，留意すべき医薬品を特定する。この検索方法によれば，第1医薬品及び第2医薬品それぞれの検索を3種類のコードのそれぞれにつき1回ずつの計6回の検索を行う必要があるが，その分，本件発明に比べて漏れのない相互作用チェックが実現される。

　本件判決は，これらの点を捉えて本件発明と引用発明3とでは技術思想が異なると認定し，それにより本件発明の進歩性を肯定したものである。

　このように，技術思想の相違を根拠とする進歩性肯定の論理構成は，米国では一般的であるものの，我が国では通常採用されない。なぜならば，特許・実用新案審査基準第Ⅲ部第2章第2節において「進歩性が肯定される方向に働く要素」として挙げられている事項は「有利な効果」と「阻害要因」のみであるので，我が国において発明の進歩性が認められるためには，普通，「有利な効果」及び「阻害要因」のいずれか少なくとも一方が必要とされるためである。このため，技術思想が相違していることは，少なくとも我が国の実務では，進歩性の要件とはされていない。

　本件判決において相違点4-8，4-9に係る本件発明の効果として裁判所が挙げているのは，引用発明3に比べて検索回数を減らすことができるという点のみであるが，これは，参照するコードの種類を減らすことによって，検索漏れを甘受することと引き換えに当然に生ずる効果であるので，引用発明3と比較した「有利な効果」とは言い難い。何らかの阻害要因が指摘されたわけでもない。したがって本件判決は，「有利な効果」及び「阻害要因」のいずれも認定していない状態で，本件発明の進歩性を肯定したことになる。

　このような進歩性肯定の論理構成が我が国において常に認められるかどうかは不明である。出願人側から「有利な効果」又は「阻害要因」を主張せずに進歩性を主張することも通常は困難であり，本件訴訟においても，裁判所の結論は第1事件の被告らが主張したものではない。しかし，特許に関する実務を行う者は，我が国においても，技術思想の相違だけを根拠に進歩性が認められた事例がある，ということを記憶しておくべきと考える。

（黒瀬　泰之）

アプリケーション生成支援システム事件

判決の ポイント	被告が主張する周知技術を引用発明に適用することには阻害要因があり，動機付けが認められないとされた。
事件の表示	R1.9.19　知財高裁　平成31年（行ケ）10005
参照条文	特29②
Key Word	進歩性，動機付け，阻害要因

1．事実関係

(1)　手続の経緯

　原告は，名称を「アプリケーション生成支援システムおよびアプリケーション生成支援プログラム」とする特許出願（特願2017-124385。以下「本願」という。）をしたところ，平成30年1月17日付けで拒絶査定を受けたので，これに対する拒絶査定不服審判（不服2018-3406）を請求した。審判において，原告は特許請求の範囲を補正する手続補正を2回にわたり行った（以下，2回目の補正を「本件補正」という。）が，特許庁は，平成30年11月30日，本件補正を却下したうえで「本件審判の請求は，成り立たない。」との審決（以下「本件審決」という。）をした。本件は，原告が本件審決の取消しを求めた事案である。

(2)　本願発明の内容

　本件補正後の本願の請求項1に記載の発明（以下「本件補正発明」という。）は以下のとおりである。なお，下線は本件補正により補正された箇所を示す。

【請求項1】

　　携帯通信端末に固有のネイティブ機能を実行させるためのパラメータに応じて，前記携帯通信端末において実行されるアプリケーションの，<u>前記携帯通信端末の動きに伴う動作を規定する設定ファイル</u>を設定する設定部と，

　　前記設定ファイルに基づいてアプリケーションパッケージを生成する生成部と，

　　を有するアプリケーション生成支援システム。

(3)　審決の概要

　引用文献1（特許第5470500号）に記載の発明（引用発明）は，ネイティブアプリケーション（演算処理を通信端末上でのみ実行するタイプのアプリケーション）の設定情報のパラメータをGUIを用いて簡単に設定することで，ネイティブアプリケーションを容易に生成できるアプリケーション生成システムである。また，ネイティブアプリケーションの設定ファイルにネイティブ機能のパラメータを含む各種のパラメータが設定されること，携帯通信端末の動きに

伴う動作を行うアプリ，及び，当該アプリが利用するネイティブ機能のパラメータを設定ファイルに設定可能とすることは，本願出願前から当該技術分野における周知技術であった。そうすると，設定ファイルにネイティブ機能のパラメータをGUIを用いて簡単に設定することで，周知の「携帯通信端末の動きに伴う動作を行うアプリ」を容易に生成するという課題を解決できることは当然に予測し得たものであるから，引用発明のアプリケーション生成システムを，上記周知の「携帯通信端末の動きに伴う動作を行うアプリ」の生成に用いる動機はあったといえる。よって，本件補正発明は，引用発明及び周知技術に基づいて当業者が容易に発明をすることができたものである。

2．争点
引用発明に，被告の主張する周知技術（以下「被告主張周知技術」という）を適用することについての動機付けの有無が争われた。

3．裁判所の判断
引用発明は，ブログ等の，携帯通信端末の動きに伴う動作を行わないウェブアプリケーションをアプリケーションサーバ（Google Play，App Storeなど）において検索できるようにするためのネイティブアプリケーションを簡単に生成することを課題とする。そして，同課題を，ウェブアプリケーションのアドレス等の情報を入力するだけで，同ウェブアプリケーションが表示する情報を表示できるネイティブアプリケーションを生成できるようにすることによって解決したものである。そのようなネイティブアプリケーションを生成するにあたり，携帯通信端末の動きに伴う動作を行うようにネイティブアプリケーションを設定する必要はないので，ネイティブアプリケーションに「携帯通信端末に固有のネイティブ機能を実行するためのパラメータ」を設定する必要はない。また，引用文献1の他の記載を見ても，当業者は，引用発明のネイティブアプリケーションに「携帯通信端末に固有のネイティブ機能を実行するためのパラメータ」を設定することの必要性を認識するとまではいえないというべきである。

さらに，引用発明によって生成されるネイティブアプリケーションはHTMLやJavaScriptで記述されるウェブページを表示できるから，引用発明により携帯通信端末の動きに伴う動作を行うウェブアプリケーションの表示内容を表示するネイティブアプリケーションを生成しようとするとしても，生成されるネイティブアプリケーションの動作としては，携帯通信端末の動きに伴う動作を行うウェブアプリケーションを表示するだけである。したがって，やはり，ネイティブアプリケーションの生成に際して，「携帯通信端末に固有のネイティ

ブ機能を実行させるためのパラメータ」を設定する必要はない。

　さらに，引用発明は，簡易にネイティブアプリケーションを生成することを課題として，既存のウェブアプリケーションのアドレス等の情報を入力するだけで，当該ウェブアプリケーションが表示する情報を表示するネイティブアプリケーションを生成できるようにしたものである。これに対し，被告の指摘するPhoneGapによってネイティブアプリケーションを生成するためには，HTMLやJavaScript等を用いてソースコード（プログラム）を書くなどする必要があるものと認められるから，引用発明に，上記のように，新たにソースコードを書くなどの行為が要求されるPhoneGapに係る技術を引用発明に適用することには阻害事由があるというべきである。

　以上から，引用発明に，被告主張周知技術を適用することの動機付けは認められないというべきである。

４．実務上の指針

　本願に記載の発明は，モバイル用通信端末用のアプリケーションの生成支援システムの発明である。あくまで「支援」システムであり，このシステム自体がアプリケーションのコード部分まで生成するわけではない。システムが行うのは，アプリケーションのアイコン画像の指定や画面の回転制御の可否などを指定するOS設定ファイル，アドレスバー表示の有無や画面のコピー＆ペーストを抑止するか否かなどを指定するアプリケーション設定ファイル，及び，カメラ，GPS，マイク，加速度センサなどの通信端末に固有のネイティブ機能に関連するプラグインファイルの設定であって，それらを使って動作するアプリケーションの本体部分は，作成者が自分でコーディングする必要がある。

　これに対し，引用発明は，ウェブサイトとして構築されるウェブアプリケーションを，スマートフォン上で動作するネイティブアプリケーションと同様に，Google PlayやApp Storeなどのアプリケーションサーバ上で検索できるようにするために，アプリケーションサーバ上に登録可能な形式，すなわちネイティブアプリケーションを生成するというものである。したがって，引用発明におけるネイティブアプリケーションの作成者が本質的に行わなければならない作業は，ウェブアプリケーションのロケーションを示すアドレスの入力のみとなる。

　そのような引用発明に，本件補正発明の構成要素である「携帯通信端末に固有のネイティブ機能を実行させるためのパラメータ」を設定する必要がないのは当然のことであるから，本件審決の論理構成には無理があったのではないかと思われる。本件審決のように関連性の薄い引例が引用されることはよくあることであり，そのような引例の引用に遭遇した出願人としては，本件判決を参

考にして，審査官が引例を引用することの必要性を検討することも有益であろう。ただし，必要性はなくても，他の観点から適用の動機付けが導かれる可能性があるので，必要性がないことだけでは，動機付けを否定する根拠にはなりにくい。本件判決でも，必要性の欠如に加えて阻害要因の存在が指摘されており，結局，この阻害要因が動機付け否定の決定打になったものと思われる。

　ところで，本件判決は，好ましい明細書の書き方についての示唆を与えている。上記のように，本願に係る発明と引用発明とでは「ネイティブアプリケーション」の作成者の行うべき作業が全く異なっているが，そうであるにもかかわらず今回の引用発明が引用されたのは，本願の明細書において本来記載するべき重要な点が不足していたことと無関係ではないと考える。実は，上述した「アプリケーションの本体部分は作成者が自分でコーディングする必要がある」という点は，上で引用した請求項1だけでなく，本願の明細書にも明記されていない。また，本願明細書の［0128］段落には，「第1実施形態にかかるアプリケーション生成支援システム10によると，第1通信端末200によってパラメータを設定するだけで，サーバ100のビルドシェル150がアプリケーションパッケージを自動的に生成し，ダウンロード可能に第2通信端末300に提供することができる。つまり，アプリケーション開発者への開発負担を軽減することができる。」との記載があり，パラメータ設定だけでアプリケーションを生成できるかのように解釈された可能性も否定できない。このような記載が，ウェブアプリケーションのロケーションを示すアドレスを入力するだけでアプリケーションを生成できる引用発明が引用されたことの要因となった可能性もある。

　このため出願人側としては，明細書は発明に直接関係する部分のみではなく，発明の背景や前提を構成する部分についてもしっかりと書いておき，不適切な引例の引用をできるだけ回避することが望まれる。

（黒瀬　泰之）

パチンコ機事件

判 決 の ポ イ ン ト	本件審決における相違点の容易想到性の判断に誤りがあるから，本件発明は，当業者が主引用発明及び副引用発明に記載された事項に基づいて容易に発明をすることができたということはできないとして，審決が取り消された。

事件の表示	R1.6.27　知財高裁　平成30年（行ケ）10146
参 照 条 文	特29②
Key Word	進歩性，一致点及び相違点の認定の誤り，相違点の容易想到性の判断

1．事実関係
(1)　手続の経緯

　原告は，名称を「パチンコ機」とする特許出願（特願2016-33001）をし，その特許請求の範囲等を補正したが，本願について拒絶査定を受けた。原告は，この拒絶査定に対して，拒絶査定不服審判（不服2017-10969）を請求するとともに，特許請求の範囲等を補正した。

　原告は，拒絶理由通知を受けたために，特許請求の範囲等を補正した後，さらに，拒絶理由通知を受けたために，特許請求の範囲等を補正したが（本件補正），拒絶審決がなされ，この取消しを求めて訴訟を提起した。

(2)　本件発明の内容

　本件補正後の請求項2の発明（本件発明）の内容は，次のとおりである。

A　遊技球が流下する遊技領域を有する遊技盤と，前記遊技領域に設けられた始動口と，前記遊技領域に設けられた大入賞口と，前記始動口に遊技球が入賞したことを契機に特別図柄の当否に係る抽選を行う特別図柄抽選手段と，前記大入賞口を開閉するように設けられた特別電動役物と，前記特別図柄抽選手段による抽選で大当たりに当選した場合に前記特別電動役物の作動を制御して大当たり遊技を提供する大当たり遊技制御手段と，を備えたパチンコ機において，

B　前記遊技領域に打ち出された遊技球が前記特別電動役物へ向かう，少なくとも2つのルートが前記遊技領域内に設けられ，

C　前記2つのルートは，共に遊技球が物理的に貯留されることなく流下可能に構成されていると共に，一方のルートに比べて他方のルートの方が，遊技球が遊技領域に打ち出されてから前記特別電動役物に到達するまでの時間が短くなるように構成され，

D　前記一方のルートは前記遊技領域のうち主に左側の領域が用いられ，前記

他方のルートは前記遊技領域のうち主に右側の領域が用いられ,

E　前記一方のルートを流下する遊技球を検知する第1遊技球検知センサと,前記他方のルートを流下する遊技球を検知する第2遊技球検知センサと,前記大入賞口に入賞した遊技球を検出する大入賞口検知センサと,前記2つのルートのうち推奨するルートを遊技者に報知する推奨ルート報知手段と,をさらに備え,

F　前記大当たり遊技制御手段は,前記大入賞口を開放するよう前記特別電動役物を作動させた後に,前記大入賞口にM個(ただし,Mは自然数)の遊技球が入賞したことを条件に前記大入賞口を閉鎖するよう前記特別電動役物を作動させるラウンド遊技を複数回行う内容の前記大当たり遊技を提供し,

G　前記推奨ルート報知手段は,遊技球が前記他方のルートを流下している状態で,前記第2遊技球検知センサが所定個数の遊技球を検知した後に,前記一方のルートを推奨するルートとして遊技者に報知するようにした

H ことを特徴とするパチンコ機。

⑶　**審決の要旨**

　審決では,本件発明と引用例1（特開2008-29392）に記載された発明（以下「引用発明」という）との相違点が以下のとおり認定された。

相違点1（構成D）:本願発明は,「前記一方のルートは前記遊技領域のうち主に左側の領域が用いられ,前記他方のルートは前記遊技領域のうち主に右側の領域が用いられ」ているのに対して,引用発明は,遊技球滞留部32（一方のルート）は遊技領域3aの右側部に設けられ,遊技球流下部31（他方のルート）は遊技領域3aの左側部に設けられているので,遊技球滞留部32と遊技球流下部31の配置が左右逆である点。

相違点2（構成E）:本願発明は,「前記一方のルートを流下する遊技球を検知する第1遊技球検知センサと,前記他方のルートを流下する遊技球を検知する第2遊技球検知センサと,」「前記2つのルートのうち推奨するルートを遊技者に報知する推奨ルート報知手段と,をさらに備え」ているのに対して,引用発明は,そのような構成であるか不明である点。

相違点3（構成F）:本願発明は,「前記推奨ルート報知手段は,遊技球が前記他方のルートを流下している状態で,前記第2遊技球検知センサが所定個数の遊技球を検知した後に,前記一方のルートを推奨するルートとして遊技者に報知するようにした」のに対して,引用発明は,そのような構成であるか不明である点。

2. 争点

　本件補正発明の進歩性に係る判断の誤りが争われた。具体的には,一致点及

び相違点の認定の誤り，及び，相違点の容易想到性の判断について争われた。

3．裁判所の判断
⑴　一致点及び相違点の認定の誤り
　原告は，引用発明は，本願発明の構成Cを備えていないから，構成Cは本願発明と引用発明の相違点として認定すべきであるのに，これを一致点として認定した本件審決の認定は誤りであると主張したが，裁判所は，本件審決における一致点及び相違点の認定の誤りをいう原告の主張は理由がないと判示した。
⑵　相違点の容易想到性の判断
　裁判所は，引用例2に相違点2及び3に係る本願発明の構成が記載されていると認定した上で，以下のような理由から，引用例1及び引用例2に接した当業者は，大入賞口が開放されるまでの特定の時間を報知装置により予告（報知）する引用発明において，報知の目的及びタイミングが異なる引用例2記載の遊技機の構成を適用する動機付けがあるものと認めることはできないと判示した。そして，原告主張の取消事由は理由があると判示した。
「そうすると，引用発明と引用例2記載の遊技機は，共に遊技球を流下させるルートが複数あり，そのうち片方のルートに遊技球を発射させた方が有利となる状態がある遊技機において，上記有利となる状態となった場合にその有利な方向の遊技領域に遊技球を発射することを促す報知を行うことに関する発明又は技術である点において，技術分野が共通しているといえるが，他方で，引用発明では，遊技者が可変入賞装置の入賞口（大入賞口）の開放前に，大入賞口が開放されるまでの特定の時間を報知装置により予告（報知）することにより，有利な方向の遊技領域に遊技球を発射することを促すものであるのに対し，引用例2記載の遊技機は，遊技者が有利な方向（正しい方向側）の遊技領域に遊技球を発射させる発射操作を行っているにもかかわらず，たまたま少量の遊技球が誤った方向側の遊技領域を流下したとしても誤差として判定し，正しい方向側の遊技領域に遊技球を発射することを促す発射操作情報の報知を行わないようにしたものであり，報知の目的及びタイミングが異なるものと認められる。」
「また，引用発明において引用例2記載の遊技機の構成（本件審決認定の引用例2に記載された事項）を適用することを検討したとしても，具体的にどのように適用すべきかを容易に想い至ることはできないというべきである。」

4．実務上の指針
　特許・実用新案審査基準第Ⅲ部第2章第2節「進歩性」には，進歩性の具体的な判断手法の一つとして，請求項に係る発明と主引用発明との間の相違点に

関し，進歩性が否定される方向に働く要素に係る諸事情に基づき，副引用発明を適用したりして，論理付けができるか否かを判断することが記載されている。本件で，裁判所は，進歩性が否定される方向に働く要素の一つである主引用発明に副引用発明を適用する動機付けがあるかを判断している。動機付けとなり得る観点としては，(1)技術分野の関連性，(2)課題の関連性，(3)作用や機能の共通性，(4)引用発明の内容中の示唆があるが，裁判所は，上記のように，これらの観点を総合考慮して判断している。本件判決は，動機付けとなり得る観点を総合考慮した判断の一例として，実務の指針となると思われる。

　裁判所は，主引用発明と副引用発明とで，「有利となる状態となった場合にその有利な方向の遊技領域に遊技球を発射することを促す報知を行うこと」について技術分野が共通することは認めたが，「報知の目的及びタイミングが異なるものと認められる」として，課題の関連性，作用や機能の共通性については認めずに，総合的に動機付けを否定している。つまり，裁判所は，特定の手段について，主引用発明と副引用発明との間で，課題，作用及び機能の相違があることを重視して，動機付けを否定している。このように，最近の判例では，動機付けがあるか否かを判断する際に，課題の関連性，作用や機能の共通性についても重視されるようになっていると思われる。そこで，意見書等での反論の際には，これらの観点について相違点がないか，十分に検討することが有効と考える。一方で，副引用発明を用いて進歩性を否定しようとする場合には，相違点に関する課題，作用及び機能がより近接するような副引用発明を選択することが重要になると考える。

　また，今回，一致点及び相違点の認定の誤りについての原告の主張は認められなかったが，進歩性なしとの判断を覆すための反論としては，重要な主張である。裁判所は，例えば，引用発明の「遊技球貯留部」について，その明細書の記載及び用語の一般的意義から丁寧に解釈して，本件発明と引用発明との対比を行っているが，この認定手法は，特許・実用新案審査基準に沿った認定であり，実務の参考になると考える。特許請求の範囲の記載だけでなく，本願明細書の記載及び用語の一般的意義から丁寧に解釈していくことで，一致点の認定誤りと相違点の看過を主張・立証していくことは，有効である。さらに，明細書作成にあたっては，発明の詳細な説明の記載に，請求項に記載する構成の作用・効果を丁寧に記載しておくことが，相違点として認定されるために有効であると考える。

（權正　英樹）

光学情報読取装置事件

判決の ポイント	公然実施された製品及び周知技術に基づく動機付けがあるとして，進歩性が否定された。
事件の表示	R1.12.18　知財高裁　平成31年（行ケ）10022
参照条文	特29②
Key Word	公然実施，容易想到性，動機付け

1．事実関係

(1)　手続の経緯

　原告は，発明の名称を「光学情報読取装置」とする特許出願について設定登録（特許第3823487号；以下「本件特許」という。）を受けた後，特許無効審判が請求されたので訂正請求をし，特許庁が訂正を認めたうえ，特許を無効とする旨の審決（本件審決）をしたので，原告は本件審決の取消しを求めて本件訴えを提起した事案である。

(2)　本件特許発明の内容

　本件審決が対象とした請求項1に係る発明（以下「本件発明」という。）は，以下のとおりである。争点に係る要件に下線を付し，争点理解に寄与しない要件を省略した。「／」は原文中の改行箇所を表し，下線は筆者による。

【請求項1】TJ・・・ケースと，／TK・・・キーパットと，／TL・・・表示液晶ディスプレイと，／TM・・・読み取り用スイッチと，／TN・・・発光手段と，／TA・・・複数のレンズで構成され，前記読み取り対象からの反射光を所定の読取位置に結像させる結像レンズと，／B前記読み取り対象の画像を受光するために前記読取位置に配置され，その受光した光の強さに応じた電気信号を出力する複数の受光素子が2次元的に配列されると共に，当該受光素子毎に集光レンズが設けられた光学的センサと，／C該光学的センサへの前記反射光の通過を制限する絞りと，／TD・・・カメラ部制御装置と，／Eを備える光学情報読取装置において，／TF前記読み取り対象からの反射光が前記絞りを通過した後で前記結像レンズに入射するよう，前記絞りを配置することによって，前記光学的センサから射出瞳位置までの距離を相対的に長く設定し，前記光学的センサの周辺部に位置する受光素子に対して入射する前記読み取り対象からの反射光が斜めになる度合いを小さくして，適切な読取りを実現し，／G前記光学的センサの中心部に位置する受光素子からの出力に対する前記光学的センサの周辺部に位置する受光素子からの出力の比が所定値以上となるように，前記射出瞳位置を設定して，露光時間などの

調整で，中心部においても周辺部においても読取が可能となるようにしたことを特徴とする／H光学情報読取装置。

(3) 審決の概要

　本件発明は，ウェルチアレン社製IT4400に係る発明，公知技術及び周知技術に基づいて当業者が容易に発明をすることができたものである。また，IT4400については，IT4400が公然実施されていたことの認定，IT4400が本件発明の構成要件TFを有していない点（相違点1）の認定，IT4400が本件発明の構成要件Gを有していない点（相違点2）の認定等をした。

2．争点

　公然実施された製品及び周知技術に基づく容易想到性が争われた。

3．裁判所の判断

(1) 本件発明の認定

　裁判所は，本件発明の特徴は，従来の光学情報読取装置において複数枚のレンズが組にされた組レンズの中心付近に絞りが配置されていたものを，「読み取り対象からの反射光が絞りを通過した後で結像レンズに入射するように絞りを配置」することによって，光学的センサから射出瞳位置までの距離を相対的に長く設定し，光学的センサの周辺部に位置する受光素子に対して入射する前記読み取り対象からの反射光が斜めになる度合いを小さくして，センサ中心部に位置する受光素子からの出力に対するセンサ周辺部に位置する受光素子からの出力の比が所定値以上となるように射出瞳位置を設定するという構成を採用し，これにより，光学的センサの周辺部の受光素子に対する集光レンズによる集光率の低下を防止し，中心部においても周辺部においても適切な読み取りを可能とするものと認定した。

(2) 公然実施であることの認定

　裁判所は，被告自身が解体を行った二次元コードリーダ（出願後に販売された甲3製品，甲45製品）が特定のCCDイメージセンサ（公知センサ）と光学系として「3枚のレンズからなる結像レンズ及びこれらのレンズの間の絞り」を備え，この甲3製品及び甲45製品とIT4400はともに第2世代に属し，IT4400の設計開発従事者の宣誓供述書において，「第2世代」の製品は，型番や製造年月日にかかわらず，公知センサと光学系として「3枚のレンズからなる結像レンズ及びこれらのレンズの間の絞り」を備えたものであるとする陳述内容が，ニュースリリースや製品パンフレット等の内容と整合するとした。その上で，裁判所は，公知センサと光学系として「3枚のレンズからなる結像レンズ及びこれらのレンズの間の絞り」を備えるという特徴を有するIT4400が，本件特許

の出願前に日本国内において販売され，公然実施されていた事実，及びIT4400が特徴において甲3製品及び甲45製品と共通するという事実を認定した。

⑶　相違点1に係る容易想到性

　裁判所は，周知例によれば本件特許の出願当時，受光素子ごとに集光レンズを設けた光学的センサの中心部と周辺部とにおける光の入射角の相違による周辺部の光量不足が，集光レンズを採用しないものより大きくなるという課題が存在し，その課題に対して，絞りをレンズの被写体側に配置して中心部と周辺部との入射角の差を小さくし周辺部の光量不足を緩和することは周知技術であること，周知例のビデオカメラ装置とコードリーダであるIT4400とは採用する光学系及び撮像方式が共通すること，光量不足は集光する構成に起因した事象であることから，IT4400と本件発明とは技術分野及び課題が共通するとし，共通の技術分野において，周辺部の光量不足を緩和するという課題のために本件発明の構成要件TFを採用することは想到容易というべきであると結論付けた。

⑷　相違点2に係る容易想到性

　裁判所は，公然実施されたIT4400において，相違点1を採用し，絞りを被写体側に配置する位置を決定する際に本件発明の構成要件Gを採用することは，周辺部でも適切に読み取ることを可能とする2次元バーコードリーダを構成するうえで適宜採用する事項に過ぎないから，想到容易というべきであるとした。

4．実務上の指針

⑴　公然実施による進歩性

　発明の進歩性は，刊行物に記載された発明に基づく容易想到性（特許法29条1項3号に基づく同法29条2項）により判断されることが多いが，公然実施された発明に基づく容易想到性（同法29条1項2号に基づく同法29条2項）により判断される例も見受けられる。特許法29条1項2号にいう「公然実施」とは，発明の内容を不特定多数の者が知り得る状況でその発明が実施されることをいう。物の発明において，商品を外部から観察しただけで発明の内容を知り得ない状況では，当業者がその商品を通常の方法で分解又は分析して知り得る場合も公然実施と解される（H28.1.14知財高裁平成27年（行ケ）10069）。この場合の根拠資料は，公然実施に供された製品等であるため，特許発明との同一性及びその存在した時期が明確な刊行物に比べ，製品等の公然実施品と特許発明との同一性，及びその実施時期の特定が困難なことが想定され得る。そして，根拠資料としては，新聞若しくは雑誌の記事，業務日誌，出荷伝票，工事証明書，パンフレット，商品カタログ，納入図面等又は現物が挙げられる。これらの資料は，公然実施品であることを特定する物的証拠となり，対象商品名及び実施日（販売日等）が記載されていることに留意が必要である。物的証拠と特許発

明との同一性は，一般に物的証拠である製品の分解又は分析により判断できる。また，物的証拠以外に証人の証言も有効である。本件特許の場合，被告は，設計開発従事者の宣誓供述書による陳述，並びに，ニュースリリース，パンフレット等に基づいて，公然実施品と出願後に販売された製品である甲3製品及び甲45製品とが同一であると認定したうえで，出願後に販売された製品の分解に基づいて公然実施品の構成を認定し，進歩性を否定した。

　公然実施品に依拠して容易想到性を判断する場面では，分析対象である公然実施品が改変されていないことが明らかであるか，また分野によっては，経時変化を伴って特性値の変動がないか等にも留意することが必要である。

　根拠資料に基づく事実の内容及び時期の特定が容易な場合，容易想到性の判断は刊行物公知に基づく進歩性の判断と同じように行い得るものと考える。しかし，例えば製品等の現物のように一態様でしかない物的証拠では，特許権の技術的範囲を訂正することで想到容易でない範囲を得やすいため，進歩性違背の無効理由の根拠資料としての現物は，進歩性の存在を広く否定する観点では必ずしも有効とは言い難い場合があることにも留意すべきである。

(2)　公然実施品及び周知技術に基づく動機付け

　本件では，公然実施品に周知技術を組み合わせる動機付けが認定された。公然実施品は，あくまで具体的一態様として存在するものである。発明の技術的思想はそこから完全に読み取れるとは限らず，唯一の具体的構成が見て取れるに過ぎない。つまり，具体的一態様から技術的思想を捉えることは難しい側面がある。そのため，具体的一態様としてたまたま存在したものに対してある技術を適用することが想到容易であるか否かの判断が困難な場合があることが予期される。しかし，少なくとも共通の技術分野で求められる技術に周知の課題が存在する状況では，その課題解決のために周知の技術を適用しようとすることは，当業者において想到容易であるとすることは理解しやすいのではなかろうか。殊に，本件発明のように，集光レンズを有する場合に光の入射角の相違で周辺部の光量不足が生じ，そのために絞りをレンズ系よりも被写体側に配置して出射瞳を結像面から遠ざけること（いわゆる前絞り）が周辺部の光量不足を緩和するという作用効果に寄与することが周知の事実となっており，共通して採用されている構成や方式から「全く異なる技術分野に属するということはできない」と認められる状況下では，その技術分野に属する具体的一態様に周知技術を適用して本件特許と同様の構成を導くことには動機付けがあったと認定することは妥当な解釈であろう。

（西山　崇）

高コントラストタイヤパターン及び
その製作方法事件

判決の ポイント	共通の課題を見出し，動機付けの存在を肯定し，相違点に係る進歩性の 判断に誤りがあるとして審決が取り消された。
事件の表示	R2.2.20　知財高裁　平成31年（行ケ）10043
参照条文	特29②　特123①二
Key Word	課題の共通性，動機付け，阻害要因

1．事実関係

(1)　手続の経緯

　被告らは，発明の名称を「高コントラストタイヤパターン及びその製作方法」とする特許第5642795号（以下「本件特許」という。）の特許権者である。原告が本件特許に対して無効審判を請求した（無効2016-800115）ところ，特許庁は，被告らによる訂正請求を認めた上，請求不成立（特許維持）の審決をしたため，原告がその取り消しを求めて本件訴訟を提起した。

(2)　本願発明の内容

　本件訴訟では，訂正後の本件特許の請求項3（以下「本件発明3」という。）に対して，訂正要件の判断の誤り，進歩性判断の誤り（本件発明1，2，4ないし6の進歩性判断の誤りは，本件発明3の場合と同様）等を判断している。本件発明3の記載は，次のとおりである。

【請求項3】可視面(11)を有するタイヤ(1)であって，前記可視面は，該可視面とコントラストをなすパターン(2)を有し，前記パターンは，互いに実質的に平行であり且つ0.5mm未満のピッチ(p)で配置された複数個のブレード(22)を有し，前記ブレード(22)は，前記ブレードのベースから前記ブレードの端に向かって減少した断面を有し，前記ブレード(22)は各ブレード間に空間が存在するように配置され，各ブレードは，0.1mm～0.5mmの平均幅（d）を有する，タイヤにおいて，前記ブレード(22)の壁は，その面積の少なくとも1／4にわたり，5μm～30μmの平均粗さRzを有し，この平均粗さを有する前記ブレードの前記壁は，前記ブレードの高さの下四分の一に位置している，タイヤ。

(3)　審決の概要

　審決では，本件発明3と甲第1号証（以下「主引例」という。）に記載された甲1発明とは，以下の［相違点2］を有すると認定している。

［相違点2］「本件発明3は「ブレードの壁は，その面積の少なくとも1／4に

わたり，5μm～30μmの平均粗さRzを有し，この平均粗さを有するブレードの壁は，ブレードの高さの下四分の一に位置している」との事項を有しているのに対して，甲1発明は，多数の細溝4から形成される壁状の構造の平均粗さについて特定されていない点。」

そのうえで，相違点2に係る事項について甲第2号証（以下「副引例」という。）を用い，「甲第2号証には，タイヤのゴムに添加された添加剤がタイヤの外表面に滲み出してもこれを目立ち難くして外観の悪化を抑制しうるために・・・の表面粗さを有する粗面部5を形成することが記載されているといえるものの・・・コントラストを形成することを目的に所定の表面粗さの粗面部を形成することを示唆しているとはいえない。そうすると，甲1発明に，コントラストを得ることを目的として甲第2号証に記載された事項を適用する動機付けはなく，また，甲第2号証に記載された事項を適用しても，甲1発明のサイドウォール面及びパターンのすべてを粗面部とすることとなり，上述の本件発明の目的を達成するものとはいえず・・・よって，甲1発明を相違点2に係る本件発明3の構成とすることは，甲第2号証に記載された事項に基いて当業者が容易に想到し得ることとはいえない」（下線部は筆者追加）と認定している。なお，甲第2号証は「外表面の少なくとも一部に，十点平均粗さRzが～100μm・・・の表面粗さを有する粗面部を具えることを特徴とする空気入りタイヤ」（請求項1）に関する文献である。

2．争点
相違点に係る進歩性判断の誤りについて争われた。

3．裁判所の判断
裁判所は，主に以下のような観点で，主引例と副引例との組み合わせの動機付けがあり，阻害事由がない，等の理由により，進歩性の判断に誤りがあると判示して，本件審決を取り消した。

(1)　動機付けの存否について
「甲1発明は，タイヤのサイドウォール面に設けた表示マークの識別性を向上させることを目的とするものであるから（甲1段落【0001】，【0006】），当業者であれば，表示マークの識別性をさらに向上させることを検討すると考えられる。また，「近年は，特に乗用車用タイヤにおいて外観に優れたタイヤが好まれ，表示マークの見映えの向上も要望されるようになった」との記載（甲1段落【0002】）からすれば，表示マークの識別性向上は，タイヤの外観を優れたものとするための一手段であり，甲1発明のタイヤの外観をさらに向上させる手段があるのであれば，それが望ましいことといえる。ここで，甲2文献は，空

気入りタイヤを技術分野としているから（甲2段落【0001】），本件発明と技術分野が共通しており，しかも甲2文献は外観を向上することを目的とするとされているから，甲1発明に接した当業者であれば，甲2文献に記載された内容を検討対象とすると考えられる。そして，甲2文献の記載を具体的に見ると，時間の経過によって，タイヤのゴムに添加されたワックス等の油分や老化防止剤などの添加剤がタイヤの外表面に移行して滲み出し，外観を損ねるという現象を課題として認識し，これを解決するための技術的事項が記載されたものであることがわかる（前記(2)イ）。このような現象は，甲1発明のタイヤ全体に生じるものといえるが，そうなれば甲1発明のタイヤの外観を損なうことになる。また，このような現象は，甲1発明の表示マーク部分にも生じるものであり，そうなれば表示マークの識別性の低下をもたらす。よって，甲2文献の記載事項は，表示マーク部分を含む，甲1発明のタイヤの外観をさらに向上させるのに適した内容と考えられるから，当業者であれば，甲1発明に甲2文献の記載事項を組み合わせることを試みる十分な動機付けがあるといえる。甲2文献には，コントラストを高めるという発想はないが，そうであっても，別の理由から，甲1発明との組み合わせが試みられることは，以上に述べたところから明らかである。」（下線部は筆者）

(2) **阻害事由の存否について**

「甲2文献に記載の技術は，標章等の模様9と外表面3の双方に一定の表面粗さを設けるものであるが（甲2段落【0010】），標章等が視認不能になってしまうならばこれを設ける意味がなくなってしまうから，このような構成としても，模様9が視認可能であることは，当然の前提となっていると解される。また，甲1発明においては，表示マークが細溝で形成されている一方，表示マーク以外の領域は細溝が設けられていないことによって，すでにコントラストが生じている。そのため，表示マークとそれ以外の領域の双方を粗面部とした場合，それ以外の領域が黒っぽくなるとともに，表示マークも，より黒っぽくなることも想定されるから，必ずしも表示マークのコントラストが低下しないとも考えられる。以上のとおり，甲1発明に甲2文献の粗面部を適用しても，表示マークの識別性が低下するとは限らないから・・・十分な動機づけに基づく甲1発明と甲2文献とを組み合わせるとの試みを，阻害するまでの事由とは認められない。」（下線部は筆者）

4．実務上の指針

本件発明3は，タイヤのサイド面で，品質情報やブランド名等を表記するマーク部分の視認性向上を課題とし，所定の形状（ブレード・表面粗さ）を設けてそれ以外の部分とのコントラストを高め，そのマーク部分を見やすくする技術

である。主引例も解決手段の差異はあるものの，同課題に対する技術である。副引例は，タイヤの外観を向上させることを課題とする技術である。副引例には，マーク部分を含めて全体の外観を向上させることは明示されているものの，マーク部分の視認性向上に関する明示的な記載はない。よって，このレベルで課題を認識すれば，課題の共通性に乏しく，審決の内容のように動機付けがないとも考えられる。これに対して，本判決では，主引例の記載内容より，主引例の課題をより広く捉えて「表示マークの識別性向上は，タイヤの外観を優れたものとするための一手段であり」として，副引例との間で課題の共通性を見出し，組み合わせの動機付けがあると認定している。ここで，課題の上位概念化がどの範囲まで許容されるかは，各引例の明細書の記載や技術常識に基づいて特定され得ると考えられる。本判決では，主引例の「近年は，特に乗用車用タイヤにおいて外観に優れたタイヤが好まれ，表示マークの見映えの向上も要望されるようになった」（甲1段落【0002】）等に基づいて課題の上位概念化がなされているが，他のケースにおいて，技術常識として同技術分野における周知技術文献等の記載からも同様の認定をされる可能性がある。

　実務者としては，自身が情報提供，異議申立，無効審判等により進歩性を否定する立場である場合には，本判決のように，各引例の明細書内や周知技術文献等において，課題の上位概念化等に寄与する情報を探し，課題の共通性を見出して，動機付けが存在することを肯定する方法も一案である。一方で，出願人や特許権者として進歩性を肯定する立場である場合には，出願時において，より下位概念化された課題と，その課題に対応させた発明の構成と作用効果の記載を明細書中に十分に記載しておき，共通化できないような下位概念の特有の課題に対する発明であることを主張する等の方策が考えられる。もちろん，このような方策は，権利範囲の限定解釈を招くおそれがあるため，記載内容や主張内容には留意が必要となる。本件の場合では，副引例の記載や，マーク部分となるパターンのコントラストを高める目的から考えれば，パターン以外の可視面における表面粗さは粗くしない（パターンのみ粗くする）旨の補正や主張も想定され得るが，確保したい権利範囲との関係からそのような主張はされていない可能性もあると思われる。

　その他，阻害事由に関して「十分な動機づけに基づく甲1発明と甲2文献とを組み合わせるとの試みを，阻害するまでの事由とは認められない」とあるように，必要な阻害事由の程度は，組み合わせの動機付けの程度とも関連するといえ，進歩性肯定のための主張内容は，上記の限定解釈のおそれ等を考慮しつつ，進歩性判断の論理付け全体としてバランスをとることが重要といえる。

（和気　光）

安定な炭酸水素イオン含有薬液事件

判 決 の ポイント	請求項に記載された発明の効果が，他の構成から自ずと備えるものとされ，さらに，被告の主張する有利な効果が，発明の用途からして優れたものではないとされ，進歩性が否定された。
事件の表示	H31.4.25　知財高裁　平成30年（行ケ）10061
参 照 条 文	特29②
Key Word	進歩性，引用発明と比較した有利な効果

1．事実関係
(1)　手続の経緯
　被告は，発明の名称を「安定な炭酸水素イオン含有薬液」とする特許第5329420号の特許権者である。原告は，平成29年1月30日に，特許庁に対して無効審判（無効2017-800014）を請求したところ，被告らは請求項1などに訂正請求（以下，「本件訂正」という。）をした。特許庁は，平成30年3月29日に，本件訂正を認めたうえで，「本件審判の請求は成り立たない。」との審決をしたところ，原告がその審決の取消を求めて提訴したのが本件訴訟である。

(2)　本件発明の内容
　本特許権の本件訂正後の請求項1記載の発明（以下，「本件訂正発明」という。）は，以下のとおりである。下線は本件訂正の訂正箇所を示す。

【請求項1】
　　ナトリウムイオン，塩素イオン，炭酸水素イオン及び水を含むA液と，ナトリウムイオン，カルシウムイオン，マグネシウムイオン，塩素イオン，ブドウ糖及び水を含むB液を含み，そしてA液及びB液の少なくとも一方がさらにカリウムイオンを含有し，A液及びB液の少なくとも一方がリン酸イオンを含有し，かつA液及びB液のいずれもが酢酸イオンを含有せず，
　　A液とB液を合した混合液において，カリウムイオン濃度が4.0mEQ／Lであり，無機リン濃度が4.0mg／dLであり，カルシウムイオン濃度が2.5mEQ／Lであり，マグネシウムイオン濃度が1.0mEQ／Lであり，炭酸水素イオン濃度が32.0mEQ／Lであり，そして少なくとも27時間にわたって不溶性微粒子や沈殿の形成が実質的に抑制される，用時混合型急性血液浄化用薬液。」

(3)　審決の概要
　特許庁は，甲3（国際公開2006／041409号公報）の実施例4に記載された発明（以下，「引用発明」という。）と本件訂正発明との間に以下の6つの相違点を認定し，引用発明に対する本件訂正発明の進歩性を肯定した。

相違点１:本件訂正発明では，ナトリウムイオンはA液にもB液にも配合されているのに対し，引用発明では，第二単一溶液（本件訂正発明のA液に相当）に配合されておらず，第一単一溶液（同B液に相当）にしか配合されていない点。

相違点３:本件訂正発明では，「A液とB液を合した混合液において，・・・，少なくとも27時間にわたって不溶性微粒子や沈澱の形成が実質的に抑制される」ことが発明特定事項とされているのに対し，引用発明では，それに対応する発明特定事項がない点。

相違点４:本件訂正発明は「急性血液浄化用薬液」であるのに対し，引用発明は「医薬溶液」である点。

相違点６:混合液中の無機リン濃度が，本件訂正発明では4.0mg／dLであるのに対し，引用発明では3.72mg／dLであると算出される点。

相違点７:混合液中のマグネシウムイオン濃度が，本件訂正発明では1.0mEq／Lであるのに対し，引用発明では1.2mEq／Lであると算出される点。

相違点８:混合液中の炭酸水素イオン濃度が，本件訂正発明では32.0mEq／Lであるのに対し，引用発明では30.0mEq／Lであると算出される点。

２．争点
　本件訂正発明は，引用発明から進歩性を有するか。

３．裁判所の判断
⑴　各相違点の容易想到性について
　相違点１について，裁判所は，甲３には，「ナトリウムイオン及び／又は塩化物イオンは，通常は，第一単一溶液及び第二単一溶液の両方に配合される。」との記載があるため，引用発明において，ナトリウムイオンを，第一単一溶液及び第二単一溶液の両方に配合させる構成とすることは，当業者の設計的事項であると認定した。

　相違点４について，裁判所は，甲３の「医療溶液」の例示中の「腎疾患集中治療室内での透析用の溶液」とは，救急・集中治療領域において，急性腎不全の患者に対して行う持続的な血液浄化のための透析用の溶液を含むことは自明であり，「医療溶液」を「用時混合型急性血液浄化用薬液」にすることを試みる動機付けがあると認定した。

　相違点６～８について，裁判所は，優先日当時の技術常識を踏まえると，溶液の無機リン濃度，マグネシウムイオン濃度，炭酸水素イオン濃度を，本件訂正発明の値に調整することは当業者が容易に想到できたものであると認定した。

相違点3について，裁判所は，「少なくとも27時間にわたって不溶性微粒子や沈殿の形成が実質的に抑制される」という構成は，引用発明において，相違点1，4，6〜8に係る本件訂正発明の構成とした場合に，自ずと備えるものといえ，当業者が容易に想到できたものであると認定した。

(2) 本件訂正発明の顕著な効果について

裁判所は，「混合後長時間が経過してpHが上昇しても，不溶性微粒子や沈殿の生成が抑制することができる」という本件訂正発明の効果について，人体に投入される血液浄化用薬液においては，そのpH値が人の生理的pH値と同程度の範囲内のものとする必要があり，本件明細書に記載された，患者に対する混合液の使用を「7日間」継続し，その間に「pHが7.23〜7.29から7.89〜7.94までほぼ直線的に上昇した状況」に置くことは，用時混合型急性血液浄化用薬液の通常の使用方法としては想定されないものであり，かかる状況下で7日間にわたり不溶性微粒子や沈殿の形成が抑制されたという効果は，用時混合型急性血液浄化用薬液に通常求められる効果であるとはいえないから，用時混合型急性血液浄化用薬液の効果として，優れたものではないと認定した。

また，裁判所は，相違点4の検討にて，当業者は，引用発明を「用時混合型急性血液浄化用薬液」として使用することを容易に想到することができたものと認められるから，前述の効果は甲3から予想し得る効果であると認定した。

4．実務上の指針
(1) 発明の効果を請求項に記載することの是非について

審査基準では，その物が固有に有している作用，機能，性質又は特性が請求項中に記載されている場合は，審査官は，その記載を，その物自体を意味しているものと認定するとされている（特許・実用新案審査基準第Ⅲ部第2章第4節）。

本判決では，請求項中の発明の効果の記載は，相違点3として認定されたものの，本件訂正発明の他の構成から自ずと備えるものとされ，進歩性の肯定に特に貢献しなかった。本判決は，審査基準の考え方と整合していると思われる。

ここで，本件訂正発明のように，発明の効果を請求項に記載することの是非について，権利化段階と権利行使段階に分けて検討したい。権利化段階では，請求項中に発明の効果を記載することで，本判決のように，発明の効果の記載が引用発明との相違点と認定してもらえる可能性が高い。しかし，相違点として認定されたとしても，本判決のように他の構成から自ずと備える効果とされてしまい，実質的な相違点とならない場合もある。そのうえ，発明の効果を請求項に記載しなくても，進歩性判断時に有利な効果を検討してもらうことはできる。そのため，請求項に発明の効果を記載することの権利化段階でのメリッ

トはほとんどないと考えられる。

　権利行使段階において，発明の効果が請求項に記載されている場合，発明の効果がその発明の構成要件となるため，原告（特許権者）は，被疑侵害品が発明の効果を奏することを立証する必要がある。これに対して，請求項に発明の効果を記載せずに，進歩性判断時に有利な効果があるとして権利化された場合には，被告が，作用不奏功の抗弁や特許無効の抗弁として，被疑侵害品が発明の効果を奏しないことを立証する必要がある。すなわち，被疑侵害品が発明の効果を奏するかどうかは，発明の効果を請求項に記載しなかった場合には，被告の立証責任であったのに対して，発明の効果を請求項に記載すると，原告の立証責任となってしまうデメリットがある。

　以上のように，権利化段階におけるメリットがほとんどなく，権利行使時のデメリットがあることから，請求項に発明の効果を記載することは，好ましいことではないと思われる。そのため，権利化段階において，請求項に発明の効果を記載することはできるだけ行わずに，請求項に記載の発明が，引用発明と比較した有利な効果を持つことを意見書等にて主張することにより，進歩性を主張すべきであると考えられる。

(2)　進歩性判断時の有利な効果の主張について

　審査基準では，進歩性が肯定される方向に働く要素として「引用発明と比較した有利な効果」が挙げられている（特許・実用新案審査基準第Ⅲ部第2章第2節）。

　また，本判決の後に，本件発明が予測できない顕著な効果を有するか否かという観点で十分に検討するべきという判決（R1.8.27最高裁第三小法廷平成30年（行ヒ）69）がなされており，有利な効果を主張することは，進歩性を主張する際に有効な手段である。

　ただし，本判決においては，本件訂正発明が人体に投入される血液浄化用薬液であるにもかかわらず，混合後7日後にpHが約7.9にまで上昇し，人体への投入が難しくなった場合における発明の効果を主張したため，有利な効果と認定されなかった。

　このことから，有利な効果を主張して進歩性を主張する際には，発明の効果が予測できない顕著なものであるか議論する前に，そもそも，その発明の効果が，発明の用途の観点から非現実的な状況における有利な効果ではなく，現実的な状況における有利な効果であるのかを確認するべきであると考えられる。

（剣持　勇一）

海生生物の付着防止方法事件

判 決 の ポ イ ン ト	優先日当時の二酸化塩素に関する知見を踏まえて，主引用発明の有効塩素発生剤を副引用発明の二酸化塩素に置換することを試みる動機付けがあり，当業者は置換による優れた効果を予期できるので予期し得ない顕著な効果の主張も認められないとして，進歩性を認めた審決を取り消した。
事件の表示	R1.7.18　知財高裁　平成30年（行ケ）10145
参 照 条 文	特29②
Key Word	動機付け，顕著な効果

1．事実関係

(1) 手続の経緯

　被告らは，発明の名称を「海生生物の付着防止方法およびそれに用いる付着防止剤」とする発明について，優先権主張を伴う特許出願（特願2015-154203）をし，特許権の設定登録（特許第5879596号。以下「本件特許」という。）を受けた。原告は，本件特許につき無効審判を請求したが（無効2017-800145），請求不成立との審決を受けたため，その取消しを求めて本件訴訟を提起した。

(2) 本件発明1の内容

　本件特許の請求項1に係る発明（以下「本件発明1」という。）は，以下のとおりである。

　「海水冷却水系の海水中に，二酸化塩素と過酸化水素とをこの順もしくは逆順でまたは同時に添加して，<u>前記二酸化塩素と過酸化水素とを海水中に共存させる</u>ことにより海水冷却水系への海生生物の付着を防止することを特徴とする海生生物の付着防止方法。」（下線は筆者による。以下同じ。）

(3) 審決の概要

　審決は，甲1（特公昭61-2439）に記載された発明（以下「甲1発明」という。）と本件発明1との相違点1として，海水冷却系の海水中に，過酸化水素に加えて，本件発明1ではさらに「二酸化塩素」を添加するのに対して，甲1発明ではさらに「有効塩素発生剤」を添加する点を認定した。そして，甲1発明の有効塩素発生剤は，過酸化水素との酸化還元反応によって一重項酸素を発生させることを目的とする化合物であるところ，二酸化塩素は過酸化水素との酸化還元反応によって一重項酸素を発生させる化合物ではないから，甲1発明の有効塩素発生剤を二酸化塩素に置換する動機付けがあるといえない，と判断した。さらに，仮に甲1発明の有効塩素発生剤を，一重項酸素を発生させる化合物であるかに関係なく二酸化塩素に置換できるとしても，本件発明1は，当業者が

予期し得ない格別な効果を奏するから，本件発明1は当業者が容易に発明をすることができたものとはいえない，と判断した。

2．争点
　甲1を主引用例とする本件発明1の進歩性の判断の誤りについて争われた。

3．裁判所の判断
　裁判所は，概略次のように判断し，審決における相違点1の容易想到性の判断には誤りがあるとして，無効審判請求を不成立とした審決を取り消した。

⑴　相違点1の容易想到性の有無について
　甲2（特公平6-29163），甲3（特開平6-153759），甲5（特開平8-24870）等の記載を総合すると，本件優先日当時，二酸化塩素は，水への溶解度は塩素よりも高く，酸化力が塩素よりも強いうえ，塩素剤の添加により生成する有害なトリハロメタン（THM）が発生しない，海生生物の付着防止剤として知られていたことが認められる。甲1及び甲2，3，5に接した当業者は，過酸化水素と有効塩素発生剤とを組み合わせて使用する甲1発明には，有効塩素発生剤の添加により有害なTHMが生成するという課題があることを認識し，この課題を解決するとともに，使用する薬剤の濃度を実質的に低下せしめることを目的として，甲1発明における有効塩素発生剤を，THMを生成せず，有効塩素発生剤である次亜塩素酸ナトリウムよりも少量で付着抑制効果を備える海生生物の付着防止剤である甲2記載の二酸化塩素に置換することを試みる動機付けがあるものと認められるから，相違点1に係る本件発明1の構成を容易に想到することができたものと認められる。
　これに対し被告らは，甲1記載の有効塩素発生剤は，過酸化水素との酸化還元反応によって一重項酸素を発生させる化合物であるから，甲1発明における有効塩素発生剤を，過酸化水素と反応しても一重項酸素を発生しない二酸化塩素に置換する動機付けはない，と主張する。しかしながら，甲1には，過酸化水素とヒドラジンとの併用（実施例3）の結果，過酸化水素と有効塩素発生剤との併用の結果と同様の抑制効果が得られたことの記載があり，過酸化水素とヒドラジンとの併用によって一重項酸素が発生することは想定できないことに照らすと，二酸化塩素が過酸化水素との併用により一重項酸素を発生しないとしても，そのことから直ちに甲1発明における有効塩素発生剤を二酸化塩素に置換する動機付けを否定することはできない。

⑵　本件発明1の予期し得ない顕著な効果の有無について
　本件明細書の表1から，濾過海水に二酸化塩素と過酸化水素を添加した場合の二酸化塩素の残留率は，過酸化水素及び二酸化塩素の濃度条件及び添加の順

序に応じて広範囲に変化することを理解できるところ，本件発明１は，特定の濃度条件及び添加の順序を発明特定事項とするものではないから，実施例及び比較例の対比の結果は，本件発明１の特許請求の範囲全体の効果を示したものと認めることはできない。そうすると，上記対比の結果から，本件発明１が顕著な効果を奏するものと認めることはできない。

次に，甲２の「実施例１」の結果を記載した表２から，二酸化塩素は，次亜塩素酸ナトリウムよりもかなりの低濃度で同程度のスライム付着防止効果及び海生物の付着防止効果を上げることを理解できる。また，甲２にも，「以上の結果より海水生物付着防止効果について・・・亜塩素酸ナトリウムを活性化し二酸化塩素にすることで著しい効果をあげることができる。」（３頁左欄）との記載がある。以上によれば，甲１及び甲２に接した当業者は，甲１発明における有効塩素発生剤を二酸化塩素に置換し，二酸化塩素と過酸化水素を併用した場合，次亜塩素酸ナトリウムと過酸化水素を併用した場合よりも優れた付着防止効果を奏することを予期することができるものといえるから，本件明細書の実施例及び比較例の対比の結果から，本件発明１が，当業者が予期し得ない顕著な効果を奏するものと認めることはできない。

４．実務上の指針

(1) 主引用発明に副引用発明を適用する動機付け

主引用発明に副引用発明を適用することを試みる動機付けの有無は，技術分野の関連性，課題の共通性，作用，機能の共通性，引用発明の内容中の示唆，を総合考慮して判断される（特許・実用新案審査基準第Ⅲ部第２章第２節3.1.1）。

本件の場合，甲１及び甲２は，いずれも従来の海生生物付着抑制剤の毒性による環境破壊を問題とし，甲１には，過酸化水素と従来の付着抑制剤（有効塩素発生剤，ヒドラジン等）との組合せ使用により従来の抑制剤の使用濃度を実質的に低下させることが，甲２には，二酸化塩素は，有効塩素発生剤である次亜塩素酸ナトリウムと比較し少量で効果があり，かつＴＨＭを発生せず環境汚染がないことが記載されている。甲１発明における有効塩素発生剤を，甲２の二酸化塩素に置換することを試みる動機付けがあるとの判決の認定は，技術分野の関連性及び課題の共通性から，上記審査基準と整合するものといえる。

(2) 予期し得ない顕著な効果

発明特定事項によって奏される効果（特有の効果）のうち，引用発明の効果と比較して有利な効果が，技術水準から予測される範囲を超えた顕著なものであることは，進歩性が肯定される方向に働く有力な事情になる（特許・実用新案審査基準第Ⅲ部第２章第２節3.2.1）。

　本件発明1によって奏される効果について，審決は，無効審判請求人が提出した各甲号証は，二酸化塩素と過酸化水素の海水中での共存が，海生生物やスライムの付着を効率よく防止できることを具体的に記載していないとして，当業者が予期し得ない格別な効果であると認定した。しかし裁判所は，「甲1及び甲2に接した当業者は，甲1発明における有効塩素発生剤を二酸化塩素に置換し，二酸化塩素と過酸化水素を併用した場合，次亜塩素酸ナトリウムと過酸化水素を併用した場合よりも優れた・・・付着防止効果を奏することを予期することができる」と述べ，上記審決の認定は誤りであるとした。これは，本件発明1の効果が，当業者の予期し得ない顕著なものであるかどうかは，引用発明（甲1発明）の構成により奏される効果との対比ではなく，本件発明1の構成（二酸化塩素と過酸化水素を併用した構成）とした場合に当業者が予測する効果との対比であることを指摘したものといえる。

　本件判決の後，令和元年8月27日の最高裁第三小法廷判決（平成30年（行ヒ）69）において，発明の効果が予測できない顕著なものであるかにつき，優先日当時本件各発明の構成が奏するものとして当業者が予測することができた範囲の効果を超える顕著なものであるか否かという観点から十分に検討すべきことが判示された。また，特許庁は，各審査官（補）が進歩性の審査の進め方を今一度確認することを目的として「進歩性の審査の進め方の要点と参考事例」を作成し，令和元年11月20日に審査官に提供しており，そのなかで，マチ付きプラスチック袋事件（H25.10.31知財高裁平成25年（行ケ）10078）の「本願発明が顕著な効果を奏することにより進歩性を獲得するためには，主引用発明及び副引用発明を組み合わせることにより得られると予測される以上の効果を奏する必要があり，本願発明が主引用発明以上の効果を奏するとしても，そのことをもって，本願発明の効果が顕著であることを論証したということにはならない。」との判示を引用している。これらの状況から，顕著な効果の認定に対する審査官（補），審判官の意識が高まり，より慎重な判断に傾く可能性があると思われる。顕著な効果の主張にあたっては，優先日当時の当業者が本件発明の構成により奏されると予測することのできる効果の範囲について，できるだけ具体的な根拠を示して説得力のある説明を行い，そのうえで予測を超える効果であることを示すように，これまで以上に留意したい。

【参考文献】

特許庁「進歩性の審査の進め方の要点と参考事例」（令和2年1月29日公表）

（大井　道子）

酸味のマスキング方法事件

判 決 の ポイント	引用発明のアスパルテームに代えてスクラロースを採用することは容易に想到され，請求項1の濃度範囲に至ることは容易であるとして，進歩性を否定した。
事件の表示	R1.8.28　知財高裁　平成30年（行ケ）10164
参 照 条 文	特29②
Key Word	進歩性，技術常識，食品の特許

1．事実関係

(1)　手続の経緯

　被告は特許第3916281号（本件特許）の特許権者であり，原告は無効審判（無効2014-800118）の請求人である。原告は，請求項1についての審判請求が成り立たない旨の審決に対して取消しを求める本件訴えを提起した。

(2)　本件発明（請求項1）の内容

「醸造酢を含有するドレッシング，ソース，漬物，及び調味料からなる群より選択される少なくとも1種の製品に，スクラロースを該製品の0.0028～0.0042重量％の量で添加することを特徴とする該製品の酸味のマスキング方法。」

(3)　本件審決の概要

　本件発明は，甲1（特開昭59-21369）に記載された発明（引用発明）及び甲2,3,7,8に記載された事項に基づいて，当業者が容易に発明をすることができたとはいえないなどとして，審判請求は成り立たないとした。審決では，引用発明及び相違点を以下のように認定した。

（引用発明）

　食酢を含む食品に，アスパルテームを該食品に対し1～200mg％の濃度となるように添加する，酸味の緩和方法。

（相違点2）

　酸味のマスキング剤が，本件発明では，スクラロースであり，その添加量が製品の0.0028～0.0042重量％であるのに対し，引用発明では，アスパルテームであって，その添加量が製品濃度で1～200mg％（＝0.001～0.2重量％）である点。（なお，相違点1は争点になっていないので省略する。）

　審決では，相違点2について概ね以下のように判断し，進歩性を肯定した。甲2,3,7,8には，アスパルテーム，ショ糖，ステビア，サッカリンにより酸味を緩和させることが記載される。しかし，スクラロースが甘味の閾値以下で酸味を緩和することは上記各文献には記載されない。甲1は，酸味のマスキング剤

としてアスパルテームのみを対象としており，それ以外の酸味のマスキング剤の使用を意図していないこと，及び「トレハロース」のように醸造酢の酸味を増強する甘味料も存在することからすると，アスパルテーム，ステビア，サッカリンに酸味を緩和する効果が認められるとしても，高甘味度甘味料一般が酸味を緩和させる効果を有することまでも導き出すことはできない。よって，引用発明のアスパルテームをスクラロースに置き換えることが容易とはいえない。

2．争点
　進歩性に関する判断に誤りがあるか否かが争われた。

3．裁判所の判断
⑴　裁判所は，以下に示す通りに相違点2が容易想到でないとして進歩性を肯定した審決の判断に誤りがあるとして，審決を取り消した。

⑵　アスパルテームに代えてスクラロースを採用することは，「ショ糖の約650倍の甘味を有する非代謝性のノンカロリー高甘味度甘味料であるスクラロースが，アスパルテーム，ステビア，サッカリンナトリウム等の他の高甘味度甘味料と比較して，甘味の質においてショ糖に似ているという特徴があることから，多くの種類の食品において嗜好性の高い甘味を付与することが見込まれている」ことが各甲号証に示され，さらに「ショ糖や，アスパルテーム，ステビア，サッカリンといった慣用の高甘味度甘味料が酸味のマスキング剤としての機能を備えることが，当業者に周知であった」点を根拠に当業者が容易に想到することができたというべき，とした。

⑶　次に，添加量について，スクラロースをその甘さが感じられる閾値より低い濃度で用いた場合でも，塩なれ効果，卵風味の向上効果を奏すること，カプサイシンとの併用により0.0001重量％などで辛味増強効果があること，0.0025重量％でアルコールの苦味抑制効果があることが各甲号証に記載されることを根拠に，向上させようとする風味や製品によって使用量は上下するものの，下限値として0.0001〜0.005重量％で用いたものが知られており，スクラロースの甘味を感じさせない量であっても製品の風味の向上が可能であることを当業者は認識していたものと認められる，とした。

　　他方，引用発明については，「アスパルテームによる酸味緩和効果を得るための下限値として0.001重量％，0.0015重量％，0.005重量％が挙げられ，上記のスクラロースと同様のレベルの使用量で酸味のマスキングが行えることが記載され，更に，アスパルテームの甘味により，食品・調味料の呈味バランスが崩れないようアスパルテームの添加量は食品・調味料の種類に応じ，適宜設定すべきであるとされている。」と認定した。

　　また，スクラロースを含む酸味のマスキングに関して「味のバランスが崩れることがないように，甘味料の使用を減らすことは考えても，増量することは考えないから，・・・当業者は，酸味のマスキングが実現可能な低い濃度でスクラロースを使用することを指向する」とした。そして，「スクラロースを，引用発明の食酢を含む食品（・・・）における，酸味のマスキング剤として使用するにあたり，酸味緩和効果が得られるものの，スクラロースの甘味により前記製品の旨味バランスを崩さない濃度範囲のうち低い濃度を，製品ごとに選択して，スクラロースの従来の使用濃度である0.0001～0.005重量％に重複する0.0028～0.0042重量％という濃度範囲に至ることは，当業者に容易であったということができる」とした。

　　さらに，本件明細書を参照しても，請求項1の濃度範囲を境にして，当業者の予測を超える格別顕著な効果を奏しているとは評価できない，とした。

(4)　なお，トレハロースや，甘味料であるネオヘスペリジンデヒドロカルコンが酸味の増強作用を有することなどを根拠に相違点2が容易想到でないとした被告の主張については，以下のように理由がないとした。証拠（甲48）によれば，トレハロースは，食品の低甘味化に使用されるから，アスパルテーム等の高甘味度甘味料と同様に論じることはできない。また，甲48には，トレハロースを添加した際に，酸味料の種類や他の呈味物質の存在により酸味が強調されたり，マスキングされたりすることを，不可解な現象であると説明されていることからすると，高甘味度甘味料一般が酸味を緩和させる効果を有すると認定する上での支障となるとまではいえない。また，ネオヘスペリジンデヒドロカルコンについては，特定の酸味飲料のみを対象にし，また，実験内容などの詳細が証拠上明らかでなく，ショ糖やアスパルテームを含めた複数の慣用の高甘味度甘味料が酸味のマスキング剤としての機能を備えることが，当業者に広く知られていたと認められることからすると，高甘味度甘味料一般の酸味緩和効果を否定する判断には至らないなどとした。

4．実務上の指針
(1)　技術常識の認定

　　進歩性の判断は，引用発明との相違点を認定して，その相違点に係る構成について他の引用発明を適用したり，技術常識を考慮したりして，論理付けができるか否かを検討することで行う。したがって，技術常識の認定をどのように行うかは，進歩性の判断において重要な位置づけを占めることがあり，技術常識の認定により進歩性の有無が左右されることも多い。なお，「技術常識」とは，当業者に一般的に知られている技術（周知技術及び慣用技術を含む。）又は経験則から明らかな事項をいう(特許・実用新案審査基準第Ⅲ部第2章第2節参照)。

　本件では，特許庁と裁判所における技術常識の認定の違いが，進歩性の判断に影響を及ぼした。審決では，「トレハロース」のように醸造酢の酸味を増強する甘味料が存在する点を１つの根拠に，高甘味度甘味料一般が酸味緩和効果を有する，という技術常識の存在を否定し，引用発明でスクラロースを使用することの容易想到性を否定した。それに対し，請求人は，「トレハロース」はその甘味度が低い旨（すなわち，トレハロースは高甘味度甘味料に当たらない旨）の主張などをし，裁判所は，その主張を認めて「慣用の高甘味度甘味料が酸味のマスキング剤としての機能を備えることが，当業者に周知であった」と認定しており，その認定の差が進歩性の判断に大きな影響を及ぼした。

　また，添加量についても，本件訴訟段階で新たに提出された証拠などにより，「スクラロース」が，酸味以外の「風味」が本件発明のように少量でも向上効果があることが公知であることを裁判所に認定させており，数多くの証拠を示して，高甘味度甘味料一般やスクラロースに関する技術常識を丁寧に主張・立証したことが功を奏して進歩性を否定できたことが伺える。

(2)　明細書の記載について

　スクラロースが酸味抑制効果を有すること自体が知られていなかったことからすると，進歩性が認められなかった本件の判断は特許権者にとっては少し酷な印象ではある。ただし，本願明細書の当初の請求項１は，スクラロースや含有量の限定がなく，「高甘味度甘味剤」や「閾値以下の量」などで特定しているのみであり，公知技術を含む極めて広い範囲をカバーする表現となっていた。一方で，実施例は４つと少なく，また，含有量の好適な数値範囲の記載もなく，明細書の記載として，少し不十分な面があったようにも思われる。

　酸味緩和効果を有する甘味料があることが知られていたことは，当業者ならば知っておくべき情報であろうし，仮に公知技術についての情報が不足していたならば，出願時に先行調査をし，公知技術をある程度把握しておくべきであったと思われる。そして，当初の請求項１は，少なくとも新規性が確保できる内容にすべきである。また，上記の公知技術（技術常識）により進歩性の主張に苦戦することを予想して，特定の製品と特定の甘味料の組み合わせなどにおいて顕著な効果が見られる含有量の範囲を見出し，その範囲を好適範囲として明細書に記載し，さらに，その顕著な効果を裏付けるデータを記載するなどし，拒絶理由やその後の訴訟に耐え得るようにしておくべきであったであろう。なお，トマト含有飲料事件（H29.6.8知財高裁平成28年（行ケ）10147，「実務家のための知的財産権判例70選」2018年度版p72-75）などでサポート要件が否定されたように，近年，食品分野においてはサポート要件を厳しく判断する傾向にあり，明細書作成においてはその点も留意したうえで実験データを記載すべきである。

（虎山　滋郎）

局所的眼科用処方物上告事件

判 決 の ポ イ ン ト	出願時に公知の本件化合物を本件各発明に係る用途に適用することを容易に想到することができたことを前提にしても，本件化合物と同等の効果を有するが構造を異にする本件他の各化合物が存在することだけからは，本件各発明の予測できない顕著な効果を否定できないとされた。
事件の表示	R1.8.27　最高裁第三小法廷　平成30年（行ヒ）69 （原審　H29.11.21　知財高裁　平成29年（行ケ）10003）
参 照 条 文	特29②　特181②　行訴33①
Key Word	予測できない顕著な効果，確定した取消判決の拘束力

1．事実関係

　上告人ら（被告ら）は，発明の名称を「アレルギー性眼疾患を処置するためのドキセピン誘導体を含有する局所的眼科用処方物」とする本件特許第3068858号の特許権者である。被上告人（原告）は，平成23年2月，本件特許に対して無効審判を請求したところ，「訂正を認める。請求項1〜12を無効とする。」との第1次審決があったため，上告人らは，特許請求の範囲の訂正（以下「本件訂正1」という。）を請求し，特許庁は，平成25年1月，本件訂正1を認めるとともに本件訂正1後の特許請求の範囲の請求項1及び2に係る各発明における「ヒト結膜肥満細胞安定化」という発明特定事項は，引用例1及び引用例2に記載のものから動機付けられたものとはいえないから，引用例1を主引用例とする進歩性欠如の無効理由は理由がないと判断して，上記特許無効審判の請求は成り立たない旨の審決（以下「前審決」という。）をした。

　本件訂正1後の請求項1は，下記のとおりである。

「【請求項1】　ヒトにおけるアレルギー性眼疾患を処置するための局所投与可能な，点眼剤として調製された眼科用ヒト結膜肥満細胞安定化剤であって，治療的有効量の11-（3-ジメチルアミノプロピリデン）-6，11-ジヒドロジベンズ［b，e］オキセピン-2-酢酸又はその薬学的に受容可能な塩を含有する，ヒト結膜肥満細胞安定化剤。」

　前記「11-（3-ジメチルアミノプロピリデン）-6，11-ジヒドロジベンズ［b，e］オキセピン-2-酢酸」（以下「本件化合物」という。）は，出願時に公知のドキセピン誘導体である。

　被上告人が，前審決の取消しを求める訴訟（以下「前訴」という。）を提起したところ，知財高裁は，平成26年7月，引用例1及び引用例2に接した当業者は，引用発明1をヒトにおけるアレルギー性眼疾患の点眼剤として適用することを試みる際に，引用発明1に係る化合物についてヒト結膜肥満細胞安定化作

用を有することを確認し，ヒト結膜肥満細胞安定化剤の用途に適用することを容易に想到することができたものと認められるから，前審決の上記の判断は誤りであるとして，前審決を取り消す旨の判決（H26.7.30知財高裁平成25年（行ケ）10058，以下「前訴判決」という。）を言い渡し，上告人らは，上告受理の申立てをしたが，最高裁において上告不受理の決定があったため，前訴判決は確定した。

　上告人らは，本件特許に係る特許請求の範囲の訂正（以下「本件訂正2」という。）を請求した。本件訂正2後の請求項は請求項1及び5のみであり（以下，これらに係る発明を「本件各発明」という。），本件訂正2後の請求項1（以下，これに係る発明を「本件発明1」という。）の記載は，本件訂正1後の請求項1と同じである。特許庁は，平成28年12月，本件訂正2を認めるとともに，本件発明1と引用発明1との各相違点は，引用例1及び引用例2に接した当業者が容易に想到することができたもの又は単なる設計事項であるが，本件化合物の効果は，引用例1，引用例2及び優先日当時の技術常識から当業者が予測し得ない格別顕著な効果であるとし，本件各発明は当業者が容易に発明できたものとはいえないと判断して，上記特許無効審判の請求は成り立たない旨の審決（以下「本件審決」という。）をした。

　被上告人が，本件審決の取消しを求める訴訟を提起したところ，原審である知財高裁は，平成29年11月，優先日における技術水準として，引用例1及び引用例2とは別の刊行物には，本件化合物のほかに，所定濃度の点眼液を点眼することにより70％ないし90％程度の高いヒスタミン遊離抑制率を示す他の化合物が複数存在すること（以下，これらの化合物を「本件他の各化合物」という。）を示して，本件各発明の効果は当業者において引用発明1及び引用例2記載の発明から容易に想到する本件各発明の構成を前提として，予測し難い顕著なものであるということはできないから，本件各発明の効果に係る本件審決の判断には誤りがあるとして，本件審決を取り消す判決をした（H29.11.21知財高裁平成29年（行ケ）10003）。

　上告人らは，この原審の判決を不服として上告したものである。

2．争点

　本件特許に係る発明の進歩性の有無に関し，本件各発明が予測できない顕著な効果を有するか否かが争われた。

3．裁判所の判断

　最高裁は，原審の上記判断には，判決に影響を及ぼすことが明らかな法令の違反があり，本件各発明についての予測できない顕著な効果の有無等につき審

理をさらに尽くさせるため，次の要約に示される理由を判示して，原審の判決を破棄し，原審に差し戻した。

(1) 引用例１及び引用例２には，本件化合物がヒト結膜肥満細胞からのヒスタミン遊離抑制作用を有するか否か及び同作用を有する場合にどの程度の効果を示すのかについての記載はない。このような事情の下では，本件化合物と同等の効果を有する本件他の各化合物が存在することが優先日当時知られていたということから直ちに，当業者が本件各発明の効果の程度を予測することができたということはできず，また，本件各発明の効果が化合物の医薬用途に係るものであることをも考慮すると，本件化合物と同等の効果を有する化合物ではあるが構造を異にする本件他の各化合物が存在することが優先日当時知られていたということのみをもって，本件各発明の効果の程度が，本件各発明の構成から当業者が予測することができた範囲の効果を超える顕著なものであることを否定することもできないというべきである。

(2) 原審は，結局のところ，本件各発明の効果，取り分けその程度が，予測できない顕著なものであるかについて，優先日当時本件各発明の構成が奏するものとして当業者が予測することができなかったものか否か，当該構成から当業者が予測することができた範囲の効果を超える顕著なものであるか否かという観点から十分に検討することなく，本件化合物を本件各発明に係る用途に適用することを容易に想到することができたことを前提として，本件化合物と同等の効果を有する本件他の各化合物が存在することが優先日当時知られていたということのみから直ちに，本件各発明の効果が予測できない顕著なものであることを否定して本件審決を取り消したものとみるほかなく，このような原審の判断には，法令の解釈適用を誤った違法があるといわざるを得ない。

４．実務上の指針

(1) 予測できない顕著な効果について

原審の判決文では「発明の容易想到性は，主引用発明に副引用発明を適用する動機付けや阻害要因の有無のほか，当該発明における予測し難い顕著な効果の有無等も考慮して判断されるべきものである。」と，「二次的考慮説（間接事実説，評価障害事実説ともいう。）」に分類される判断手法で言及されていた。これに対し，本最高裁判決の判示は，発明に係る構成が引例から容易に想到できるものであったとしても，発明が当業者にとって予測できない顕著な効果を有するときは進歩性が肯定される場合があることを前提にしており，いわゆる「独立要件説」に親和的な判断手法が採用されたと解される。

独立要件説に沿った裁判例は少なくない。しかしながら，独立要件説に沿っ

た判断手法により「予測できない顕著な効果」が進歩性の判断に当たって有利に作用するとしても，その理由は条文上明らかでなく，独立要件説に沿って結果的に進歩性の認められた裁判例は極めて少なかったと考えられる。本最高裁判決は，化合物の医薬用途に係るものであることが考慮されてはいたが，独立要件説に親和的な判断手法が，それ以外の分野において妥当し得ないと判示したものではなく，今後の実務においても独立要件説に親和的な判断手法により進歩性が認められる事例が化学分野では増える可能性がある。

　本最高裁判決の重要な点は，この「予測できない顕著な効果」について，本件各発明の効果の程度を比較すべき対象として，優先日当時知られていた，構造を異にする本件他の各化合物が有する効果ではなく，容易想到と判断され得る引用発明に基づく構成たる「本件各発明の構成」から当業者が予測することができた範囲の効果と比較すべきことを明確にしたことに存すると解される。

(2)　確定した取消判決の拘束力について

　原審は，判決文の最後で，「前訴判決を確定させた後，再び開始された本件審判手続に至って，当事者に，前訴と同一の引用例である引用例1及び引用例2から，前訴と同一で訂正されていない本件発明1を，当業者が容易に発明することができなかったとの主張立証を許すことは，特許庁と裁判所の間で事件が際限なく往復することになりかねず，訴訟経済に反するもので，行政事件訴訟法33条1項の規定の趣旨に照らし，問題があったといわざるを得ない。」と付言していた。

　本最高裁判決は，確定した取消判決の拘束力の範囲については言及していないものの，原審に差し戻されたことにより，知財高裁と最高裁との間で事件が往復する結果となってしまった。前訴判決の経緯で，予測できない顕著な効果が争われなかったことに加えて，顕著な効果について独立要件説が採用されたことも，紛争解決を長期化させた一因になったと考えられる。

　仮に，前訴において予測できない顕著な効果が争点として浮上し，前訴判決において判断されていたのならば，本事件の紛争がここまで長期化することはなかったかもしれない。しかし，特許権者である上告人らにしてみれば，前審決において動機付けなしとされ特許維持が認められたのだから，前訴においては予測できない顕著な効果を主張する必要がない状況であった。動機付けの有無と顕著な効果の両方を争点として主張するか否かは当事者同士の訴訟戦略に係ることでもあるが，紛争の長期化のリスクにも留意する必要がある。

（五十嵐　光永）

L-グルタミン酸生産菌及びL-グルタミン酸の製造方法事件

判　決　の ポイント	先行技術には，yggB遺伝子に着目してグルタミン酸生産量の多い変異株を得る動機付けがないとして本発明の進歩性が肯定された。

事件の表示	R2.3.25　知財高裁　平成31年（行ケ）10019（第1事件） R2.3.25　知財高裁　平成31年（行ケ）10030（第2事件）

参　照　条　文	特29②　特36④一　特36⑥一

Key Word	進歩性，実施可能要件，サポート要件，再現実験，発明の技術的思想

1．事実関係

⑴　手続の経緯

　本件特許は，名称を「L-グルタミン酸生産菌及びL-グルタミン酸の製造方法」とする発明に係る特許権（特許第5343303号）である。第1事件原告が請求して第2事件原告が参加した本件特許の無効審判手続において，被告である本件特許の特許権者は，請求項3を削除することを含む訂正請求をした。特許庁は，訂正を認めたうえ（以下，訂正後の明細書及び図面を併せて「本件明細書」という。），本件特許の請求項1，2及び4〜12に係る発明についての審判請求は，成り立たない，請求項3に係る発明についての審判請求を却下する，との審決（以下「本件審決」という。）をした。

⑵　本件特許発明の要旨

　本件訂正後の特許発明は，「【請求項1】L-グルタミン酸生産能を有するコリネ型細菌であって，変異型yggB遺伝子が導入されたことにより非改変株と比較してL-グルタミン酸生産能が向上したコリネ型細菌であって前記変異型yggB遺伝子は，(i)，(i')，(i'')または(ii)の変異が導入された」コリネ型細菌であり，yggB遺伝子における変異の形態が，所定のアミノ酸番号の領域の，(i)欠失，(i')インサーションシーケンス又はトランスポゾンの挿入，(i'')プロリンの他のアミノ酸への置換，(ii)1〜5個のアミノ酸の置換，欠失，又は挿入，として特定されたものである。

⑶　審決の概要

　本件審決は，本件訂正後の本件特許の請求項1，2，4〜12（以下，請求項の番号に従い「本件発明1」などといい，併せて「本件発明」という。）は，実施可能要件違反，サポート要件違反，及び進歩性欠如のいずれの無効理由も有しないと判断した。

２．争点

争点は，⑴ 19型変異に関する実施可能要件及びサポート要件違反の認定判断の誤り，⑵ 進歩性欠如の認定判断の誤り，⑶ 19型変異以外に関する実施可能要件及びサポート要件違反の認定判断の誤り，及び⑷ 明確性要件違反についての認定判断の誤りの有無である。

３．裁判所の判断

裁判所は，概略以下の理由で，審決の判断に誤りはないと判断した。

⑴ 19型変異に関する実施可能要件及びサポート要件を充足すること

本件発明の課題は，「コリネ型細菌を用いたL－グルタミン酸の製造において，L－グルタミン酸生産能力を向上させる新規な技術を提供すること」であり，本件発明11の中には，誘導条件下のみならず，非誘導条件下においても生産能力の向上を図るものが含まれている。19型変異を導入した株の生産能力が野生株に比して向上していることは，誘導条件下については本件明細書の実施例10に，非誘導条件下については，実施例8の記載から認識できる。なお，原告は，実施例8の結果について，原告の再現実験（甲28及び34）などに基づいて争ったが，裁判所は，次の理由でこれらを採用しなかった。①培養条件は，実施例又は各培養ごとに異なるから，他の実施例に表れた数値を根拠に，実施例8における野生株と19型変異株におけるグルタミン生産量の違いが誤差に基づくものであるということはできない。②19型変異株が，野生株に比してより多くのグルタミン酸を生産することが示されている以上，ブランク値が記載されていないとしても，実施例8の結果が信用できないものということはできない。③発酵法の実施に当たっては用いる容器に応じた適宜の方法により十分な酸素を供給する必要があることは，本件出願日当時の技術常識である。甲28の実験は，三角フラスコを用い，本件明細書の坂口フラスコの振とう速度を機械的に採用しているうえ，振とう方式も明らかではないから，適切な方法で行われたものとは認められない。甲34の実験は，「好気的培養条件であるbaffled flaskを活用した31.5度，200rpm条件」で培養を行ったことが記載されているものの，その他の培養条件の詳細は明らかでなく，グルタミン酸の生産量をどのように測定したのかなども明らかではないから，直ちに信用することができない。

⑵ 進歩性欠如のないこと

本件優先日当時に，コリネバクテリウム・グルタミカムをはじめとするコリネ型細菌において，浸透圧調節チャネルがグルタミン酸の排出に関与しているということが当業者において周知になっていたとは認められない。当業者が，甲8発明にその他の文献及び周知技術・技術常識を適用して，コリネ型細菌において浸透圧調節チャネルをコードするyggB遺伝子に着目し，それにグルタ

ミン酸の排出を促すような変異を導入することを動機付けられることはない。

⑶ **19型変異以外に関する実施可能要件及びサポート要件を充足すること**

　本件発明は，コリネ型細菌において，yggB遺伝子によりコードされる浸透圧調節チャネルであるYggBタンパク質が，L-グルタミン生産の排出に関与しているという知見に基づき，yggB遺伝子に変異を導入してYggBタンパク質を改変し，グルタミン酸を排出しやすい菌株を作成することをその技術思想とし，本件発明1では，yggB遺伝子に導入すべき変異として，遺伝子の領域と膜貫通の観点から大別し，①yggB遺伝子のうち，C末端領域をコードする部分に変異を導入するもの（上記（i），（i'）及び（i''））と②yggB遺伝子のうち，第1，第4，第5の膜貫通領域をコードする部分に変異を導入するもの（上記（ii））の二種類を示している。いずれの変異についても，当業者は，本件明細書の記載から実施例の結果も考慮して，グルタミン酸の生産能力の向上が図られるものと認識するし，本件明細書の記載を手掛かりに過度の試行錯誤をすることなく，本件発明1の上記各変異を実施することができる。

⑷ **明確性要件違反のないこと**

　本件発明6，12の「過剰量のビオチン」，本件発明7の「L-グルタミン酸アナログ」，本件発明8の「（i）配列番号86の塩基番号585～1121の塩基配列を含むDNA」，本件発明9の「α-ケトグルタル酸デヒドロゲナーゼ活性が低下する」の記載は，明確性要件を欠くとはいえない。

4．実務上の指針

⑴　本件特許発明は，「非改変株と比較してL-グルタミン酸生産能が向上した」という機能的特定及び変異型yggB遺伝子がその配列の所定の領域に変異が導入されている（（i），（i'），（i''）及び（ii））という構造的特定を発明特定事項としている。本件明細書には，4つの配列番号に示されるアミノ酸配列からなるYggB変異体をコードするDNAをコリネ型細菌に導入することにより，グルタミン酸の生成量が増加したことが実施例に開示されており，yggB変異体の具体例が，発明の詳細な説明に複数記載されている

　本件明細書には，yggB遺伝子が，メカノセンシティブチャンネル（mechanosensitive channel）の一種であることが記載されており，裁判所は，本件発明の技術的意義は，グルタミン酸の生成量の増加がメカノセンシティブチャンネルに関係しているとの知見に基づくと認定した。また，本件明細書には，「「L-グルタミン酸生産能が向上した」とは，野生株などの非改変株と比較して，L-グルタミン酸生産能が上昇したことを意味する」」と明記されていたため，裁判所は原告の，「実施例で確認された変異株のグルタミン酸の生成量の増加は誤差に過ぎない」との主張を採用しなかった。原告の再現

実験に関しては，実験条件の選択が適切ではないことを理由に，その結果を参照していない。

⑵　これらの裁判所の判断から，例えば次のような指針が導き出せると考えられる。従来技術と比較して，目立って優れた効果のない新規発明についても解決課題の程度を低く記載すれば，サポート要件は充足され得る。また，当該発明の技術的意義を明示的に記載しておくことで，この技術的意義が先行技術に開示されていなければ，本件発明を想到する動機付けがない，として，進歩性が認められ得る。

　　つまり，実施例で確認された効果の程度と，発明の技術的意義とを吟味して，例えば発明の効果が低い場合には，解決課題を低く設定するとともに，動機付けの不存在を強調できるように，発明の技術的意義に重点を置くなど，明細書の記載においてバランスをとることが特許性を肯定されるために重要であると思われる。また，機能的特定は，その意義が明確であれば，構造的特定の要件を満たすものが実施でき，そのなかから機能的特定の要件を満たすものを選択できれば実施可能と判断されるし，当該機能を課題に設定すれば，課題を解決すると認識できるとも判断され得る。したがって，機能的特定に関して実施可能要件及びサポート要件を充足することの困難性は低く，特に発明の効果が低い場合には，発明に期待される効果を構成として請求項に記載するのも一案である。なお，対象特許の実施例の再現実験に基づく記載不備の主張については，再現実験で採用した条件のうち，技術常識として明細書に明示されていない条件を採用することが当業者にとって周知ないし技術常識であるとの立証が必要になるため，立証主張の難易度は高いといわざるを得ず，また，特許無効や取消の審決・判決を導くためにこれが採用される例は非常に少ない（「実務家のための知的財産権判例70選」2018年度版，p10-11も同旨）。

（玉腰　紀子）

窒化物半導体積層体及びそれを用いた発光素子事件

判 決 の ポイント	引用文献に記載された事項から，技術的意義を捨象し上位概念化して，周知技術を導くことは，後知恵に基づく議論といわざるを得ず，認められない，とされた。
事件の表示	R2.3.19　知財高裁　令和元年（行ケ）10100
参 照 条 文	特29の2
Key Word	進歩性，周知技術，技術的意義，後知恵，上位概念化

1．事実関係

⑴　原告は，発明の名称を「窒化物半導体積層体及びそれを用いた発光素子」とする特許第6252092号（以下「本件特許」という。）の特許権者である。本件特許に対して，訴外Aから特許異議の申立てがあり，特許庁は，これを異議2018-700519として審理をしたうえ，すべての請求項に係る特許を取り消す決定（以下「本件取消決定」という。）をした。本件訴訟は本件取消決定に対する取消訴訟である。

⑵　本件特許の特許請求の範囲に記載された請求項1は次のとおりである。

「【請求項1】

　　c面を上面に有するサファイアからなる下地基板上面に接して厚さ2μm以上4μm以下の窒化アルミニウムからなるバッファ層が形成されたテンプレート基板と，

　　前記テンプレート基板上面に接して形成され，窒化アルミニウムガリウム層及び窒化アルミニウム層を交互に積層してなる超格子層と，

　　前記超格子層の上面に接して形成され，アンドープの窒化アルミニウムガリウムからなり，前記アンドープの窒化アルミニウムガリウムのアルミニウム比$mAl1$が前記超格子層側から上方向に順次減少する第一の組成傾斜層と，

　　前記第一の組成傾斜層の上面に接して形成され，n型不純物ドープの窒化アルミニウムガリウムからなり，前記n型不純物ドープの窒化アルミニウムガリウムのアルミニウム比$mAl2$が前記第一の組成傾斜層側から上方向に順次減少する第二の組成傾斜層と，

　　前記第二の組成傾斜層の上面に接して形成され，Ⅲ族窒化物半導体からなり，深紫外光を発する発光層を有する活性層と，

　　前記活性層の上面に接して形成されるp側層と，

を含む，窒化物半導体積層体。」

⑶　本件取消決定は，本件発明1と引用発明Aの相違点を，本件発明1では，「アルミニウム比mAl1が前記超格子層側から上方向に順次減少する第一の組成傾斜層」である（相違点1），本件発明1では，「アルミニウム比mAl2が前記第一の組成傾斜層側から上方向に順次減少する第二の組成傾斜層」である（相違点2）のに対し，引用発明Aでは，そのようなものではない点，と認定した。

このうえで，本件発明1は，引用発明A及び引用文献4から6に記載された周知技術に基づいて当業者が容易に発明をすることができたものである，と判断した。

2．争点

争点は，本件取消決定における進歩性判断の誤りの有無である。

3．裁判所の判断

本件訴訟においては，引用文献4から6に記載された技術から，半導体発光素子の技術分野において，その駆動電圧を低くするという課題を解決するために，AlGaN層のAlの比率を傾斜させた組成傾斜層を採用すること（本件技術）が周知技術であるか，が争われた。

判決は，次のとおり，本件技術は周知技術であるとは認められず，本件特許の進歩性欠如を認定した取消決定には誤りがあると判断した。

「引用文献4から6に記載された発光素子は，いずれもAlGaN層又はAlGaAs層を組成傾斜層とするものであるが，引用文献4では緩衝層及び活性層における結晶格子歪の緩和を目的として緩衝層に隣接するガイド層を組成傾斜層とし，引用文献5では，隣接する2つの層（コンタクト層及びクラッド層）の間のヘテロギャップの低減を目的として当該2つの層自体を組成傾斜層とし，引用文献6では，隣接する2つの半導体層の間のヘテロギャップの低減を目的として2つの層の間に新たに組成傾斜層を設けるものである。」「引用文献4から6において，組成傾斜層の技術は，それぞれの素子を構成する特定の半導体積層体構造の一部として，異なる技術的意義のもとに採用されているといえるから，各引用文献に記載された事項から，半導体積層体構造や技術的意義を捨象し上位概念化して，半導体発光素子の技術分野において，その駆動電圧を低くするという課題を解決するために，AlGaN層のAlの比率を傾斜させた組成傾斜層を採用すること（本件技術）を導くことは，後知恵に基づく議論といわざるを得ず，これを周知の技術的事項であると認めることはできない。

よって，本件技術が周知の技術的事項であるとして，相違点1，2に係る構

成に想到することが容易であるとした本件取消決定の判断には誤りがある。」

4．実務上の指針

⑴　引用文献４〜６に記載された半導体発光素子は次のような構成である。

引用文献４：特開2000-196143（図６）

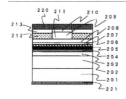

201はn型GaN基板，202はn型AlGaNクラッド層，203はAl$_{0.2}$Ga$_{0.8}$Nから成長方向に徐々にGaNまでAl混晶比が減少する傾斜組成層，204はn型InGaNからなるn側緩衝層，205は多重量子井戸構造の活性層，206はp型InGaNからなるp側緩衝層，207はp型AlGaN保護層，208はGaNからAl$_{0.2}$Ga$_{0.8}$Nまで徐々にAl組成が増加する傾斜組成層，209はAlGaNからなるp型クラッド層，210はp型GaNコンタクト層，211はメサストライプ，212はn型AlGaN電流狭窄層，213はp型GaN第２コンタクト層，220はp型電極，221はn型電極である（[0044]）。

引用文献５：特開2001-044497（図１）

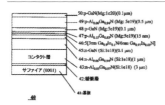

AlGaNクラッド層やAlGaNコンタクト層のAlNモル分率と厚さを変える方法としてAlNモル分率を直線状あるいは放物線状に変化させた傾斜組成AlGaN層とすることもできる。ヘテロギャップの低減による素子抵抗の低減が期待される（[0042]）。

引用文献６：特開平５-343739（図２，図３）

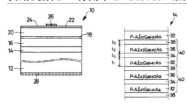

p-GaAs基板12上には半導体多層膜反射鏡14，p-AGaAsクラッド層16，p-GaAs活性層18，n-AlGaAsクラッド層20，及びn-GaAsキャップ層22が順次積層されている（[0011]）。反射鏡14の第１半導体32と第２半導体36との境界に，バンドギャップが一方の半導体から他方の半導体に連続的に近ずくように組成が直線的に変化している傾斜組成層34,38が設けられている（[0015]）。

　引用文献４〜６の上記記載のとおり，半導体発光素子において，組成傾斜層に構成されたAlGaN層やAlGaAs層は当業者の周知常識であると考えてよい。しかし，判決が指摘するとおり，各引用文献に記載された半導体発光素子のその他の層の構成は互いに異なっており，したがって，各発明における

組成傾斜層の有する技術的意義も各々異なるはずである。

(2) 判決は，半導体発光素子の技術分野において，その駆動電圧を低くするという技術的意義を持つ組成傾斜層は当業者の周知技術ではない，と判断しており，これは，先行技術における組成傾斜層を，その構成のみならず，技術的意義，つまり積層構造全体の中での各組成傾斜層の役割や作用効果と併せて認定しているといえる。また，本判決は，先行技術における組成傾斜層をその技術的意義を取捨して上位概念化することはいわゆる後知恵であり，許されない，と説示している。

特許法2条は，「「発明」とは，自然法則を利用した技術的思想の創作のうち高度なものをいう」と定義している。したがって，「発明」は，その技術的思想を含めて認定される必要があると考えられ，このことは，出願に係る発明のみならず，引用発明においても同様である。

本件と同様に，発明の構成をその技術的意義を取捨して上位概念化することは許されない，とした判決として，例えば，平成24年1月31日の知財高裁判決（平成23年（行ケ）10121）は，「当業者の技術常識ないし周知技術の認定，確定に当たって，特定の引用文献の具体的な記載から離れて，抽象化，一般化ないし上位概念化をすることが，当然に許容されるわけではな・・・い」と説示する。また，平成27年9月30日の知財高裁判決（平成26年（行ケ）10240）も，「引用発明が「刊行物に記載された発明」の場合，当該発明は，当該刊行物に接した当業者が把握し得る先行公知技術としての技術的思想である」と，発明は技術的思想として認定されるべきことを説示している。さらに，先使用発明にも，特許発明と同様の技術的思想があることを求めた判決もある（H30.4.4知財高裁平成29年（ネ）10090，「実務家のための知的財産権判例70選」2019年度版p 212-215に掲載。）。

このように，発明は技術的思想として認定されるべきことは多くの判決が説示するところである。そのため，発明を技術的思想として理解することは必須であるといえ，その発明の各構成が有する技術的意義を明細書に記載することは，発明の権利化の観点からは極めて重要であるし，中間処理においても役立つことと考えられる。一方で，侵害訴訟においては，技術的意義の記載によって当該構成がその技術的意義を有するものに限定解釈されたり，技術的意義の記載のなかに矛盾が生じて構成要件充足の主張立証が困難になることもあり得る。そのため，技術的意義の記載にあたっては，両者のバランスや出願の目的を考慮するのが望ましいと考える。

（玉腰　紀子）

椅子式マッサージ機事件

判 決 の ポ イ ン ト	複数の構成要件に示された機能を実現するための手段の選択には技術的創意が必要であり，明細書の記載が実施可能要件を満たしているためには，少なくも当業者がその具体的構成に至ることができるような示唆が必要であるとして，実施可能要件が否定された。
事件の表示	R1.12.25　知財高裁　平成31年（行ケ）10027
参 照 条 文	特36④一
Key Word	実施可能要件，機能的クレーム

1．事実関係

(1) 手続の経緯

　被告は，平成24年7月23日に，発明の名称を「椅子式マッサージ機」とする分割出願及び手続補正（原出願は，特願2011-185543（平成23年8月29日出願），さらにその原出願は，特願2006-220454（平成18年8月11日出願））を行い，平成24年12月21日に設定の登録（特許第5162718号）を受けた（以下「本件特許」という。）。

　原告は，平成30年1月29日に，本件特許について特許無効審判請求をした（無効2018-800007）。

　特許庁は，平成31年1月29日に，審判請求は成り立たない旨の審決をした（以下「審決」という。）。

　原告は，平成31年3月6日，審決の取消しを求めて本件訴訟を提起した。

(2) 発明の内容

　本件発明の請求項1の発明（以下「本件発明」という。）は以下のとおり分説される。

【請求項1】

A　座部と前記座部の後側でリクライニング可能に連結された背凭れ部を有する椅子本体と，前記背凭れ部の左右の側壁部と，該椅子本体の両側部に設けた肘掛部と，を有する椅子式マッサージ機において，

B　前記左右の側壁部は，前記座部に着座した施療者の肩または上腕側方となる位置に配設しており，前記左右の側壁部の内側面には夫々左右方向に重合した膨縮袋を備えて，これら重合した膨縮袋の基端部を前記側壁部に取り付けるように構成しており，

C　前記肘掛部は，施療者の前腕部を載置しうるための底面部，及び外側立上り壁により形成され，前腕部の長手方向において前記外側立上り壁に複数個

配設された膨縮袋で前記底面部に載置した施療者の前腕部にマッサージを施すための前腕部施療機構を備えており，

D　前記肘掛部の後部と前記背凭れ部の側部とを連結する連結部と，前記肘掛部の下部に設けられ，前記背凭れ部のリクライニング動作の際に前記連結部を介して前記肘掛部全体を前記座部に対して回動させる回動部とを設け，

E　前記肘掛部全体が，前記背凭れ部のリクライニング動作に連動して，リクライニングする方向に傾くように構成されて，

F　前記背凭れ部のリクライニング角度に関わらず施療者の上半身における着座姿勢を保ちながら，肩または上腕から前腕に亘って側壁部及び外側立上り壁側から空圧施療を行う事を特徴とする椅子式マッサージ機。

(3)　審決の概要

審決は，明細書等には，背凭れ部の回動機構，肘掛部の回動機構，及び背凭れ部と肘掛部の連結機構の具体的構造までをも示すものではないが，明細書等に接した当業者であれば，適宜の連結手段を用いて連結すれば，本件発明の椅子式マッサージ機が製造でき，また，使用できることを普通に認識できるものといえ，このような「適宜の回動手段」，「適宜の連結手段」を，既知の機械的手段から選択することも当業者が過度の試行錯誤なく適宜に行い得る程度のことである，として，本件明細書の記載は，本件発明について，当業者がその実施をすることができる程度に明確かつ十分に記載されたものでない，とはいえない，などというものである。

2．争点

本件発明の実施可能要件の判断の誤りについて争われた。

3．裁判所の判断

裁判所は，「［1］肘掛部の後部と背凭れ部の側部とを，「肘掛部全体が，前記背凭れ部のリクライニング動作に連動して，リクライニングする方向に傾くように」(構成要件E) 連結する連結手段については連結部142aによる回動関係が，［2］肘掛部全体を座部に対して回動させる回動手段については回動部141aによる回動関係が開示されている」と，個別の手段については記載があることを認めたが，「［3］背凭れ部をリクライニングするように座部に対し連結する連結手段の具体的な構成は記載されていない。」と認定した。そのうえで，「本件においては，構成要件D〜Fを充足するような，［1］肘掛部の後部と背凭れ部の側部を連結する連結手段，［2］肘掛部全体を座部に対して回動させる回動手段及び［3］背凭れ部を座部に対し連結する連結手段の具体的な組合せが問題になっており，したがって，これらの各手段は何の制約もなく部材を連結又は

回動させれば足りるのではなく，それぞれの手段が協調して構成要件D～Fに示された機能を実現する必要がある。そうすると，このような機能を実現するための手段の選択には，技術的創意が必要であり，単に適宜の手段を選択すれば足りるというわけにはいかないのであるから，明細書の記載が実施可能要件を満たしているといえるためには，必要な機能を実現するための具体的構成を示すか，少なくとも当業者が技術常識に基づき具体的構成に至ることができるような示唆を与える必要があると解されるところ，本件明細書には，このような具体的構成の記載も示唆もない。」として，実施可能要件を否定した。

4．実務上の指針

「物の発明」において，実施可能要件を満たすためには，「その物を作れ，かつ，その物を使用できる」ように，明細書等に記載する必要がある。例えば，その物の製造方法の一例や，物の発明についての発明特定事項の各々がどのような働き（役割）をするのか（すなわち，その作用）について記載する必要がある。もちろん，明細書及び図面の記載並びに出願時の技術常識に基づき，その物を製造し，使用できる場合には，具体的な記載がなくても実施可能要件違反とはならない。したがって，特に構造が特徴となる特許発明において，具体的な構造の一例が明細書等に示される場合には，通常，何らかの手段で製造が可能であり，その作用を理解できる場合がほとんどであるため，実施可能要件が問題となることは少ない。

本件発明では，構成要件Dにおいて，「前記肘掛部の後部と前記背凭れ部の側部とを連結する連結部」及び「前記肘掛部の下部に設けられ，・・・前記肘掛部全体を前記座部に対して回動させる回動部」という構造が構成要件とされているが，構成要件Dにおける上記「連結部」と「回動部」については，明細書等に記載があると認められた。一方，本件発明の構成要件Eは，「前記肘掛部全体が，前記背凭れ部のリクライニング動作に連動して，リクライニングする方向に傾くように」と機能的な構成であり，また，構成要件Fも「前記背凭れ部のリクライニング角度に関わらず施療者の上半身における着座姿勢を保ちながら・・・」と機能的な構成となっている。そして，構成要件D～Fのすべてを充足するような，具体的な構造の組合せについての記載がないことから，本事案では，実施可能要件が否定されたものである。

このように，出願人が請求項において特許を受けようとする発明について記載するにあたっては，種々の表現形式を用いることができ，例えば，「物の発明」の場合において，発明を特定するための事項として，物の構造等の表現形式を用いることができるほか，機能的な表現も認められている。しかし，このような機能的な表現を請求項で行った場合には，特に，実施可能要件について注意

が必要である。

　前述したように，通常，単一の機能のみ奏する構成について，機能的な表現を行うだけであれば，そのような機能を奏する部材や部品は多くの場合公知であることから，問題となることは少ないと考えられる。例えば，「連結手段」や「回動手段」のみであれば，連結機能を有する構造や，回動機能を有する構造は，具体的に明細書等に示さなくても当業者であれば理解できる場合がほとんどであるといえる。しかし，本件発明は，複数の構造（構成要件D）と複数の機能（構成要件D〜F）とが構成要件であるところ，これらをすべて組合せた場合に，すべてを充足するための具体的な構成が明細書等に示されていなかった。そして，この点について，裁判所は，本件発明においては，それぞれの手段が協調して構成要件D〜Fに示された機能を実現する必要があるところ，このような機能を実現するための手段の選択には技術的創意が必要であり，単に適宜の手段を選択すれば足りるというわけにはいかない，と判断し，実施可能要件が否定された。

　このように，複数の機能や構造の組合せが発明の特徴となる場合には，その組合せについての具体的な構造等の一例を明細書等で示すことが望ましい。また，特に，出願当初の請求項の記載の構成については，その組合せについての具体的な実施形態が示されている場合であっても，その後の補正によって，請求項に他の構成を加える場合には，注意が必要である。例えば，明細書中の記載「・・・のように動作させてもよい」に基づいて補正を行う場合，単独でそのような動作を行わせる構造は公知であったとしても，補正前の請求項に記載されていた他の構成要件と両立させようとすると，技術的創意が必要となるような場合には，その両立に必要な具体的な構造についての記載や示唆がなければ，実施可能要件違反となるおそれがある。なお，複数の機能や構造の組合せを構成する個々の具体的な構造が公知であり，それらを組合せることで当業者が容易にその具体的な構造の組合せを理解できる，という主張は可能である場合もあるが，この場合には，公知技術の寄せ集めとして，進歩性が否定されるおそれがある点にも留意が必要である。

（山内　輝和）

複数分子の抗原に繰り返し結合する
抗原結合分子事件

判決の ポイント	元の抗体及びヒスチジン置換又は挿入の位置や数についての限定がない抗体を含む医薬組成物の全体について実施できる程度に発明の詳細な説明の記載がされていないとして，審決が取り消された。
事件の表示	R1.6.26　知財高裁　平成30年（行ケ）10043
参照条文	特36④一
Key Word	実施可能要件，抗体医薬

1．事実関係

⑴　手続の経緯

　被告は特許第4954326号（請求項の数6。以下「本件特許」という。）の特許権者である。原告は本件特許につき無効審判請求をし，特許庁は審判請求が成り立たない旨の審決をした。原告は当該審決の取消しを求めて本件訴訟を提起した。

⑵　本件発明の内容

　本件特許の請求項1に係る発明は次のものである（以下「本件発明」という。）。

　「【請求項1】少なくとも可変領域の1つのアミノ酸がヒスチジンで置換され又は少なくとも可変領域に1つのヒスチジンが挿入されていることを特徴とする，抗原に対するpH5.8でのKDとpH7.4でのKDの比であるKD（pH5.8）／KD（pH7.4）の値が2以上，10000以下の抗体であって，血漿中半減期が長くなった抗体を含む医薬組成物。」

　本件発明は，血漿中（血中）でのpHにおける抗原結合活性と比較して早期エンドソーム内でのpHにおける抗原結合活性が弱い抗原結合分子は抗原に複数回結合し，血漿中半減期が長いことを見出したことに基づき，1分子の抗原結合分子が複数の抗原に結合することで抗原結合分子の薬物動態を向上させ，in vivoにおいて通常の抗原結合分子よりも優れた効果を発揮させることができるものである。

⑶　審決の概要

　原告は本件特許の実施可能要件及びサポート要件違反（無効理由1），拡大先願違反（無効理由2），進歩性欠如（無効理由3）及び明確性要件違反（無効理由4）を主張したが，特許庁はいずれの無効理由も認められないとした。

2．争点

　原告は無効理由1から無効理由4のすべてにおける判断の誤りを主張したところ，裁判所は無効理由1のうちの実施可能要件違反についてのみ判断した。本稿では裁判所が判断を示した実施可能要件の認定に関して取り上げる。

3．裁判所の判断

　裁判所は，本件発明は実施可能要件に適合しないとして，審決を取り消した。

　裁判所は次のように，実施可能要件違反を判断する前提として本件発明の構成を認定し，本件発明との関係で本件特許の明細書の発明の詳細な説明がどのように記載されていなければならないかを示した。

　「本件発明1の特許請求の範囲には，元の抗体及びヒスチジン置換又は挿入の位置や数についての限定がないから，本件発明1に係る医薬組成物に含まれる抗体についても，元の抗体及びヒスチジン置換又は挿入の位置や数は限定されないことが理解できる。よって，本件発明1の技術的範囲には，1個又は複数のヒスチジン置換及び／又は挿入がされ，所定のpH依存的結合特性を有し，血漿中半減期が長くなったあらゆる抗体を含む医薬組成物が含まれることになる。

　そうすると，本件発明1が実施可能要件に適合するためには，このような本件発明1に含まれる医薬組成物の全体について実施できる程度に本件明細書の発明の詳細な説明の記載がされていなければならないものと解される。」

　そして裁判所は，本件特許の発明の詳細な説明に，当業者が，明細書の発明の詳細な説明の記載及び出願当時の技術常識に基づいて，過度の試行錯誤を要することなく，本件発明を実施することができる程度に発明の構成等の記載があるということはできないと認定した。

　被告は，「本件明細書の記載並びに技術常識からすれば，当業者は，①ヒスチジンの置換箇所を特定するために，抗体の可変部位のアミノ酸残基220個について1つずつ網羅的にヒスチジン置換した抗体を作製し，そのKD値を測定して置換位置を特定する試験（以下「前半の試験」という。），及び②上記①により所望のpH依存性を示す（有望であることないしpH依存的結合特性がもたらされたことが判明した）場合に血中動態の試験（以下「後半の試験」という。）を行うことにより，本件発明1を実施することができる」と主張した（判決文中，該方法は「被告主張ヒスチジンスキャミング」と称された）。

　しかしながら裁判所は，「仮に，被告主張ヒスチジンスキャミングの前半の試験におけるヒスチジン置換位置の特定について，①本件明細書の【0029】に記載された「変異前と比較してKD（pH5.8）／KD（pH7.4）の値が大きくなった」箇所，あるいは，②特許請求の範囲に記載された「所定のpH依存的結合特性を

有する」箇所を意味すると理解するとしても，」「本件発明1の・・・「抗体」は，複数のヒスチジン置換がされた抗体を含むものであるところ，」「a 本件明細書には，本件発明1の，複数のヒスチジン置換がされたことを特徴とする，所定のpH依存的結合特性を有する抗体におけるヒスチジン置換箇所について，必ず被告主張ヒスチジンスキャニングの前半の試験により特定できることを示す記載は見当たらない。また，このことについての本件出願日当時の技術常識を示す的確な証拠もない。」と判断した。

さらに裁判所は，証拠に基づいて次のように上記判断を補足した。

「b なお，・・・，甲43の複数のヒスチジン置換がされた抗C5抗体に関する記載・・・も上記判断を裏付けるものといえる。」「本件発明1に含まれる複数のヒスチジン置換がされた抗体のヒスチジン置換箇所には，①単独のヒスチジン置換によればKD（pH5.8）／KD（pH7.4）の値が置換前の抗体の値を下回る箇所や，②単独のヒスチジン置換によっては所定のpH依存的結合特性を有しない箇所が含まれる場合があることが推測される」「そして，上記①や②の箇所は，前半の試験におけるヒスチジン置換位置の特定の基準（①「変異前と比較してKD（pH5.8）／KD（pH7.4）の値が大きくなった」箇所，あるいは，②「所定のpH依存的結合特性を有する」箇所）には当てはまらないから，前半の試験によってヒスチジン置換位置として特定されることはない。」

裁判所は，その他の被告の主張も上記の判断を左右するものではないとして，本件発明は実施可能要件に適合しないと結論付けた。

4．実務上の指針

本件発明は，構造的構成（ヒスチジン置換又は挿入）及び機能的構成（KD（pH5.8）／KD（pH7.4）の値，血漿中半減期）を発明特定事項とする「物の発明」（上記構成を備える抗体を含む医薬組成物）である。「物の発明」についての実施可能要件を満たすか否かは，過度な試行錯誤，複雑高度な実験等を要求することなく，その物を作れ，かつその物を使用できるように発明の詳細な説明が記載されているかを基準に検討される（特許・実用新案審査基準第II部1章第1節3.1.1(2)）。近年の裁判例では，特許請求の範囲の全体を実施可能といえる程度に発明の詳細な説明が記載されているか否かという基準に基づいて実施可能要件について判断されている。

また，抗体医薬の発明では，機能的構成により特定することで広い権利を取得することができる場合がある。例えば，2018年（平成30年）1月1日から2019年（令和元年）9月12日の期間で登録された中から抽出された，抗体医薬に関する特許公報の241件のうち76件（32％）は配列限定なしに特許なったという報告がされている（参考文献1）。また，抗体医薬に関する発明について，構

造的な限定を加えずに機能的な限定のみにより特定された発明が実施可能であり，サポート要件を満たすと判断された裁判例がある（H30.12.27知財高裁平成29年（行ケ）10226，参考文献2）。一方で本件発明は機能的構成に加えて，構造的構成によっても特定されており，機能的構成のみで特定した場合よりも発明の範囲を限定している。しかしながら，この構造的構成と機能的構成との関係及び明細書の開示に基づいて，裁判所は実施可能要件違反を判断している。

　ここで，「繰り返し結合する」という本件の発明の効果の観点では，「KD（pH5.8）／KD（pH7.4）」の値によって発明の特定ができるように見受けられる。一方で，何らかの事情（例えば先行例との差別化）によって「少なくとも可変領域の1つのアミノ酸がヒスチジンで置換され又は少なくとも可変領域に1つのヒスチジンが挿入されている」との構成が，出願経過において補正により追加されていた。そして，特定された「KD（pH5.8）／KD（pH7.4）」の値を示す複数のヒスチジン置換がされた抗体を特定できることを示す明細書の記載や証拠がなかったため，抗体の全体を実施できるという程度に発明の詳細な説明が記載されているとは認められなかったように見受けられる。もっとも，「KD（pH5.8）／KD（pH7.4）」の値だけで抗体が特定されていても，上記の裁判所の判断に基づくと，本件明細書の記載からはこの値を満たす抗体の全体について実施可能（製造可能）とは認められなかったようにも思われる。

　実務のうえでは，特許請求の範囲に記載の発明の全体を実施可能といえる程度に明細書が記載できているか，ということを念頭に置きながら，将来の補正も考慮して，特許請求の範囲及び明細書を起案するべきであろう。発明の特定に機能的構成を用いる場合は，その機能を持つ物を製造できることを，明細書に具体的に記載しておく必要がある。逆に，実施可能要件違反を主張する立場では，本件の甲43のように，特許請求の範囲に記載の発明の具体的な一部について実施できないことを示す証拠を用意することが有効であろう。

　なお，本件訴訟の後上告受理申立てが却下されて本件判決は確定し，審理が特許庁に差し戻された。

【参考文献】
1．「パテント」日本弁理士会，Vol.73 No.6（2020）p17-p26
2．一般社団法人弁理士クラブ知的財産実務研究所編「実務家のための知的財産権判例70選2019年度版」（発明推進協会）p32-p35

（根岸　勇太）

気体溶解装置事件

判 決 の ポ イ ン ト	管路の長さが，明細書に記載の実施例では示されていない0.8mより大きく1.4mより小さい場合においても，当業者は，明細書の発明の詳細な説明の記載及び技術常識に基づいて，発明の課題を解決できると認識できると判断された。
事件の表示	R2.2.19　知財高裁　平成31年（行ケ）10025
参 照 条 文	特36⑥一
Key Word	サポート要件

1．事実関係

(1)　手続の経緯

被告は，本件特許（特許第6116658号）について無効審判を請求した（無効2017-800116）。特許庁は，訂正を認めた上で特許無効の審決をした。本件は，特許権者である原告が審決の取り消しを求めた審決取消訴訟である。

(2)　本件特許発明の要旨

訂正後の本件特許の請求項1に係る発明（以下「本件特許発明1」という。）は，次のとおりである。下線部は訂正部分を示す。

【請求項1】

　　水に水素を溶解させて水素水を生成する気体溶解装置であって，

　　水槽と，

　　固体高分子膜（PEM）を挟んだ電気分解により水素を発生させる水素発生手段と，

　　前記水素発生手段からの水素を水素バブルとして前記水槽からの水に与えて加圧送水する加圧型気体溶解手段と，

　　前記加圧型気体溶解手段から水素水を導いて貯留する溶存槽と，

　　前記溶存槽に貯留された水素水を前記水槽中に導く，<u>1.0mmより大きく3.0mm以下の内径の細管（但し，0.8m以下の長さのものを除く）からなる</u>降圧移送手段としての管状路と，を含み，

　　前記水槽中の水を前記加圧型気体溶解手段，前記溶存槽，前記管状路，前記水槽へと送水して循環させ前記水素バブルをナノバブルとするとともに，前記加圧型気体溶解手段から前記溶存槽へと送水される水の一部を前記水素発生手段に導き電気分解に供することを特徴とする気体溶解装置。

(3)　審決の概要

本件審決の要約は以下のとおりである。

本件訂正により「但し，0.8m以下の長さのものを除く」とされた事項は，技術的には0.8mより長い細管を意味するものであるところ，本件明細書には，長さ1.4mの細管であれば過飽和の状態の水素水を得ることができる実施例10が記載されているが，長さが0.8mより長い細管であれば過飽和の状態の水素水を安定に維持することができるとの明示的な記載はない。また，比較例2では，長さ0.8mの細管で水素濃度が1.8ppmの水素水となるところ，比較例2と長さ以外の圧力等の条件を同等とすれば，例えば0.81mのような比較例2よりも僅かに長さを長くしたところで，濃度が1.8ppmから急激に上昇して過飽和の状態の目安としている2.0ppmより大きい水素濃度となると当業者が認識する根拠はみいだせない。したがって，0.8mより長い細管には，水素水を過飽和の状態とし，かつ，これを安定に維持することができない例が含まれることは当業者であれば十分に認識しうる事項である。そうすると，本件特許発明1は，発明の詳細な説明に記載された，発明の課題を解決するための手段が反映されていないため，発明の詳細な説明に記載した範囲を超えて特許を請求するものであり，サポート要件に違反する。

２．争点

本件特許発明のサポート要件の適合性の判断の誤りについて争われた。

３．裁判所の判断

裁判所は，本件明細書の記載から，本件特許発明1の課題とその解決手段について，「本件明細書の発明の詳細な説明には，「本発明」の気体溶解装置は，「加圧型気体溶解手段」により水素を「過飽和の状態」で液体に溶解させて水素水を生成し，この水素水が「降圧移送手段」である管状路内で層流状態を維持して流れることで降圧され，「過飽和の状態」を維持して水素水吐出口10に移送する構成を採用し，これにより「気体を過飽和の状態に液体へ溶解させ，かかる過飽和の状態を安定に維持」するという「本発明」の課題を解決できることの開示があるものと認められる。」と認定し，また，細管の内径X及び長さL，加圧型気体溶解手段の圧力Yに関する技術常識について，「L及びYの２つの変数の値が同じであれば，細管の内径Xの値が大きいほど，細管内を流れる液体の流速が遅くなり得ること，加圧型気体溶解手段の圧力Yの値が大きければ，気体を液体に多く溶解させることができるが，細管内を流れる液体の流速は速くなり得ること，細管の長さLの値が大きければ，細管内壁の抵抗により細管内を流れる液体の流速が遅くなり得ることは，技術常識であるものと認められる。」と認定した上で，本件明細書記載の実施例を比較し，その比較結果と上記技術常識から，「細管の内径X及び水素水の流量の各値が同じである場合に，水

素濃度の値を高めるには，加圧型気体溶解手段の圧力Yの値の増加割合が細管の長さLの値の増加割合よりも大きくなるように各値を選択すればよいことを理解できる。」と認定した。

そして，裁判所は，本件特許発明のサポート要件の適合性について，当業者は，本件明細書の発明の詳細な説明の記載及び技術常識から，本件特許発明1の気体溶解装置は，必ずしも厳密な数値的な制御を行うことに特徴があるものではないと理解し，例えば，細管の長さ（L）の値が0.8mより大きく1.4mより小さい数値範囲のときであっても，細管の内径X及び水素水の流量の各値が同じである場合に水素濃度の値を高めるには，加圧型気体溶解手段の圧力Yの値を大きくすればよく，この場合に加圧型気体溶解手段の圧力Y及び細管の長さLの値をいずれも大きくして，水素濃度の値を高めるには，加圧型気体溶解手段の圧力Yの値の増加割合が細管の長さLの値の増加割合よりも大きくなるように各値を選択すればよいことを勘案し，細管からなる管状路内の水素水に層流を形成させるようX，Y及びLの値を選択することにより，「気体を過飽和の状態に液体へ溶解させ，かかる過飽和の状態を安定に維持」するという本件特許発明1の課題を解決できると認識できるものと認められると判示し，「本件特許発明1において細管の長さの値が0.8mより大きく1.4mより小さい場合においても，本件明細書の発明の詳細な説明の記載及び技術常識に基づいて，当業者が，本件特許発明1の課題を解決できると認識できるものと認められる」と結論付けた。

4．実務上の指針

本件特許発明1は，「細管（0.8m以下の長さのものを除く）」と訂正され，0.8mより長い細管を含む。本件明細書には，長さ1.4mの細管であれば過飽和の状態を維持できる実施例10が記載され，長さが0.8mの細管では過飽和の状態を維持できない比較例2が記載されているものの，長さの値が0.8mより大きく1.4mより小さい範囲の細管については，過飽和の状態を維持できるとの明示的な記載はない。つまり，本件特許発明1は，管状路の長さの値として，本件明細書に発明の課題を解決できることが明示されていない範囲を含んでいる。そこで，この点において，本件特許発明1のサポート要件の適合性が争われた。

特許・実用新案審査基準第Ⅱ部第2章第2節2.1(3)には，サポート要件の判断について，「請求項に係る発明が，発明の詳細な説明において「発明の課題が解決できることを当業者が認識できるように記載された範囲」を超えるものであるか否かを調べることによりなされる。」と記載されており，さらに，「「発明の詳細な説明において発明の課題が解決できることを当業者が認識できるように

記載された範囲」の把握にあたっては，審査官は，明細書及び図面の全ての記載事項に加え，出願時の技術常識を考慮する。」と記載されている。上述したとおり，本件明細書には，管状路の長さの値が0.8mより大きく1.4mより小さい範囲では，発明の課題を解決できることが明示されていないため，サポート要件の適合性の判断にあたっては技術常識を考慮する必要がある。本事案では，無効審判では技術常識よりも実施例の開示内容に重点をおいて審理されたのに対して，裁判所では実施例の開示内容に加えて技術常識が詳細に検討されて考慮された。その結果として，無効審判と裁判所の判断に違いが生じたといえる。一般的にも，審査，審判，裁判と進むについて技術常識が考慮され易い傾向にあると考える。換言すれば，審査審判段階では，サポート要件の適合性について，技術常識に頼るのは危険であり，無用な争いを避けるためには，発明の詳細な説明の記載や実施例の記載を充実させるべきである。本事案は，本件明細書に記載された実施例が13例と多く，それら実施例と関連付けて技術常識を考慮し易い技術分野であったため，裁判ではサポート要件が認められた印象を受ける。

　また，本件特許発明1は，「管状路」の内径と長さが訂正請求によって数値限定されたものの，裁判所は，「当業者は，本件明細書の発明の詳細な説明の記載及び技術常識から，本件特許発明1の気体溶解装置は，・・・必ずしも厳密な数値的な制御を行うことに特徴があるものではないと理解」すると判示している。数値限定発明，特に，補正や訂正によって数値限定された発明については，数値が発明の特徴であって発明の課題を解決する手段であると発明の要旨が認定される傾向にあるかと思う。しかし，本判決では，本件明細書の発明の詳細な説明の記載及び技術常識に基づいて，必ずしも数値に関連する構成に特徴があるものではないと発明の要旨が認定されており，その認定に至るロジックは，実務においてサポート要件を満たすために明細書の記載をどのように充実させるかの参考となる。

　また，本事案では，実施例でサポートされている数値に基づいて訂正せずに，比較例に記載された数値を「除く」という形で訂正している点が興味深い。このような補正（訂正）では，本件明細書記載の実施例で明確にサポートされていない数値範囲を含む発明とはなるが，発明の詳細な説明の記載が充実しており，実施例の数が多く，技術常識を考慮し易い技術分野であれば，比較例に記載された数値を「除く」との補正を検討する余地があることを本裁判は示しているといえる。

（須藤　淳）

非水系電解液事件

判　決　の ポ　イ　ン　ト	特許庁の課題の認定に誤りがあるとして，改めて課題を認定した。その上で，実施例の基本電解液以外の組成でも課題を解決できると認識できるため本件訂正発明はサポート要件に適合すると判断し，特許庁の決定を取り消した。

事件の表示	R2.1.29　知財高裁　平成30年（行ケ）10170
参　照　条　文	特36⑥一
Key Word	サポート要件

1．事実関係

(1)　手続の経緯

　原告は，発明の名称を「非水系電解液」とする発明についての本件特許（特許第5987431号）の特許権者である。本件特許について，訴外Aから特許異議の申立てがされた。原告は，取消理由通知を受けたため，特許請求の範囲を訂正する旨の訂正請求（本件訂正）をした。

　特許庁は，本件訂正を認めたうえで，本件特許を取り消すとの決定（本件決定）をした。

　本件は，原告が本件決定の取消しを求め，本件決定が取り消された事案である。

(2)　発明の内容

　本件訂正後の請求項4に係る発明（本件訂正発明）の内容は，次のとおりである。

【請求項4】

　　リチウムイオンを吸蔵放出可能な負極及び正極を備えた非水系電解液電池に用いられる非水系電解液であって，

　　該非水系電解液は，フルオロスルホン酸リチウム，$LiPF_6$，及び非水系溶媒を含有し，

　　該非水系電解液中のフルオロスルホン酸リチウムのモル含有量が，0.0005mol／L以上0.5mol／L以下であり，該非水系電解液中の硫酸イオン分のモル含有量が$1.0×10^{-7}$mol／L以上$1.0×10^{-2}$mol／L以下であり，該非水系電解液中の$LiPF_6$の含有量が0.7mol／L以上1.5mol／L以下であり，かつ，

　　該非水系溶媒として炭素数2～4のアルキレン基を有する飽和環状カーボネート及び炭素数3～7の鎖状カーボネートを含む非水系電解液。

(3) 決定の概要

　本件決定では，本件訂正発明がサポート要件を満たしていないとされた。

　具体的には，まず，本件訂正発明の課題を「初期放電容量が改善され，容量維持率及び／又はガス発生量が改善された非水系電解液二次電池をもたらすことができる非水系電解液を提供すること」と認定した。

　そのうえで，発明の詳細な説明の記載に基づき出願時の技術常識に照らして当業者が上記課題を解決できると認識できる範囲（発明の詳細な説明の記載に基づく発明の範囲）を，実施例に記載された範囲「エチレンカーボネート（EC）とエチルメチルカーボネート（EMC）との混合物（体積比30：70）にLiPF$_6$を1mol／Lの割合となるように溶解して調整した基本電解液にフルオロスルホン酸リチウムを2.98×10^{-3}mol／L以上0.596mol／L以下の範囲内で含有し硫酸イオンの含有量が1.00×10^{-7}mol／L以上1.00×10^{-2}mol／L以下である，非水系電解液」と認定した。

　そして，特許請求の範囲に「発明の詳細な説明の記載に基づく発明の範囲」以外の非水系電解液（基本電解液の組成が異なるもの，フルオロスルホン酸リチウムを0.0005mol／L以上2.98×10^{-3}mol／L未満の範囲内で含有するもの）も包含されているため，サポート要件を満たしていないとした。

2．争点

　本件訂正発明におけるサポート要件の適合性について争われた。

3．裁判所の判断

(1) 本件訂正発明の課題の認定の誤りの有無について

　裁判所は，本件明細書における発明が解決しようとする課題の欄の記載「初期充電容量，入出力特性及びインピーダンス特性が改善されることで，初期の電池特性と耐久性のみならず，耐久後も高い入出力特性及びインピーダンス特性が維持される非水系電解液二次電池をもたらすことができる非水系電解液を提供すること」について，従来技術においてこれら電池特性の項目に具体的な問題点があることを踏まえてこれらの項目のすべてを向上又は改善することを課題とすることを開示したものではなく，少なくともこれらの項目のいずれかを向上又は改善することにより，電池特性を向上させることを課題として開示したものと理解できるとした。

　そのうえで，本件明細書における背景技術，発明が解決しようとする課題，発明の効果，及び実施例の記載に基づき，本件訂正発明の課題が「フルオロスルホン酸リチウムと硫酸イオンとを添加剤として含有しない非水系電解液に対して，初期放電容量等の電池特性を改善する非水系電解液を提供すること」に

あると認定し，本件決定における課題の認定に誤りがあるとした。

(2) 実施例記載の基本電解液と他の電解液との互換性について

　裁判所は，本件明細書の発明の詳細な説明の記載及び本件出願の優先日当時の技術常識から，当業者は，実施例に用いられた基本電解液以外の組成の本件訂正発明に含まれる基本電解液を用いた場合であっても，実施例に示されたように，フルオロスルホン酸リチウムと硫酸イオンとを添加剤として含有しない非水系電解液に対して「初期放電容量」を改善できるものと理解し，本件訂正発明の課題を解決できると認識できるものと認められるとした。

　加えて，裁判所は，本件出願の優先日当時，非水系電解液が，ECなどの誘電率の大きな溶媒とジメチルカーボネートなどの低沸点の低粘度溶媒と$LiPF_6$などの支持電解質とから主に構成され，これら3種類の組み合わせやそれらの使用量比などにより最適化されることが，技術常識であったことに照らすと，当業者は，本件明細書の記載に基づいて最適化を行うことにより，実施例に用いられた基本電解液以外の組成の本件訂正発明に含まれる基本電解液を用いた場合であっても，本件訂正発明の課題を解決できると認識できるものと認めるのが相当であるとした。

(3) フルオロスルホン酸リチウムの含有量の下限値について

　本件明細書には，本件訂正発明に含まれる実施例が電解液中のフルオロスルホン酸リチウム及び硫酸イオンをいずれも含有しない比較例よりも，初期発電容量が向上していることが開示されていることから，裁判所は，フルオロスルホン酸リチウムと硫酸イオンとを添加剤として添加した非水系電解液が，これらをいずれも添加剤として含有しない非水系電解液に対して，初期放電容量が改善できるものと理解できるとした。そして，本件訂正発明におけるフルオロスルホン酸リチウムのモル含有量の下限値0.0005mol／Lは，実施例のフルオロスルホン酸リチウムの含有量$2.98×10^{-3}$mol／L（0.00298mol／L）の約6分の1程度であり，実施例よりも顕著に少ないとまではいえないとした。

4．実務上の指針

(1) サポート要件についての検討は，請求項に係る発明が，発明の詳細な説明において「発明の課題が解決できることを当業者が認識できるように記載された範囲」を超えるものであるか否かを調べることにより行われる（特許・実用新案審査基準第Ⅱ部第2章第2節サポート要件2.1(3)）。そのため，この「発明の課題」をどう認定するかによって，課題が解決できると認識できるように記載された範囲の認定が異なり，その結果，サポート要件に関する結論が変わることがある。本件は，特許庁と裁判所との間で，課題の認定が異なることにより，サポート要件に関する結論が正反対となった事例である。

(2)　課題を認定する際には，通常，まず発明の詳細な説明における「発明が解決しようとする課題」の欄を参照する。そのうえで，そこに記載された課題が解決できていることが，発明の詳細な説明の記載全体から具体的に把握できるか確認する。化学分野の発明であれば，例えば，実施例の評価結果等の記載から課題が解決できているといえるか確認する。

　　　本件では，「発明が解決しようとする課題」の欄に課題として記載された項目の一部が，実施例で評価されていなかったため，特許庁及び裁判所のいずれも，「発明が解決しようとする課題」の欄以外の記載を検討することで，あらためて課題を認定した。その課題を認定する過程において，両者に違いが生じたと思われる。

(3)　特許庁は，実施例で具体的に評価した項目である初期放電容量，容量維持率，及びガス発生量を引用してこれらを課題と認定し，実施例に記載された範囲ではこれらの課題が解決できていることが具体的に把握できるとした。しかし，特許庁は，非水系電解液が基本電解液の組成により最適化されるという技術常識を踏まえ，本件の実施例が，フルオロスルホン酸リチウム及び硫酸イオンを特定量含むことだけでなく，非水系電解液の前提となる基本電解液の組成の最適化も合わさって電池特性が改善されたものであるとし，基本電解液の組成を変えたものまではサポートされていないと認定した。

(4)　一方，裁判所は，発明の効果の欄や実施例の記載を総合的に判断することで，発明の課題を，（単に電池特性を改善するのではなく）フルオロスルホン酸リチウムと硫酸イオンとを添加剤として含有しないものに比べて電池特性を改善することであると認定した。このように課題を認定することで，基本電解液の組成が実施例とは少し異なるものであっても，フルオロスルホン酸リチウム及び硫酸イオンを添加剤として特定量含有させることでこれらを含有しないものに比べて電池特性が改善される，と考えることができる。加えて，基本電解液の組成により最適化されるという技術常識の扱いも変わり，裁判所が示した通り，当業者が最適化することで基本電解液の組成が異なっても課題を解決できると考えられることができ，サポート要件の適合性を肯定する材料として用いることができる。

(5)　出願時に発明の課題を設定する際には，向上する特性を漠然と列挙するのではなく，公知技術のうち具体的な比較対象となるもの明確にし，それに比べて優れる点を課題とすることで，必要以上に特許請求の範囲の減縮を求められにくくなると考えられる。

（長野　みか）

脂質含有組成物及びその使用方法事件

判　決　の ポ イ ン ト	特許請求の範囲の記載がサポート要件に適合するか否かは，当業者が発明の課題を解決できる範囲のものかを検討して判断すべきであり，発明の詳細な説明に記載された発明であるかを形式的に判断した部分については誤りがあるとされた。
事件の表示	H31.4.12　知財高裁　平成30年（行ケ）10117
参 照 条 文	特36⑥一　特36⑥二
Key Word	明確性要件，サポート要件

１．事実関係

⑴　手続の経緯

　原告は，平成26年5月12日，発明の名称を「脂質含有組成物及びその使用方法」とする発明について特許出願（特願2014-99072）をした。

　原告は，平成27年12月17日付けで拒絶査定を受け，平成28年4月20日，拒絶査定不服審判（不服2016-5871）を請求し，特許請求の範囲について補正を行ったが，平成29年4月17日付け拒絶理由通知書において，特許法36条1項1号（サポート要件），特許法36条1項2号（明確性）の拒絶理由を受けた。

　原告は，平成29年11月9日，特許請求の範囲について補正をするとともに，意見書を提出したが，平成30年4月3日，「サポート要件」及び「明確性」の拒絶理由によって拒絶審決を受けた。

　原告は，特許庁を被告として，拒絶審決取消訴訟を提起した。

⑵　本願発明の要旨

　本件補正後の請求項1に係る発明（「本願発明」という。）は，以下のとおりである。

「対象の一つ以上の要素の，前記対象への投与のための脂質含有配合物を選択するための指標としての使用であって，前記対象の一つ以上の要素は，以下：前記対象の年齢，前記対象の性別，前記対象の食餌，前記対象の体重，前記対象の身体活動レベル，前記対象の脂質忍容性レベル，前記対象の医学的状態，前記対象の家族の病歴，及び前記対象の生活圏の周囲の温度から選択され，ここで前記配合物が，1又は複数の，相互に補完する一日用量のω-6脂肪酸及びω-3脂肪酸を含む脂肪酸を含み，ここでω-6脂肪酸対ω-3脂肪酸の比，及びそれらの量が，前記一つ以上の要素に基づいており；ここでω-6対ω-3の比が，4：1以上，ここでω-6の前記用量が40グラム以下であり；又は前記対象の食餌及び／又は配合物における抗酸化物質，植物化学物質，及びシーフードの量に

基づいて1:1〜50:1；又はここでω-6の増加が緩やか及び／又はω-3の中止が緩やかであり，かつω-6の用量が，40グラム以下であり；又はここで前記脂肪酸の含有量は，

下記表6：と適合する。」（表6，省略）

(3) 審決の概要

① 明確性要件

気候（対象の生活圏の周囲の温度範囲）以外の「対象の一つ以上の要素」について，脂質含有配合物を選択するための「指標として」どのように使用するかは特定されていないから，請求項1に係る発明が「対象の一つ以上の要素」（例えば，対象の年齢）を，脂質含有配合物を選択するための「指標として」どのように使用する場合を含むのかは判断できない。

② サポート要件

請求項1には「ω-6の増加が緩やか及び／又はω-3の中止が緩やかであり，かつω-6の用量が，40グラム以下であり」と記載されている。しかし，本願明細書には，ω-6脂肪酸が突然増加したり，ω-3脂肪酸の供給が突然行われなくなると有害であり得る旨や，ω-3を徐々に減らす旨の記載は認められるものの，「ω-6の用量が，40グラム以下」であることは記載されていない。そして，本願明細書の全体をみても，上記技術事項は記載されていない。

2．争点

明確性要件違反の有無及びサポート要件違反の有無について争われた。

3．裁判所の判断

(1) 明確性要件

裁判所は，明確性要件について，「特許を受けようとする発明が明確であるか否かは，特許請求の範囲の記載だけではなく，願書に添付した明細書の記載及び図面を考慮し，また，当業者の出願当時における技術常識を基礎として，特許請求の範囲の記載が，第三者の利益が不当に害されるほどに不明確であるか否かという観点から判断されるべきである。」と判示した。

そのうえで「脂質含有配合物を対象に投与するにあたり，年齢，性別等の対象の要素をメルクマールにして，その脂質含有配合物の構成を決定すれば，要素を『指標として』使用したといえる。また，これにより決定される脂質含有配合物の構成がありふれたものであったとしても，ありふれていることを理由に発明の外延が不明確であると評価されるものではない。」と判断し，「『指標として』という記載が，第三者の利益が不当に害されるほど不明確であるということはできない。」として，明確性要件を具備すると判断した。

(2)　サポート要件

　裁判所は，サポート要件について，「特許請求の範囲の記載がサポート要件に適合するか否かは，特許請求の範囲の記載と発明の詳細な説明の記載とを対比し，特許請求の範囲に記載された発明が，発明の詳細な説明に記載された発明で，発明の詳細な説明の記載により当業者が当該発明の課題を解決できる範囲のものであるか否か，また，発明の詳細な説明に記載や示唆がなくとも当業者が出願時に技術常識に照らし当該発明の課題を解決できる認識のものであるか否かを検討して判断すべきものである。」と判示した。

　そのうえで「本願発明が，発明の詳細な説明の記載により当業者が当該発明の課題を解決できる範囲のものであるか否か等について何ら検討することなく，選択関係にある特定事項である『ω-6の増加が緩やか及び／又はω-3の中止が緩やかであり，かつω-6の用量が，40グラム以下であり』が本願明細書の発明の詳細な説明には記載されていないことの一事をもって，サポート要件に適合しないとした本件審決は，誤りである。」と判断した。

4．実務上の指針

(1)　本願発明は，脂質含有配合物を「対象」に投与するにあたり，「対象」の要素（年齢，性別，食餌，体重，身体活動レベル，脂質忍容性レベル，医学的状態，家族の病歴及び生活圏の周囲の温度範囲）のうち一つ又は複数を「指標として」使用する方法である。請求項1は，脂質含有配合物の選択に当たり，すべての要素についてその使用する方法が特定されていないとして，本件審決は明確性について否定した。

　これに対して裁判所は，特定の要素をどのように使用するかについてまで特定しなければならないにもかかわらず，特許請求の範囲に記載された発明が特定の要素を使用する方法について特定するにとどまるというのであれば，それは，サポート要件の問題であって，明確性要件の問題ではないと判断した。このように裁判所は，明確性要件の問題とサポート要件の問題とを明確に区別した。

　さらに，裁判所は，明確性要件について，出願人が出願によって得ようとする特許の技術的範囲（外延）が明確か否かについて判断するものであって，発明の課題を解決するための構成又は方法として十分か否かについて判断するものではないと判示しており，このことは，今後，無効審判実務を行うに当たり，無効理由として明確性要件違反又はサポート要件違反のいずれとするか，参考になる判決であるといえる。

(2)　本件審決では，特許請求の範囲に記載される「ω-6の増加が緩やか及び／又はω-3の中止が緩やかであり，かつω-6の用量が，40グラム以下」との技

術的事項が発明の詳細な説明に記載されていないことを理由に，サポート要件を満たしていないと判断した。

　これに対して，裁判所は，特許請求の範囲がサポート要件に適合するか否かは，発明の詳細な説明に記載や示唆がなくとも，当業者が出願時の技術常識に照らし，当該発明の課題を解決できると認識できる範囲のものであるか否かを検討して判断すべきであると判示したうえで，本件審決では，サポート要件を発明の詳細な説明に記載があるかを形式的に判断し，上述のような実質的な検討判断していないとして，その判断枠組み自体に問題があると指摘した。

　原則，特許請求の範囲に記載される技術的事項が発明の詳細な説明に記載されていないと認められる場合は，サポート要件に適合しないと判断される。しかし，本事案は，選択関係にある特定事項EないしHのうち一の特定事項を選択すれば，本願発明の課題を解決できると認識できる範囲のものという特殊な事情から，特定事項G「ω-6の増加が緩やか及び／又はω-3の中止が緩やかであり，かつω-6の用量が，40グラム以下」の技術的事項が発明の詳細な説明に明示されていなくとも，サポート要件を満たすと判断されたものである（ただし，裁判所では，特定事項Gについても，発明の詳細な説明に記載されていると判断された。）。

　このように本事案は，発明の性質上，特殊な事案と考えられることから，サポート要件に関しては，やはり，特許請求の範囲に記載される技術的事項について，発明の詳細な説明において十分な説明をすることが望まれる。

（小越　一輝）

狭窄部描写システム事件

判決の ポイント	特許請求の範囲に記載された「最大充血条件なしで」「即時圧力を行う」は，明細書等の記載に技術常識を併せて考慮すると，その用語の意義は一義的に明確であり，明確性要件違反は認められないと判断された。
事件の表示	H31.4.25　知財高裁　平成30年（行ケ）10094
参照条文	特36⑥二　特29②
Key Word	明確性要件，進歩性

1．事実関係
⑴　手続の経緯
　原告は，発明の名称を「液体で満たされた管内の狭窄部の特徴を描写するシステムおよびその動作方法」とする発明について特許出願（特願2013-547908，以下「本願」という。）をしたが，特許法37条（発明の単一性），特許法36条6項2号（明確性），特許法36条6項4号（委任省令要件），特許法29条1項柱書（産業上の利用可能性），特許法29条1項3号（新規性），特許法29条2項（進歩性）に違反するとの拒絶理由通知を受けた。原告は，特許請求の範囲について補正をしたが，拒絶査定を受けた。原告は，拒絶査定不服審判（不服2016-16781）を請求するとともに，特許請求の範囲について補正を行ったが，特許法36条6項2号（明確性），特許法29条2項（進歩性）に違反するとの拒絶理由通知を受けた。原告は，特許請求の範囲について補正（以下「本件補正」という。）をしたが，拒絶審決を受けた。原告は，審決の取消しを求め，訴訟を提起した。

⑵　本願発明の要旨
　本件補正後の請求項1に係る発明（以下「本願発明」という。）は，以下のとおりである。なお，下線は本件補正により補正された箇所を示す。
　「液体で満たされた管内の狭窄部を評価するシステムであって，<u>最大充血条件なしで</u>前記管に沿った様々な位置で<u>即時圧力</u>測定を行う第1の測定センサを有する消息子と，前記管を通して前記消息子を牽引する機構と，前記第1の測定センサにより各<u>即時圧力</u>測定が行われる前記位置に対する位置データを供給する位置測定器と，前記<u>即時圧力</u>測定から，前記管に沿った様々な位置で行われた<u>即時圧力</u>測定の比を計算するプロセッサとを含む，システムであり，前記機構は電動機構である，該システム。」

⑶　審決の概要
①　明確性要件
　本願発明の「最大充血条件なしで」「即時圧力を行う」とは，最大充血ではな

いという否定的条件を記載しているにすぎず，どのような条件であるかについて明確に特定されていない。

② 進歩性

「即時圧力測定の比を計算する」ことは，遠位圧力対近位圧力の比を表すための平均Pa及び平均Pdといった平均値を得るために，最大充血条件とは関係なく圧力測定を行うことを意味するものとすると，米国特許出願公開第2010/0234698号明細書（以下，「引用文献3」という。）に記載された発明（以下，「引用発明」という。）は，遠位血圧Pdの平均値の，近位血圧Ppの平均値に対する比を求めるものであるから，当業者が容易に想到し得たものである。

2．争点

明確性要件違反の有無及び進歩性の有無について争われた。

3．裁判所の判断

(1) 明確性要件

裁判所は，以下の事項が本願の出願日において技術常識として知られていたと認定した。

① FFRとは，最大冠拡張時に，狭窄病変が存在しない状況下で流れる血流が狭窄病変のためにどの程度障害されているかを示す指標として用いられるものであり，最大冠拡張時の心臓から遠位にある位置の血圧（以下「Pd」という。）の近位にある位置の血圧（以下「Pa」という。）に対する比（Pd／Pa）である。

② 最大冠拡張時は，パパベリンやアデノシン，ATP，ジピリダモールなどの薬剤を投与することにより冠細小動脈を最大拡張することで誘発する。

③ PdとPaは，その平均値によって算出する。そのため，各血圧の測定は，1心周期以上の間継続して行うことになる。

そして，本願発明の技術的意義は「FFRは，薬剤を投与して血流が最大に増加した状態である最大充血条件下におけるPdの平均値のPaの平均値に対する比であるところ，本願発明は，薬剤を投与して血流を最大に増加させた状態ではない通常の状態で，一つの測定センサを使用し，同センサを血管内に移動させて，任意の位置において血圧を測定し，それらの数値の平均値を求めることなく，それらを測定した瞬間の数値を基にそれらの比を計算するというものである。」と認定した。その上で，裁判所は，「本願発明において，「最大充血条件なしで」とは，薬剤を投与して血流を最大に増加させた状態ではないことを意味」し，「即時圧力測定」とは，瞬間の数値を測定することを意味することになるから，「最大充血条件なしで」及び「即時圧力測定」の意義は一義的に明確で

あるとして，明確性要件を満たすと判示した。

(2) 進歩性

　裁判所は，本願発明と引用発明の相違点として，「本願発明は，一つの測定セ
ンサによって，瞬間的に各位置の血圧の測定を行い，同測定によって得られた
各血圧の比を計算するのに対して，引用発明は，一つ又は複数の測定センサに
よって，継続して遠位血圧Pdと近位血圧Ppの測定を行い，各血圧の平均値を測
定し，同測定によって得られたPdの平均値のPpの平均値に対する比を計算す
る点である。」と認定した。

　その上で，裁判所は，引用文献３に記載された事項から，引用発明の構成につ
いて，本願発明のように「血管の各位置の瞬間の血圧」を測定し，その比を計算
するという構成を具備するものとすることを，当業者が容易に想到できるとい
うべき事情は認められないと判断した。

４．実務上の指針

(1)　審決では，「最大充血条件なしで」「即時圧力測定を行う」とは，最大充血
ではないという否定的条件を記載しているにすぎず，どのような条件である
かについて明確に特定されていないので，補正により記載が明確になったと
は認められないと判断した。これに対して，裁判所は，「最大充血条件」とは，
薬剤を投与して血流を最大に増加させた状態である条件下を意味し，「即時
圧力測定」を行うとは，瞬間の数値を測定することを意味することから，そ
の用語の意義は明確であるとした。

　　特許・実用新案審査基準第Ⅱ部第２章第３節2.2(5)によれば，否定的表現
（「～でない」等）がある結果，発明の範囲が不明確となる場合，その否定的表
現によって除かれるものが不明確である場合は，発明の範囲は不明確とされ
る。しかし，その表現によって除かれる前の発明の範囲が明確であり，かつ，
その表現によって除かれる部分の範囲が明確であれば，発明の範囲は明確で
あるとされる。本願発明において「最大充血条件」とは，薬剤を投与して血
流が最大に増加した条件であると認定できたことから，それ以外の場合，つ
まり薬剤を投与して血流を最大に増加させた状態ではない条件が，「最大充
血条件なし」であるという意味を一義的に導き出すことができると判断され
たものと思われる。

　　本件のように，請求項において否定的表現が使用された場合でも明確性が
肯定されるケースもあるが，通常，否定的表現によって除かれる部分の範囲
が明確となることは稀である。また，否定的表現によって除かれる部分の範
囲を明確とするためには，多数の文献を提示することが求められる場合もあ
る。従って，請求項においてはできるだけ否定的表現を使用しないことが好

ましい。また，否定的表現を使用せざるを得ない場合には，明細書等において，その用語の意義を十分に記述しておくことが必要と思われる。

(2)　本件では，原告の訴えが認められる結果となったが，裁判所は，本願発明について実施可能要件（特許法36条4項1号）やサポート要件（特許法36条6項1号）の問題があるものの，それらは，審判においては審理の対象でなかったことから，本件訴訟において審理することができないと述べている。つまり，裁判所は，本願発明が明確性及び進歩性の要件を満たす一方，実施可能要件及びサポート要件については問題を孕んでいることを示している。そして，本願は審判での再審理において，実施可能要件及びサポート要件の拒絶理由通知を受けている。

　本願の審査・審判経緯から，審査官や審判官にとって本願発明の理解が容易でなかったことが考えられる。このようなケースは，外国から日本国に移行した案件に比較的多くみられる。このような場合，出願人としては，書面でのやりとりの他，面談等を有効的に活用し，発明の技術的意義を積極的に説明して理解を得るのが有効であると思われる。

（小越　一輝）

二重瞼形成用テープ事件

判 決 の ポイント	和解契約における不争条項に基づいて特許無効審判請求の利益なしとした審決の判断が維持された。
事件の表示	R1.12.19　知財高裁　平成31年（行ケ）10053
参 照 条 文	特123②　特135
Key Word	和解契約，不争条項，審判請求の利益，審決却下

1．事実関係

　原告は，二重瞼形成用テープのシリーズ品（以下，原告シリーズ製品1という。）を製造販売する業者である。被告は「二重瞼形成用テープまたは糸及びその製造方法」なる名称の特許発明に係る特許権の専用実施権者であったが，その後，この特許権を譲り受けている。被告は，原告シリーズ製品1の販売は専用実施権侵害であると原告に通告し，これを受けた原告は，同製品の製造販売の停止時期や和解金の支払等について被告と交渉を行った。そして，原告と被告は，和解契約（以下，本件和解契約という。）を取り交わした。

　和解契約書の1条には，「1 乙らは，甲に対し，甲の有する特許第3277180号に係る特許権（以下「本件特許権」という。）が有効に成立していることを認める。」と記載され，2条には，「2 乙らは，自ら又は第三者を通じて，無効審判の請求又はその他の方法により本件特許権の効力を争ってはならない。ただし，甲が特許侵害を理由として乙らに対し訴訟提起した場合に，当該訴訟における抗弁として本件特許権の無効を主張することはこの限りではない。」と記載されている。3条以下には，販売の停止や和解金の支払等について記載されている。

　本件和解契約後，被告は，本件和解契約の対象外である原告の別のシリーズ製品（以下，原告シリーズ製品2という。）について，原告に対して損害賠償等を求める訴えを提起した（以下，関連訴訟という。）。これに対し，原告は，本件特許権に係る特許（以下，本件特許という。）の無効を求めた特許無効審判を請求した（無効2018-800040，以下，本件無効審判請求という。）。合議体は，本件無効審判請求について，請求人（原告）は特許法123条2項に規定する利害関係人ではないとし，口頭審理を行うことなく同法135条により審決却下した。本件訴訟は，この審決の取消しを求めた訴訟である。

2．争点

　原告が本件無効審判請求について利害関係を有するかについて争われた。

又，口頭審理を行わず，無効理由を審理しなかったことに手続違背があるかについて争われた。

3．裁判所の判断
⑴　利害関係について

　原告は，本件和解契約の2条は，和解契約締結後の「将来の紛争」に備えて本件特許権の効力を特許無効審判等によっては争わないことを定めた不争条項であり，想定されている「将来の紛争」とは，原告シリーズ製品1及びそれと同一構成に係る紛争に限られているというべきであるから，被告が別構成の製品に対して本件特許権を行使する場合には，本件特許権の効力を争うことが禁止されるものではないと主張した。そして，別構成である原告シリーズ製品2に対して被告が関連訴訟を提起したためにこれに対抗して本件無効審判を請求するものであるから，同条項の効力は及ばないと主張した。これに対し，裁判所は，本件和解契約には，別構成の製品に対して本件特許権を行使する場合には原告が特許無効審判請求によって本件特許権の効力を争うことが許される旨を定めた文言は存在しないことを指摘し，本件和解契約の交渉経緯に照らしてもそのような合意をしたことをうかがわせる事実は認められないとした。その上で，本件和解契約2条は，被告が原告に対し提起した特許権侵害訴訟において本件特許の無効の抗弁を行うことを除いて，原告が本件特許に対し特許無効審判を請求することはおよそ許されないことを定めた趣旨であると解するのが自然であると判示した。

　また，原告は，本件和解契約は，原告の過去の販売行為に関するライセンス契約であるとし，本来無効となるべき本件特許により二重瞼形成用テープに係る市場における公正な競争が阻害されることは独占禁止法上違法な状態であり，無効理由の存在が明らかな場合には特許を維持しつつ技術の利用を促進する必要もないためから不争条項は無効と解すべきと主張した。これに対し，裁判所は，和解金は，原告による過去の侵害行為に対する損害賠償金であって本件特許権の実施を許諾することの対価ではなく，本件和解契約はライセンス契約の性質を有するものではないとし，本件和解契約によって公益性は失われないとして退けた。その上で，裁判所は，被告が原告に対し本件特許権の侵害訴訟を提起した場合には原告が無効の抗弁を行うことが許されていて現に原告はそうしていることを摘示し，本件和解契約2条による不争義務は不当であるとはいえないと結論付けた。

⑵　手続違背について

　原告は，審判での原告による具体的な無効理由の主張にかかわらず，口頭審理を経ずに被告による答弁書提出後に審理を終結して審決却下したのは，原告

の反論の機会を奪う不公正なものであり，答弁書提出の機会を与えているときは双方に書面審理の通知をしなければならないとする審判便覧にも違反し，合理的な裁量の範囲を超えていると主張した。これに対し，裁判所は，本件和解契約での不争条項を根拠に原告は本件無効審判請求につき利害関係を有しないから請求は却下されるべきである旨を被告が主張し，これに対して原告は弁駁書において本件和解契約の不争条項の効力の及ぶ範囲及びその有効性について反論して利害関係を有する旨を主張しており，それを踏まえて審理を終結し審決却下をしているから，原告の反論の機会を奪う著しく不公正なものということはできないと判示し，口頭審理を経なかったことは審判長の合理的裁量の範囲内とした。さらに，審判便覧の違背は直ちに違法とすることはできないとして原告の主張を退けた。

４．実務上の指針

(1) 特許無効審判の請求の利益

　本件訴訟で問題となった特許無効審判の請求の利益については，平成15年改正における特許異議申立制度の廃止に伴って「何人も」とされたものの，平成26年改正における同制度の復活に伴って「利害関係人に限り」という規定に戻されている。特許無効審判請求を利害関係人に限る趣旨は，民事訴訟法上の訴えの利益と同様，濫請求を防止して制度の円滑な運用を図ることにある。利害関係の規定がなかった旧法下でも利害関係が必要であると解されていたが，利害関係を広義に解する説と狭義に解する説とがあった。広義に解する説は特許無効審判の公益的性格を理由とするもので，その点は今も変わっておらず，原告もその点を主張している。

　利害関係ありとして審判の審理を進めて有効・無効を判断することは，当事者間で禁止されている請求権の行使を容認することになるので，合議体としては認められないのは当然であろう。仮に審理を進めて特許無効の審決を出してそれが確定した場合，合議体が損害賠償請求（国賠法１条）されることもあり得る。ただ，利害関係なしを理由に合議体が審判請求を審決却下した点には多少疑問が残る。利害関係といってしまえば，原告は本件特許の有効無効に余りあるほどの利害がある。審決却下自体は正しいと思うが，不適法性は利害関係以外の他の規定に求めるべきだったのではないだろうか。特許法135条における不適法性は特許法以外の法令についての不適法性であってもよいのであるから，本件については例えば信義則（民１②）違反又は権利濫用（民１③）を理由に審決却下してもよかったと思われる。

(2) 不争条項の有効性と和解戦略

　和解契約において禁止されているにもかかわらず本件無効審判請求を原告が

なぜ行ったかについては不明であるが，関連訴訟における抗弁の成否を特許庁トラックでも確認したいという抗しがたい欲求があったものと推察される。和解契約における不争条項について，譲歩しすぎたという後悔や無効ではないかという疑念があったとも推察される。

たしかに，公正取引委員会が作成，公表している独占禁止法の指針（「知的財産の利用に関する独占禁止法上の指針」）は，不争条項自体は競争促進に資するとしつつも，無効な権利が存続する場合には本来自由な技術の利用が制限されるから不公正取引に該当し得るとしている。本件訴訟において本件和解契約がライセンス契約ではないことを根拠にした点については疑問が残るが，いずれにしても，公正取引委員会の指針では，無効な権利の存続を許すような状況ではという条件付きで不公正行為になり得るとしているのであり，不争条項の無効性を認めさせるのは元より難しい状況であった。

裁判所も判示している通り，本件和解契約の不争条項では，原告シリーズ製品1のみならず他のすべての原告製品について侵害事件の対抗策としても特許無効審判請求が禁じられると解され，侵害訴訟における抗弁権のみが認められた状態となっている。ここまでの不争義務を負うのであれば，将来的な実施について合理的な実施料で許諾がされる旨の合意を被告に求めても良かったと思われる。また，特許が無効になった場合でも支払われた和解金の返還義務はない旨の条項の追加を提案して不争条項の削除を被告に要請しても良かったと思われる。和解契約の時点では有効な無効資料（出願前公知文献）が見つかっていなくても，その後に見つかるかもしれないからである。いずれにしても，不争条項は，特許権に対抗する側にとっては強力な楯の一つを失うことを意味しており，和解契約においてそれを盛り込む場合には，将来の状況を見越してより慎重に戦略を練る必要があろう。

なお，将来の状況という意味では，関連裁判で原告が主張している本件特許の無効の抗弁が認められて非侵害となった場合の状況にも興味をそそられる。仮に，無効抗弁成立の判決が出てそれが確定した後，原告が再び特許無効審判を請求した場合，合議体は同様に審決却下するのであろうか。公正取引委員会の指針がいう「無効にされるべき権利が存続し」に該当することが明らかであって不争条項は無効である旨を原告が主張した場合，合議体は，それでも利害関係なしとすることができるのであろうか。それとも，信義則違反又は権利濫用として審決却下するのであろうか。

（保立　浩一）

紙製包装容器の製造法及び紙製包装容器事件

判 決 の ポ イ ン ト	物の発明の請求項に含まれる製造方法に係る構成の記載についてなされた訂正について，物同一説に基づいた発明の要旨認定により，当該訂正が実質上特許請求の範囲を拡張，又は変更に該当するか否かが判断された。
事件の表示	R1.12.26　知財高裁　平成30年（行ケ）10174
参 照 条 文	特123⑥　特29②
Key Word	プロダクト・バイ・プロセス・クレーム，訂正，物同一説

1．事実関係

⑴　手続の経緯

　被告は，名称を「紙製包装容器の製造法及び紙製包装容器」とする特許権（特許第4831592号。請求項の数3。以下，この特許を「本件特許」という。）の特許権者である。原告は，本件特許の請求項2及び3に係る発明（以下「本件発明」という。）についての特許を無効とすることを求める特許無効審判（無効2017-800020）を請求した。これに対し，被告は，請求項2及び3を一群の請求項として訂正する訂正請求をした後，審決の予告を受けたため，さらに，請求項2及び3を一群の請求項として訂正する訂正請求（以下「本件訂正」という。）をした。その後，特許庁は，本件訂正を認めた上で，「本件審判の請求は，成り立たない。」との審決（以下「本件審決」という。）をした。これに対し，原告は，本件審決の取り消しを求める本件訴訟を提起した。

⑵　本件発明の内容

　本件発明は，牛乳，ジュース等の飲料の液体食品を包装するために用いられる紙製包装容器に関するものであり，その目的は，⑴　容器頂部に広いスペース（空所）を確保し，比較的大型の注出口，開口装置等を設置可能とする，⑵　容器頂部の四隅を流通過程における物理的機械的な外部影響を受け難くして，容器ダメージを少なくする，⑶　容器を成形し折畳む際に，包装積層材料の折り込み部分がきつく折られることがなく，引っ張り若しくは押圧のストレスが小さく，容器の強度特性の維持が可能な容器を提供すること等である。

＜本件訂正前の請求項2に記載の発明（以下「訂正前発明2」という。）＞

「【請求項2】

　　ウェブ状包装材料の縦線シールによるチューブ状成形，チューブ状包装材料内への被充填物の充填，チューブ状包装材料の横断方向への横線シール，一次形状容器の成形，該一次形状容器の個々の切断，折目線に沿った折畳みによる頂部，側壁及び底部を持つ最終形状への成形によって得られる紙製包

装容器であって,

　　該頂部成形による折り込み片が側壁面上に折畳まれ,頂部が片流れ屋根形状に成形されることを特徴とする紙製包装容器。」

＜本件訂正後の請求項2に記載の発明（以下「本件発明2」という。）＞

「【請求項2】

　　折目線に沿った折畳みによって形成された前面パネル,裏面パネル,側面パネル,頂部及び底部を持ち,内部に被充填物が充填された紙製包装容器であって,

　　　前記裏面パネルに縦線シールが設けられ,

　　　前記頂部及び底部に横線シールが設けられ,

　　　前記前面パネルの高さが前記裏面パネルの高さより低く,

　　前記頂部に設けられた横線シールは,前記前面パネルよりも前記裏面パネルに近い側に位置し,かつ,前記裏面パネル側に倒され,

　　該頂部成形による折り込み片が前記側面パネル上に斜めに折り込まれ,頂部が片流れ屋根形状に成形されることを特徴とする紙製包装容器。」

　　なお,上記の下線部は本件において争点となっ

従来の紙製　　本件発明の紙
包装容器　　製包装容器

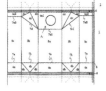

本件発明の紙製包装容器の
展開概略図

た訂正事項（以下「訂正事項1‐1」という。）を示すものであり,筆者が付した。

(3)　**審決の概要**

　　本件訂正前の請求項2の上記下線部に記載された紙製包装容器の製造方法に係る構成の技術的範囲は,当該製造方法により製造された物,すなわち,「縦線シール」と「横線シール」により容器とされ,容器に「被充填物が充填」され,「折目線に沿った折畳み」により「頂部,側壁及び底部を持つ」ようにされた「紙製包装容器」と,構造,特性等が同一である物と解されると認定した上で,訂正事項1‐1は,訂正前の請求項2について,「頂部,側壁及び底部」を持つものから「前面パネル,裏面パネル,側面パネル,頂部及び底部」を持つものに限定し,「縦線シール」及び「横線シール」の位置,並びに「前面パネル」と「裏面パネル」の高さの関係を限定するものであるから,実質上特許請求の範囲を拡張し又は変更するものではない。

2．争点

　　本件特許の請求項2に関する訂正要件の判断の誤りについて争われた。

3．裁判所の判断

原告は，①訂正前発明２の紙製包装容器の製造方法（本件製造方法）は，本件明細書記載の紙容器の製造プロセスによれば，「頂部」のみならず「底部」も同様に，横線シールを倒した後，折目線に沿って，横線シールを含む三角形の折り込み片を側壁面上（外側）又は底部上（内側）に三角形に折畳む構造のみに限られる，②訂正事項１−１により，上記プロセスに係る発明特定事項が削除されたから，本件発明２においては，最終的な形状として，上記構造に加えて，開口部を内側に折り畳んだ後に底面上に倒された横線シールが内側に長方形になるように折畳まれた構造も含まれることになったが，このような構造の紙製包装容器は，訂正前発明２の本件製造方法では製造できない物であって，「訂正前発明２の本件製造方法により製造された物と構造，特性等が同一である物」以外の物が含むこととなるから，訂正事項１−１は，実質上特許請求の範囲を拡張し，又は変更するものである旨主張した。

これに対し裁判所は，①訂正前発明２の「底部」については，訂正前発明２の特許請求の範囲（請求項２）において，特定の形状の構成（構造）のものに規定する記載はないし，また，本件明細書においても，「底部」の構造，特性等を特定のものに限定する旨の記載はないのであるから，訂正前発明２においては，底部の形状に限定はないと解すべきである，②原告が挙げる本件明細書記載の紙容器の製造プロセスは，訂正前発明２の紙製包装容器の製造方法の実施態様の一つにすぎず，訂正前発明２の紙製包装容器は，当該製造方法により製造された物に限定されるものではない，とし，底部の形状が原告主張の構造のものについても，訂正前発明２に含まれると解すべきである，と判示した。

4．実務上の指針

平成27年６月５日の最高裁第二小法廷判決（平成24年（受）2658）では以下のとおり判示されている。「特許が物の発明についてされている場合には，その特許権の効力は，当該物と構造，特性等が同一である物であれば，その製造方法にかかわらず及ぶこととなるから，物の発明についての特許に係る特許請求の範囲にその物の製造方法が記載されている場合であっても，その発明の要旨は，当該製造方法により製造された物と構造，特性等が同一である物として認定されるものと解するのが相当である。」

本判決では，プロダクト・バイ・プロセス・クレームについての上記判示事項による物同一説に基づき，訂正前発明２，本件発明２の要旨を認定し，訂正事項１−１が実質上特許請求の範囲を拡張，又は変更するか否かが判断された。

訂正事項１−１は，一見すると非常に大胆に記載内容が変更されているように見える。例えば，本件訂正前の請求項２の記載のうち「ウェブ状包装材料の

縦線シールによるチューブ状成形」や「一次形状容器の成形」,「該一次形状容器の個々の切断」といった製造方法の構成に関する記載は,本件訂正後の請求項2の記載からは削除されている。一方,「被充填物の充填」,「折目線に沿った折畳みによる頂部,側壁及び底部を持つ」,「頂部成形による折り込み片」,「側壁面上に折畳まれ」,「頂部が片流れ屋根形状に成形され」といった製造方法の構成は,訂正後の請求項2においても,略同様の記載で,あるいはより限定した記載に変更されて,残されている。これらの後者の製造方法の構成は,上述のとおり,要旨認定において本件発明2の構造を特定する上で,特に,本件発明2において特徴的な構造要素である「頂部」を特定するのに不可欠な製造方法の構成といえる。一方,本件訂正によって削除された前者の製造方法の構成は,その有無が本件発明2の要旨認定に何ら影響を及ぼすものではなく,そもそも,物の発明である本件発明2の構造の特定においては記載する必要のない製造方法の構成であったと思われる(この点,製造方法の発明を規定する請求項1の記載が影響した可能性は感じられる)。

　このような製造方法の構成は,機械構造系の発明においては,発明の内容を端的に表現するものとして頻繁に用いられるものであり,発明の外縁を明確にするために必要となるケースも少なくないように思われる。特に本件発明のように,物の構造的な特徴がその構造の製造の内容に大きく関わるような,構造と製造方法との技術的な関連性が高い物を対象とする発明においては,物の発明の構造的特徴を,その製造方法に触れることなく語ることは困難である。また,その物の構造が,どの様な製造方法で製造し得るのか否か,あるいは,特定の製造方法を採用することがその物の技術分野において現実的・実用的なものであるのか否か,は,本件でも原告と被告の双方がそれぞれの主張を展開しているようにしばしば議論となり,発明の要旨認定において重要な要素である。本件では,「底部」の構造自体は本件発明の要旨認定に不可欠なものではないとして,「底部」の構造についての製造方法の構成について実質的な判断は示されず,訂正要件に影響を及ぼすには至らなかったように思われるが,仮に,「底部」の構造が本件発明の要旨認定に不可欠な構成であった場合には,「底部」の構造についての製造方法の構成の内容の如何が訂正要件の判断に影響を与えた可能性はあったように思われる。

　発明の要旨認定において不可欠な構成となる具体的な製造方法の構成はケースバイケースと思われるが,本件判決は,請求項の記載に製造方法の構成を含む場合における訂正要件の考え方の一例として参考になる事例と思われる。

(森廣　亮太)

はんだ付け方法事件

判 決 の ポイント	はんだ付けに関する訂正事項が自明であっても，その訂正事項によって課題解決できることが，本件明細書に明示的に記載されていないので，その訂正事項は新規事項の導入であると認められた。
事件の表示	R1.11.11　知財高裁　平成31年（行ケ）10015
参 照 条 文	特134の2⑨　特126⑤
Key Word	新規事項，新規事項の追加

1．事実関係

　原告は，名称を「電解コンデンサ用タブ端子」とする発明に係る特許権（特許第4452917号。平成15年12月25日出願，平成14年12月27日優先権主張，平成22年2月12日設定登録。以下，同特許権に係る特許を「本件特許」という。）の特許権者である。

　被告は，平成28年9月16日に特許庁に無効審判を請求し，原告は，平成30年4月10日付けで訂正請求（以下「本件請求」という。）をした。特許庁は，訂正請求を認められないとして，平成30年12月26日，特許を無効とする審決をした。

　本件訂正請求は，本件特許の特許請求の範囲の記載を，次のとおり訂正するものである。なお，本件訂正発明は請求項1から請求項23までであるが，請求項1のみを記載する。下線部分は，訂正部分である。

【請求項1】

　芯材表面にスズからなる金属層が形成されてなるリード線端部に，圧扁部を有するアルミ芯線が溶接されてなる電解コンデンサ用タブ端子であって，前記リード線と前記アルミ芯線との溶接部に，ウィスカの成長抑制処理が施されてなり，前記のウィスカ抑制処理が，酸化スズ形成処理であり，

　前記の酸化スズ形成処理により，前記リード線と前記アルミ芯線との溶接部に少なくともSnOまたはSnO_2が含まれてなり，JIS　C－0053はんだ付け試験方法（平衡法）に準拠して測定されたゼロクロス時間が2.50秒以下である，電解コンデンサ用タブ端子。

　訂正審判の審決の理由は，本件訂正は，特許法134条の2第9項，同法126条5項に適合しないことを前提として，本件訂正が認められず，本件発明は進歩性を欠き本件特許を無効とすべきとするものである。

　なお，ウィスカは，スズの表面に針状の金属単結晶が成長する現象であり，ウィスカの発生によって，ショート・短絡するという問題がある。ゼロクロス時間（ZCT値）は，はんだ濡れ性を評価する際の指標として用いられ，は

んだ濡れ性は，溶けたはんだの母材上での広がりの程度である。

2．争点
　構成要件「ゼロクロス時間が2.50秒以下である」が新規事項であるか否かについて争われた。

3．裁判所の判断
　訂正が，当業者によって，願書に添付した明細書，特許請求の範囲又は図面（以下「明細書等」という。）のすべての記載を総合することにより導かれる技術的事項との関係において，新たな技術的事項を導入しないものであるときは，当該訂正は，特許法134条の2第9項の準用する同法126条5項における「願書に添付した明細書，特許請求の範囲又は図面・・・に記載した事項の範囲内において」するものということができる。また，特許請求の範囲の減縮を目的として，特許請求の範囲に限定を付加する訂正を行う場合において，付加される訂正事項が明細書等に明示的に記載されている場合や，その記載から自明である事項である場合には，そのような訂正は，特段の事情のない限り，新たな技術的事項を導入しないものであると認められ，「願書に添付した明細書，特許請求の範囲又は図面・・・に記載した事項の範囲内において」するものということができる。
　JIS　C－0053（はんだ付け試験法（平衡法））により測定されるゼロクロス時間（ZCT値）は，はんだ濡れ性を評価する際の指標として用いられ，ゼロクロス時間が小さければ小さいほど部品を短時間ではんだ付けすることができ，ハンダ濡れ性が良いと評価することができる。また，JIS　C－0053の「付属書Bはんだ付け試験に平衡法を適用する指針」の「B6.1.1ぬれが始まる時間」には，多数の部品を同時にはんだ付けする工程で取り付けられる部品の場合，ゼロクロス時間は，フラックスの種類と供試品の熱特性に依存するが，2.5秒以下にすることが望ましいとある。
　訂正事項は，ゼロクロス時間の上限値を2.50秒と特定するのみで下限値を特定していないところ，これは，ゼロクロス時間を0秒以上2.50秒の範囲と特定して特許請求の範囲に限定を付加する訂正であるということができる。これに対し，本件訂正前の特許請求の範囲にはゼロクロス時間に関する記載はない。また，本件明細書には，酸化スズ形成処理がされ，ゼロクロス時間が0秒以上2.50秒以下の範囲に該当するものとして，ゼロクロス時間が2.40秒，2.35秒，2.30秒のタブ端子が明示的に記載されているが，ゼロクロス時間が0秒以上2.30秒未満であるタブ端子についての明示的な記載はない。また，熱処理温度とゼロクロス時間との間に単調な相関関係があるとは認められず，実際に測定

された各温度以外の熱処理温度においてどのようなゼロクロス時間をとるのか
を予測することは困難である。さらに，ウィスカの成長抑制処理として溶剤処
理を行った場合について，実施例の記載から，ゼロクロス時間が2.30秒未満と
なる具体的な溶剤処理を推測することはできない。

　従って，ゼロクロス時間が小さければ小さいほどはんだ濡れ性が良いという
技術常識を勘案しても，本願明細書から，ゼロクロス時間を2.30秒未満とした
うえでウィスカの発生を抑制することが自明であるということはできない。
よって，ゼロクロス時間が2.50秒以下であるとする訂正事項は，明細書等に明
示的に記載されていないし，その記載から自明であるともいえないから，訂正
事項は，新たな技術的事項を導入しないものであるということはできず，「願書
に添付した明細書，特許請求の範囲又は図面・・・に記載した事項の範囲内に
おいて」するものとはいえない。

　原告は，「ゼロクロス時間は小さければ小さいほど好ましく，上限値のみを設
定することで足り，ハンダに関する技術分野において，ゼロクロス時間の下限
値を規定することなく，上限値のみを規定するのが技術常識であるから，特許
発明の範囲においてゼロクロス時間の下限値を設定することには技術的意味が
ない」と主張する。しかし，そのことと，ゼロクロス時間を2.30秒未満とする
ことが明示的に記載され，あるいは，その記載から自明である事項であるとい
えるか否かは異なる問題である。

　また，原告は，本件訂正における限定の付加は，ゼロクロス時間が2.50秒を
超える態様を除くものに過ぎず，本件訂正の前後を通じ，ゼロクロス時間が
2.30秒未満となる態様についての侵害の成否の結論は異ならないと主張する。
しかし，「特許請求の範囲に限定を付加する訂正を行う場合であっても，付加さ
れる訂正事項が明細書等に明示的に記載されている場合や，その記載から自明
である事項である場合でなければ，当該訂正が新たな技術的事項を導入するも
のとなる」ので，原告の主張は採用できない。

4．実務上の指針
(1)　新規事項の導入

　大学教授の鑑定書には，「短い時間でタブ端子を電子回路などの基盤に接着
できることが好ましいため，ZCT値は小さければ小さいほど好ましいというの
が技術常識であり」，「ZCT値の下限は0秒です」，「上限のみが指定されるのが
当該技術分野の常識です」が記載されている。これによれば，ゼロクロス時間
が0秒以上2.30秒未満であることが明細書に明示的に記載されていないとして
も，ゼロクロス時間を0秒以上に特定することが技術分野の常識であり，自明
であり，このような訂正は，新たな技術的事項を導入しないものであるとも考

えられる。

しかし，裁判所は，ゼロクロス時間が 0 秒以上2.30秒未満であることが技術常識であったとしても，その時間が明細書等に明示的に記載されていないことはもちろん，その時間に関して，課題を解決することが明細書等に記載されていないとの理由で，ゼロクロス時間が（0 秒以上2.30秒未満を含む）0 秒以上2.50秒以下であるとすることは新規事項であり，その訂正は新規事項の導入であると判断した。課題を解決できるか否かという視点で新規事項の導入の有無が判断されたことは，着目に値する。

(2) 当業者の技術常識の記載

出願人は，ゼロクロス時間が 0 秒以上2.30秒未満であることは当然のことであるから，0 秒以上2.30秒未満であることについて出願明細書で記載する必要はないと考えたものと思われる。しかし，記載内容が当然とはいえないと判断されることもある。この場合に備えて，当業者が技術常識であると考えることであっても，念のために，その要点だけでも，明細書等に記載することが安全である。明細書等に記載すべきか否かについて，一歩下がって冷静に考え，念のために記載することが無難である。

(3) 効果から見た構成の吟味

通常は，特許請求の範囲に記載の構成によって，発明の目的を達成できるかどうかをチェックする。ところが，このチェック方法では，広い特許を獲得することが困難である場合がある。このため，一旦設定した発明の効果を実現するために，特許請求の範囲に記載された現在の構成だけではなく，他の構成を使用しても効果を実現できるかどうかをチェックするとよいと考える。本件の場合，ゼロクロス時間が 0 秒以上2.30秒未満とした場合でも効果を実現できるならば，ゼロクロス時間が 0 秒以上2.30秒未満という発明の構成を明細書に明示すべきである。また，ゼロクロス時間が 0 秒以上2.30秒未満の場合において，効果を実現できる裏付けや，ウィスカの発生を抑制できる理由を，明細書に具体的に明示すべきであると思われる。

（川久保　新一）

金融商品取引管理装置等事件

判 決 の ポイント	本発明が実施の形態に限定されることを意味するものではないとの明細書の記載に基づき，訂正が認められた。
事件の表示	R2.1.29　知財高裁　平成31年（行ケ）10021
参 照 条 文	特134の2⑨で準用する特126⑤
Key Word	新規事項の追加，新たな技術的事項の導入

1．事実関係

(1)　手続の経緯

　原告は，特願2008-332599の一部を分割して出願した特願2013-45238をさらに分割して設定登録を受けた特許第5826909号（発明の名称「金融商品取引管理装置，金融商品取引管理システムおよびプログラム」，以下「本件特許」という。）の特許権者である。

　原告は，審決の予告を受けたため，本件特許の特許請求の範囲の請求項1ないし7及び明細書を訂正する旨の訂正請求（以下「本件訂正」という。）をしたところ，訂正拒絶理由通知を受けた。このため原告は，本件訂正に係る全文訂正明細書を補正する旨の手続補正（以下「本件手続補正」という。）をした。

　特許庁は，本件手続補正及び本件訂正は認められないとした上で，「特許第5826909号の請求項1ないし7に係る発明についての特許を無効とする。」との審決（以下「本件審決」という。）をし，その謄本が原告に送達された。

　原告は，本件審決の取り消しを求める本件訴訟を提起した。

(2)　本願発明の要旨

　本件訂正後の本件特許の請求項1（以下「本件発明」という。）は，以下のとおりである。（下線は，本件訂正による訂正箇所である。）

「【請求項1】

　金融商品の売買取引を管理する金融商品取引管理装置であって，

　前記金融商品の売買注文を行うための売買注文申込情報を受け付ける注文入力受付手段と，

　該注文入力受付手段が受け付けた前記売買注文申込情報に基づいて金融商品の注文情報を生成する注文情報生成手段と，

　前記注文情報生成手段が生成した前記注文情報を記録する注文情報記録手段とを備え，

　該注文情報生成手段は，

　一の前記売買注文申込情報に基づいて，所定の前記金融商品の売り注文ま

たは買い注文の一方を成行または指値で行う第一注文情報と，該金融商品の売り注文または買い注文の他方を指値で行う第二注文情報と，前記金融商品の売り注文または買い注文の前記他方を逆指値で行う逆指値注文情報とを含む注文情報群を複数回生成し，

　前記注文情報記録手段は，生成された前記注文情報群を記録し，

　前記注文情報生成手段は，

　売買取引開始時に，成行注文を行うとともに，該成行注文を決済するための指値注文および前記成行注文を決済するための逆指値注文を有効とし，

　前記成行注文を決済する前記第二注文情報に基づく前記指値注文が約定されたとき，次の前記注文情報群の生成を行うと共に，該生成された注文情報群の前記第一注文情報に基づく，前記成行注文の価格と同じ前記価格の前記指値注文を有効とし，

　前記第一注文情報に基づく該指値注文が約定されたときに，当該注文情報群の前記第二注文情報に基づく指値注文および前記逆指値注文情報に基づく前記逆指値注文を有効にし，

　以後，前記第一注文情報に基づく前記指値注文の約定と，前記第一注文情報に基づく前記指値注文の約定が行われた後の前記第二注文情報に基づく前記指値注文の約定と，前記第二注文情報に基づく前記指値注文の約定が行われた後の，次の前記注文情報群の生成とを繰り返し行わせ，

　前記第二注文情報に基づく前記指値注文が約定されたとき，前記逆指値注文情報に基づく逆指値注文を停止し，

　前記逆指値注文情報に基づく前記逆指値注文が約定されたときに，前記逆指値注文情報と同じ前記注文情報群に含まれる前記第二注文情報に基づく指値注文，及び，当該注文情報群の後に生成される予定の前記注文情報群の生成を停止することを特徴とする金融商品取引管理装置。」

(3)　審決の概要

　本件審決の要旨は，①本件訂正前の請求項1を本件訂正後の請求項1に訂正する訂正事項については新規事項を追加するものであり，本件訂正は特許法134条の2第9項で準用する同法126条5項の規定に適合せず，②本件手続補正は訂正請求書に添付した全文訂正明細書についての補正であって，実質的に訂正請求書も同様の補正がされたといえるところ，訂正事項を変更するものであるから訂正請求書の要旨を変更するものであり，同法134条の2第9項において準用する同法131条の2第1項の規定に適合せず，③本件出願は分割要件違反であり，出願日は現実の出願日であることを前提として，本件発明1ないし7は，本件出願前の甲3（特開2013-137802）に記載された発明と同一の発明であって，新規性を欠如する旨の無効理由2，及び本件発明1ないし7が特許法

36条6項1号の要件に適合しない旨の無効理由3は、いずれも理由があるから、本件特許は無効とすべきであるというものである。

2．争点

　本件訂正について、訂正要件の判断の誤りの有無が主に争われた。

3．裁判所の判断

　裁判所は、本件手続補正の判断の誤りについて、補正1ないし6は、本件訂正に係る訂正請求書の要旨を変更するものであり、特許法134条の2第9項で準用する同法131条の2第1項の規定に適合しないと判示した。一方、訂正事項1-1ないし1-3の特許法126条5項の要件の適合性の判断の誤りについては、①本件訂正前の請求項1に「注文情報生成手段」が「売買取引開始時」に「成行注文を行うとともに、該成行注文を決済するための指値注文を有効とし」との記載があり、本件明細書の【0009】に本件訂正前の請求項1と同内容の記載があること、②本件明細書には、「注文情報生成手段」が「第一の注文情報群」の生成をする際、「第一の注文情報群」に含まれる注文情報の有効／無効の設定を行う技術的事項の開示があること、③本件明細書に記載された本発明の一の実施形態では、「第一の注文情報群」に含まれる「第一注文」の「成行注文」を決済するための「第二注文」（指値注文）及び「逆指値注文」を「無効」から「有効」に変更する処理は、「約定情報生成手段」によって行われ、「注文情報生成手段」が行うものではないが、本件明細書の【0076】に「上記実施形態は本発明の例示であり、本発明が上記実施の形態に限定されることを意味するものではないことは、いうまでもない。」と記載されていることに照らし、本件発明において、「第一注文」の「成行注文」を決済するための「第二注文」及び「逆指値注文」を「無効」から「有効」に変更する処理は、「約定情報生成手段」が行う形態のものに限定されないとした。そして、本件訂正後の請求項1の「前記注文情報生成手段」が「売買取引開始時に、成行注文を行うとともに、該成行注文を決済するための指値注文および前記成行注文を決済するための逆指値注文を有効とし」との構成は、願書に添付した明細書、特許請求の範囲又は図面すべての記載事項を総合することにより導かれる技術的事項の関係において、新たな技術的事項を導入するものではないと判断した。結果、訂正事項1-1は、本件出願の願書に添付した明細書等に記載された事項の範囲内においてしたものであって新規事項の追加に該当せず、特許法126条5項の要件に適合するものと認められる旨、判示した。

4．実務上の指針

　ソルダーレジスト事件（平20.5.30知財高裁平成18年（行ケ）10563，「実務家のための知的財産権判例70選」2009年度版p104-p107掲載）以降，新規事項の追加に該当するか否かを判断するに際し，「明細書又は図面に記載した事項」とは，当業者によって明細書又は図面のすべての記載を総合することにより導かれる技術的事項であり，訂正がこのようにして導かれる技術的事項との関係において，新たな技術的事項を導入しないものであるかどうかを基準として判断されている。

　本件訂正のうち訂正事項１－１については，本件発明の実施形態において，「第一の注文情報群」に含まれる「第一注文51a」の「成行注文」を決済するための「第二注文」（指値注文）及び「逆指値注文」を「無効」から「有効」に変更する処理は，「約定情報生成手段」によって行う実施形態のみが開示されており，「注文情報生成手段」によって行う実施形態は開示されていなかった。しかしながら，本件明細書における「上記実施形態は本発明の例示であり，本発明が上記実施の形態に限定されることを意味するものではないことは，いうまでもない。」との記載に照らし，当該処理が「前記注文情報生成手段」によって行われる構成は，願書に添付した明細書，特許請求の範囲又は図面すべての記載事項を総合することにより導かれる技術的事項の関係において，新たな技術的事項を導入するものではないとした。当該訂正が本件出願の願書に添付した明細書等に記載された事項の範囲内においてしたものであって，新規事項の追加には該当しないとの判断は，首肯できるものである。

　本判決のように，情報処理分野や通信分野等に代表される電気分野においては，明細書における実施形態として，情報処理や通信処理等の各処理を行う複数の手段等による動作処理を記載する際，ある処理の動作主体が他の手段等との関係において，複数の手段等のうち一の手段等のみが当該処理の動作主体として一意に決定できる場合もあれば，本判決のように，複数の手段等が当該処理の動作主体として該当し得る場合もある。

　後者の場合について，当該複数の手段等が当該処理の動作主体である旨を開示するすべての実施形態を記載することが望ましいことはもちろんであるが，現実にはすべての実施形態を記載することが難しい場合も多い。

　そこで，本来的には，競合他社が実施する可能性が高い代表的な実施例については，明細書及び図面において十分な開示がされるよう記載するとともに，本件明細書と同様，実施形態はあくまでも本発明の例示であって，本発明が実施形態に限定されないことを予め記載しておくことが望ましいといえる。

（大和田　昭彦）

グループリーダーの付言　　　　　　　　今堀　克彦

特許・実用新案審決取消訴訟（機械）グループリーダー
弁理士　今堀　克彦（いまほり　かつひこ）

秀和特許事務所　パートナー（実務経験17年）
機械・制御分野を中心とした特許実務に数多く携わっており，特許実務を見据えた判例研究を行っている。また，判例70選の運営にも長く携わっている。

　　　　　　昨年の当欄では，今の時代は，弁理士は，ただ明細書を書き，ただ判例を勉強すればいい時代というではなく，これまで培った知財スキルを企業のビジネスに生かし，企業と共にビジネスを築き上げていく気概を持たなければならない旨を書かせていただいた。ここ数年のAIや通信技術等の発展により企業を取り巻く環境が大きく変化している社会状況を背景にしたとき，その変化にただ身を任せるのではなく，これからの弁理士は何を為すべきなのか探求していく必要があるように思われたからである。

　もちろん，今でもその流れは変わるものではなく，これからの「実務家」としての弁理士の姿はどうあるべきか探求し続けなければならない。その上で，現時点で発生しているコロナ禍に起因する社会環境の急激な変化にも対応していかなければならない。コロナ禍により人々の生活スタイルが大きく変化しており，これは日々の弁理士業務にも直接的に影響を及ぼしているが，何れは企業の経済活動の在り方にも大きく影響を及ぼすだろう。その結果生まれる変化がどのようなものになるか，現時点ではその全てを知る由もないが，それを乗り越えそこからプラスとなる何らかのものを得るためには，脅威と言われたAI等に端を発した探求とは違う形での探求を続ける気持ちを持たなければならない。

　新しく到来し得る未来の生活において，知的財産がどのように生かされる可能性があるのか考えていくことは容易なことではないが，決して暗いことばかりではない。例えば，コロナ禍によってそれまで検討されていたＤＸ（デジタルトランスフォーメーション）の考えが加速度的に浸透したとも言われるが，コロナ禍はその浸透の舵取りを大きく変える可能性を有しており，新たな視点でのＤＸが求められてくるだろうし生み出していく必要があるだろう。もともと，ＤＸは，デジタル技術により人々の生活をより良いものへと変革すること，革新的なイノベーションをもたらすもの等の意味があるわけだが，まさにその変革のトリガーをどのように知的財産と結び付けて，その変革を為そうとする者の経済活動をサポートできるのか，考えるべきことは山のようにあり，これは，我々弁理士の為すべき社会的な使命ではないかと思う。

　不安要素の多い時代ではあるが，視点を変えれば我々は今まで以上に社会から多くのことを求められる立場に置かれているのであるから，多くの探求を積み重ねてその期待に応えていきたい。

グループリーダーの付言　　　　　　　　　　　小國　泰弘

特許・実用新案審決取消訴訟（化学）グループリーダー
弁理士・薬剤師　小國　泰弘（おぐに　やすひろ）

（特定侵害訴訟代理業務認定・薬剤師）
特許業務法人津国　勤務。実務経験17年。
弁理士クラブ知的財産実務研究所副所長。弁理士クラブ判例研究
部会の前部会長。同研究部会の設立当初以来およそ12年間，知財
関連の裁判例についてのサーチ及び研究を継続的に行う。

　本年度版では10件の化学関係の審決取消訴訟を取り上げた。詳細は各稿をお
読みいただくとして，ここでは，最高裁判決の「局所的眼科用処方物上告事件」
（p48）を取り上げ，発明の進歩性の有無の判断における効果の参酌について考
えを整理したい。
　本判決では，本件各発明の効果，取り分けその程度が，予測できない顕著な
ものであるかについて，優先日当時本件各発明の構成が奏するものとして当業
者が予測することができなかったものか否か，当該構成から当業者が予測する
ことができた範囲の効果を超える顕著なものであるか否かという観点から十分
に検討する必要があると説示された。
　本判決から，「引用発明と比較した有利な効果」を主張する場合，当該効果が
あれば足りるというわけではなく，当該効果やその程度が発明の構成から予測
できたか否かが問われることになる。例えば，ある発明が成分Xと難燃剤Yと
を含む塗料であり，引用発明が成分Xを含む塗料であった場合，当該発明が引
用発明と比較して難燃性に優れているという有利な効果を奏しても，そのよう
な効果は当該発明の構成から予測することは可能である。しかし，当該発明の
効果が速乾性に優れていることにある場合，そのような効果は当該発明の構成
（XとYとの組み合わせ）から予測できない顕著なものになる。むろん，速乾性
に優れた塗料を得るという課題を解決するために，難燃剤のYを組み合わせる
動機付けはないから，当該構成には容易には想到できないという主張も可能で
あろう。しかしながら，一方で，難燃性に優れた塗料を得るという公知の課題
を解決するために難燃剤のYを添加するという動機付けは十分にあり得るか
ら，その点からは，当該発明の構成に想到するのは容易といえるようになり，
その場合は，当該発明が速乾性という予測できない顕著な効果を奏するという
主張によって進歩性が容認されるか否かが問題となろう。もっとも，このよう
な場合，従来の実務から考えると，進歩性が容認されるようには思えない。た
だ，当該発明を，塗料の速乾性の向上のためのYの使用といったような用途の
発明に変更すれば，かかる用途の構成に想到するのは容易ではないと主張する
ことで，進歩性が容認されるのではないだろうか。

特許・実用新案審決取消訴訟（電気）グループリーダー
弁理士　稲山　朋宏（いなやま　ともひろ）

（特定侵害訴訟代理付記登録）
オアシス国際特許事務所　勤務（実務経験13年）
電気，制御，通信分野を中心とした特許実務に広く携わっている。
又，中部地区の弁理士クラブ委員を主な対象とした月例勉強会に
も長年にわたり参画し，委員間で積極的な判例研究や情報交換を
行っている。

　今回，電気系の審決取消訴訟事件としてあげられた各事件のうち，特に興味
深い案件について以下にて紹介したい。
　「医薬品相互作用チェック装置事件」（p16）では，本件発明と引用発明とで技
術思想が異なると認定され，本件発明の進歩性が肯定された。特にソフトウェ
ア関連発明の場合，本件発明と引用発明とで技術分野が相違していても，引用
発明の適用が想到容易であると判断されやすい傾向がある。本事件の判断が他
の事件に常に適用できることにはならないが，進歩性が否定された場合の反論
として技術思想の相違に基づく主張を行うことも一考する価値はある。
　「狭窄部描写システム事件」（p80）では，否定的表現（「〜でない」等）につ
いて明確性要件が争われた。又，「水中音響測位システム事件」（p4）では，補
正後の請求項に対応付けるために行われた形式的な明細書の補正を根拠とし
て，サポート要件を満たすと認定された。通常，電気，制御系の明細書に記載
された事項は，機械系と比べて表現が抽象的になり易い。このため，抽象的な
表現によって明確性要件やサポート要件が不十分とならないよう，上記の事件
を参考にして記載内容や表現等に十分留意する必要があると思われる。
　「金融商品取引管理装置等事件」（p96）では，訂正要件の判断に際し，「本発
明が上記実施の形態に限定することを意味するものではない」との記載に基づ
いて本発明の限定的な解釈が否定され，新たな技術的事項を導入するものでは
ないと認定された。また，「はんだ付け方法事件」（p92）では，当業者にとって
技術常識である事項が訂正により追加された場合において，この技術常識に
よって課題を解決できることが明細書に記載されていないことを理由として，
新たな技術的事項を導入するものであると認定された。本事件の内容は，電気
分野に限定されず他の分野の案件において補正や訂正の手続きを行う場合にも
参考になる。
　最後に，掲載件数の制約で取りあげることができなかったものの，電気，ソ
フトウェア分野に特有の興味深い事件として，ウェイバックマシンに表示され
た保存日時の記録の内容に基づいて引例が認定され進歩性が否定された平成30
年（行ケ）10178「ゲームプログラム事件」，課題及び数値範囲についての発明の
詳細について，技術常識から広く認定してサポート要件を認めた平成30年（行ケ）
10047「半導体装置事件」を紹介する。今後の判例研究の参考になれば幸いであ
る。

第1編　　行政事件訴訟編
第1部　　審決取消訴訟

第2章

意　　　　　匠

トレーニング機器事件

判　決　の　ポイント	意匠登録無効審判の請求を不成立とした審決を維持し，本件登録意匠は甲2意匠に類似しないと判断した。
事件の表示	H31.4.22　知財高裁　平成30年（行ケ）10169
参　照　条　文	意3①三
Key Word	意匠の類似

1．事実関係

(1)　手続の経緯

　被告は，本件登録意匠の意匠権者である。被告は，平成29年1月30日，意匠に係る物品を「トレーニング機器」として意匠登録出願し，平成29年11月24日に意匠登録された（意匠登録第1593189号）。

　原告は，平成30年2月28日，本件登録意匠について意匠登録無効審判を請求したところ（無効2018-880003），特許庁は，平成30年10月23日，「本件審判の請求は，成り立たない。」との審決をした（本件審決）。これに対し原告は，平成30年11月29日，本件審決の取消しを求めて，本件訴訟を提起した。

(2)　本件登録意匠の内容

　本件登録意匠の意匠に係る物品は，使用者の腹部等に載せ，当該物品の背面に設けられている電極を腹部等に接触させて使用する「トレーニング機器」である。本件登録意匠の形態は以下のとおりである。

(3)　審決の概要

　審決の理由は，本件登録意匠は，その意匠登録出願の出願前に日本国内又は外国において頒布された刊行物である意匠登録第1536247号公報（出願日：平成27年2月19日，発行日：同年10月26日，意匠に係る物品：トレーニング機器。）に記載された意匠（以下「甲2意匠」という）に類似しない，というものである。甲2意匠の形態は以下のとおりである。

2．争点

　本件登録意匠及び甲2意匠の形態の認定，両意匠の対比，両意匠の類否判断に誤りがあるか否かが争われた。

3．裁判所の判断

⑴　裁判所は，両意匠の基本的構成における共通点のうち，「上パッド，中央パッド及び下パッドが左右対称に合計6つ設けられているという形態については，需要者の注意を強く引く構成態様と評価することができる」としながらも，その余の共通点である，「全体が，正面から見て，薄いシート状であって，略左右対称であり，パッドが複数配置された本体と，本体中央に設けられた略円形の強弱調整ボタンで構成されている点」，「中央パッドと上パッド，中央パッドと下パッドの各隙間は，いずれも略倒扁平「V」字状である点」，「本体の上辺及び下辺中央に切り欠き部が形成されている点」，「強弱調整ボタンは，正面側が閉塞しており，本体に一体に設けられている点」，「強弱調整ボタンの正面上下に，「＋」及び「−」の表示が設けられている点」については，「本件登録意匠の出願前に販売されていた同種の商品にも広く見られる態様と認められる」として，これらの共通点が類否判断に及ぼす影響は小さいとした。

　　また，両意匠は，「本体背面中央に，強弱調整ボタンよりも大きい円形の線模様が設けられ，各パッドに，周囲に余白を残して電極が配置され，各電極が中央の円形模様と接続されて，円形模様の内側中央にコイン掛け溝を有する電池部蓋が設けられている点」において，背面の形態を共通にしているが，「需要者が当該物品の背面に着目する程度は高くないと認められる」として，この共通点が類否判断に及ぼす影響も小さいとした。

⑵　一方，両意匠の相違点のうち，基本的構成態様に係る相違点である，「本体が，本件登録意匠は，略倒隅丸台形状の中央パッドの上下に，上端又は下端が略弓状に膨出した上パッド及び下パッドが配置されているのに対して，甲2意匠は，中央パッドが略横長隅丸4角形状で，左右端が若干上に傾くように配置され，上パッドが略横長隅丸5角形状で，左右端が中央パッドよりも上に傾くように配置され，下パッドが略横長隅丸5角形状で，左右端が中央パッドよりも下に傾くように配置されている点」，「中央パッドと上パッド，中央パッドと下パッドの各隙間の先端の態様について，本件登録意匠はいずれも円弧状であるのに対して，甲2意匠はいずれも先細りである点」，「本体の上辺及び下辺中央の切り欠き部及びその周辺の態様について，本件登録意匠の切り欠き部は略「U」字状であって，切り欠き部に連なる本体上辺及び下辺の角部付近が上方又は下方に僅かに膨出しているのに対して，甲2意匠

の切り欠き部は略「V」字状である点」が需要者に与える印象について，「本件登録意匠は，流線的かつ柔らかでゆったりとした印象を与えるのに対し，甲2意匠は，変化に富み，いきいきとした躍動感や力強さといったような，当該意匠に係る物品の使用による達成目標により沿うものとなっており，これらの相違点が与える印象の違いは，上記共通点がもたらす印象をはるかに凌駕するものである。」とした。

(3) これらに基づき，「その余の共通点，相違点がもたらす印象を考慮しても，両意匠は，需要者の視覚を通じて起こさせる美感を異にするというべきである。」として，「本件登録意匠は，甲2意匠に類似するといえない。」と結論付けた。

4．実務上の指針
(1) 形態の認定について

本判決において裁判所は，原告が具体的構成態様として認定されるべきとした構成を，意匠の形態を大づかみにした場合に認識できる骨格的態様，すなわち基本的構成態様であると認定している。ここで注目したいのは，形態を大づかみに捉えるということの意味である。ともすれば，ざっくりと概念的に捉えるということと受け取られるかもしれないが，抽象化されすぎた形態のみではアイデアの世界になってしまい，意匠の範疇ではなくなることに留意したい。意匠はあくまで物品等の美的外観であって，視覚を通じて美感を起こさせるものである以上（意2①），形態の認定は視覚的に認識できる美的外観に落とし込んだうえでなされるべきである。そして，その視覚的に認識できるよう具体化された美的外観としての骨格的態様が，ありふれた形態でないような場合には，類否判断に与える影響が大きい形態になり得ると考える。

需要者の視点での使用態様等，物品特有の事情により，異なる結論となる可能性はあるが，一般的には，形態を大づかみにした場合に視覚的に認識できる骨格的態様が，需要者の注意を強く引く部分の形態であった場合に，かかる部分の形態が相違していると，本判決のように両意匠が非類似となる結論に導かれやすいように思われる。逆に，かかる部分の形態が共通していると，両意匠の類似性が強まる傾向にあると考える。ある構成が基本的構成態様，具体的構成態様のいずれとして認定されようとも，結論が異なるものでは必ずしもないが，形態の認定におけるこの考え方は，意匠の類否を論じる際に参考となる。

(2) 不正競争防止法との関係

別訴で原告は，本件登録意匠に係る商品を製造等する被告の行為は，原告所有の甲2意匠に係る意匠権を侵害する行為であるとして，被告を相手として侵害訴訟を提起しているが，両意匠は非類似であるとして，非侵害との結論が下

されている（R1.12.17大阪地裁平成29年（ワ）5108）。一方，原告は，甲2意匠に係る商品の形態が不正競争防止法2条1項1号の周知商品等表示に該当し，被告が販売する本件登録意匠に係る商品の製造等は原告の甲2意匠に係る商品と混同を生じさせる行為であるとして，被告を相手として仮処分命令の申立てを行っており，そこでは，商品等表示としての甲2意匠に係る商品の形態と本件登録意匠に係る商品の形態は，類似するとの判断がなされている（H30.1.30東京地決平成29年（ヨ）22023）。

　意匠法と不正競争防止法とで結論が分かれたのは，意匠法は需要者に与える美感を保護する法律であるのに対し，不正競争防止法2条1項1号は混同を生じさせる行為を規制する法律であるという点で，制度趣旨を異にするためといえよう。商品形態に商品等表示性が認められるためには高いハードルが存するが，不正競争防止法2条1項3号の商品形態模倣行為と併せて，不正競争防止法2条1項1号はその該当性を検討しておくべき条項である。意匠権では権利行使が難しいときに，これに代わる措置として，あるいは意匠権とともに用いる措置として，不正競争防止法による差止めを忘れずに検討すべきである。

⑶　関連意匠制度の利用

　甲2意匠には，複数の関連意匠が存在しており，その出願方法から，甲2意匠の重要性を窺い知ることができる。バリエーションデザインを適切に保護するためには，関連意匠の出願が今後も有効な手段となるであろう。

　以前は，本意匠の出願日から実質1年足らずの限られた期間内にしか関連意匠の出願が認められていなかったが，令和元年改正意匠法により，基礎意匠の出願日から10年間，関連意匠の出願が認められることとなった。関連意匠にのみ類似する意匠についての関連意匠の出願も認められることとなったため，基礎意匠とは別のデザインコンセプトに基づいて，基礎意匠の出願日から数年経過後に関連意匠の出願を行うことも可能である。

　この改正意匠法の下では，基礎意匠の出願が登録になった後でも，変化する市場の動向を見ながら追加デザインを検討でき，関連意匠の出願を行うことができる点で，関連意匠制度の利用の幅が広がったといえる。予想される模倣のバリエーションを検討し，それを自らのデザイン群に取り込んで関連意匠の出願をするというプロセスを，重要性の高い製品デザインについては，複数年にわたって繰り返し行うのが有効であると考える。

（浅野　令子）

意匠グループ
リーダー　弁理士　森廣　亮太（もりひろ りょうた）

特許業務法人秀和特許事務所　勤務
国内外の主に特許（機械，制御）に関する権利化業務について多
数携わっている。また，日本弁理士会意匠委員会において主に外
国法制度に関する研究部会に継続的に参加している。

　　　　　　このような展開は誰が予想できたであろうか。コロナ禍
が全世界的に広がり，これまでの生活の常識が大きく変化する中，これまでの
意匠の常識を大きく変える改正意匠法が施行された。ウイズコロナ，アフター
コロナにおける新生活様式，ニューノーマルは，あらゆる分野おいて，それまで
の商品価値を大きく変容させ，商品価値の見直しを性急に迫っているように思
われる。今後，新しいデザインコンセプトに基づいた商品開発，事業展開が盛
んになり，新たに創出されるデザインの保護の必要性が増すことは十分に予想
される。新たな保護対象の拡大という意匠法自体の大変革のみならず，意匠法
を利用するユーザーのデザインに対する価値観の変化が，意匠法の存在を見直
す機会にもなるように思われる。そのような状況において，意匠法についての
十分な理解と意匠法の新しい活用の仕方の探求が，実務家には求められること
になるように思われる。

　今回掲載した3判決で示された意匠の類否判断の考え方は，これからの新し
い価値観に基づくデザインの保護を考えるうえでも，実務上，押さえておくべ
き判決であると思われる。「トレーニング機器事件」（p104）は，形態の認定に
おける，「基本的構成態様」，「具体的構成態様」の考え方について参考になる。
また，本件記事でも触れられているが，意匠法とは別に不正競争防止法による
訴えも検討することは，権利行使の際における大事な視点である。「そうめん
流し器事件」（p230）及び「食品包装用容器事件」（p234）はいずれも，要部の
認定における共通点と差異点の評価について参考になると思われる。「そうめ
ん流し器事件」では，ある形態を構成する複数の構成要素のそれぞれが公知で
あったとしても，それらを組み合わせた態様が新規なものである場合には，意
匠の要部となり得ることが示されている。「食品包装用容器事件」では，共通点
が需要者に与える印象が差異点のそれを凌駕するか否か，という評価において，
意匠の要部において美観が異なる差異があると認定できたとしても，その差異
点が共通点を凌駕しなければ，対比される両意匠が類似する，との評価が示さ
れており，要部における差異点について評価する際の参考になると思われる。

第1編　　行政事件訴訟編
第1部　　審決取消訴訟

第3章

商　　　標

リブーター事件

判決の ポイント	「リブーター」の片仮名を横書きしてなる商標は，指定商品が再起動装置 又は再起動機能を有する電源制御装置である場合は，商標法3条1項3 号の商標に該当し，指定商品が再起動機能を有さない電源制御装置であ る場合は，商標法4条1項16号の商標に該当すると判断された。
事件の表示	R1.5.30　知財高裁　平成30年（行ケ）10176
参照条文	商3①三　商4①十六
Key Word	自他識別力，商品の機能・用途の表示，品質誤認

1．事実関係

　被告は，以下に示す商標（以下「本件商標」という）の商標権者である。

(1)　登録商標　リブーター（標準文字）

(2)　登録番号　第5590686号

(3)　出願日　　平成25年2月8日

(4)　査定日　　平成25年5月27日

(5)　登録日　　平成25年6月14日

(6)　指定商品　第9類「配電用又は制御用の機械器具，回転変流機，調相機，
　　　電気通信機械器具，測定機械器具，電気磁気測定器，電線及びケーブル，電
　　　子応用機械器具及びその部品」

　原告は，平成29年12月27日に，指定商品のうち「再起動器を含む電源制御装
置」について本件商標の登録を無効とするとの審決を求めて審判請求（無効
2017-890087。以下「本件審判」という。）をしたところ，特許庁は，平成30年
11月6日，「本件審判の請求は，成り立たない。」との審決をし，その謄本は，
同月15日，原告に送達された。

2．争点

(1)　再起動装置又は再起動機能を有する電源制御装置に「リブーター」を用い
　　ることは，商標法3条1項3号に該当するか。

(2)　再起動機能を有さない電源制御装置に「リブーター」を用いることは，商
　　標法4条1項16号の商標に該当するか。

3．裁判所の判断

　本判決は，概略，以下のとおり判示して，無効審判請求を不成立とした審決
を取り消した。

(1) 争点1：商標法3条1項3号の該当性

「「リブート」は，「reboot」という英語を片仮名で表した語であるところ，「reboot」は，再起動するという意味の動詞であり」，「また，「リブート」は，コンピュータなどを再起動することを意味する語として，各種の用語辞典（用語事典）に掲載されており，さらに，多くの雑誌やウェブサイト，さらには公開特許公報にも，上記の意味で使用されていることからすると，「リブート」という語は，再起動することを意味する普通名称であると認められる。」そして，証拠によると，「情報・通信の技術分野では，英語を片仮名で表した言葉が非常に多く存在すること，一般的に，英語の動詞の語尾に「er」，「or」等を付することにより，当該動詞が表す動作を行う装置等を意味する名詞となり，「エディタ」，「エンコーダ」，「カウンタ」，「デコーダ」，「プリンタ」，「プロセッサ」等，動詞を名詞化した語も多数存在することが認められるから，情報・通信の技術分野に属する者は，「リブーター」から，「reboot」の語尾に「er」を付した語である「rebooter」を容易に思い浮かべるものと認められる。

さらに，証拠によると，「コンピュータやルーター等の機器を再起動する装置の需要があり，実際にそのような装置が販売されていることが認められるところ」「このような再起動装置を「リブーター」又は「リブータ」と呼ぶ例があることが認められる。これに対し，本件証拠上，「リブーター」の語が，他の意味を有するものとして使用されているという事実は認められない。」また認定したウェブサイトの記載によると「情報・通信の技術分野においては，英語を片仮名表記した場合は，語尾の長音符号を省く慣例があるものと認められるから，語尾の長音符号を有するか否かで別の語になるということはできず，上記の「リブータ」も「リブーター」も同一の語であるということができる。

以上からすると，情報・通信の技術分野においては，通常，「rebooter」及びこれを片仮名で表した「リブーター」は，再起動をする装置と理解されるものというべきである。

したがって，「リブーター」は，再起動装置の品質，用途を普通に用いられる方法で表示する語と認められるから，指定商品が再起動装置又は再起動機能を有する電源制御装置である場合は，本件商標は，商標法3条1項3号の商標に該当するというべきである。」

(2) 争点2：商標法4条1項16号の該当性

「情報・通信の技術分野においては，通常，「rebooter」及びこれを片仮名で表した「リブーター」は，再起動をする装置と理解されるところ，再起動機能を有さない電源制御装置に，「リブーター」という語を使用すると，需要者，取引者は，当該電源制御装置が再起動機能を有しているものと誤解するおそれがあるというべきである。

　したがって，指定商品が再起動機能を有さない電源制御装置である場合は，本件商標は，商品の品質の誤認を生ずるおそれがあり，商標法4条1項16号の商標に該当するというべきである。」

4．実務上の指針
(1)　証拠収集の重要性
　特許庁と裁判所の判断の違いは，需要者や取引者における本件商標の理解に関する事実認定の違いによって生じている。事実認定は，当事者から提出される証拠によって結論が定まる。本件の証拠及び原告の主張は，他人の登録商標の識別力を否定して，商標登録を無効にしたいと考える場合に参考になる。例えば本件では，原告が，用語辞典やウェブサイトの記載，公開特許公報など，裁判において新たに証拠を追加して提出し主張を増強した結果，審決では「特定の観念を生じない一種の造語」として認定された標章が，裁判では特定の分野においては機能・用途を表示しているという異なる認定を引き出した。

　このように，商標法3条1項3号等への該当を理由に商標登録無効審判を請求する場合は，対象の登録商標に対する自己の主張を基礎づける証拠を十分に収集しておくことが重要である。

(2)　商標権の使用管理
　登録商標を商標として維持するための管理内容は様々あるが，一般に本件のような普通名称化の防止も使用に関する管理ポイントとしてあげられる。

　商標法3条1項各号の識別力の有無の判断時は査定時となる。出願時は誰も知らない造語であったとしても，査定時には商品の品質等を普通に表す語として使用される状況になってしまうと権利化ができなくなるか，権利化されても無効理由を抱えることになる。このような事態を回避するため，他社の使用に対してだけでなく，自身の使用態様についても査定時まで適切に管理していく必要がある。また，権利化後も普通名称化しないように管理する必要がある。

　普通名称化の防止を図るための具体的な方法としては，「Ⓡ（マルR）」の表示とともに脚注などで登録商標である旨を明示する，カタログ，ウェブサイトなどで文章中に記載する際は他の文字と区別できる状態（例えば，括弧などでくくる，太文字とする，書体を変えるなど）で記載する，一般名称とともに商標を記載して区別させる，などがある。

　一方，登録商標ではない商標に，商標登録表示やこれと紛らわしい表示を付す行為は禁止されているので留意が必要である。例えば，商標登録前や消滅した権利に「Ⓡ」を付すと虚偽表示となる。

　使用開始時期は登録後とすることが望ましいが，商標登録前でも名前が商標として使用されていることをアピールする方法としては，商品には「TM（Trade

Mark)」を，役務（サービス）には，「SM（Service Mark）」を表示しておき，登録後に「®」に表示を変更するなども行われている。

　その他，パッケージなどで使用しているロゴがあれば，そのロゴを用いるなど一貫した使用態様とする工夫などもある。

　本事例では，商標法3条1項3号該当性に関する事実認定のために原告から提出された証拠において，被告の自社製品の紹介記事（いずれも出願前の日付のもの）が採用されている（甲37，甲38）が，「リブーター」の文字が括弧で括られることもなく，まさに普通名称的な記載態様のものもあった。

(3)　商標の選択時の留意事項

　商標は，商品又はサービスのイメージと直結し，長く使うことで消費者に浸透し価値が高まることから，長期的に利用できるように，決定する際は，商標権が確保できるかどうかという観点とともに商標的により強いか否かも加味して選択する必要がある。しかしながら，商品やサービスを企画し名称を選択する部門の知識に欠けがあると，知的財産の専門家へは，権利として弱いと思われるネーミングや，記述的商標や一般名称，他社が既に権利化しているなど商標権の取得が難しい内容で，権利化の相談がなされる場合も多い。

　このような状態に陥らないようにするためにも，検討の初期の段階から商標的な観点でネーミングを考えるように日常的なアプローチ（教育）をしておくか，検討チームに知的財産の専門家も配置するなどの必要がある。

　例えば，本件商標は，当初，造語として考えだされたと思われるが，英語で再起動を意味する「reboot」に由来していたことから普通名称と判断され権利が無効化されることになった。商標を造語とすることはネーミングの重要かつ基本的なポイントの一つであるが，単語の一般的な変形にとどまると，今回のように造語と認定されない場合があることにも留意する必要がある。

　ネーミングの選択においては，①顧客に受け入れられやすい（意味が伝わりやすい，簡単で覚えやすい，顧客ターゲット層に則した見た目や語感の良さなどがあるなど），②自分達の思い（ビジョン，コンセプト，メッセージ，ストーリー，特徴など）が表れている，③検索されやすい，といった商標権の取得以外の観点も重要である。商標的に強くなるからといって独創的商標（意味を持たない創造された言葉（造語）からなる商標）が一概によいとは言えず，調整や決定時は法律上の観点を持ちつつも全体としてのバランス感覚が必要となる。

（國井　久美子）

EQ事件

判 決 の ポ イ ン ト	著名なメーカーである原告による集中的な広告宣伝などが勘案され，欧文字２文字の商標が，原告のブランドを表す商標として，取引者，需要者に，原告との関連を認識することができる程度に周知されていたとして商標法３条２項が認められた。
事件の表示	R1.7.3　知財高裁　平成31年（行ケ）10004
参 照 条 文	商３①五　商３②
Key Word	欧文字２字，ブランド名，周知，自他商品識別力，使用による識別力，指定商品と使用商品の同一性

１．事実関係
⑴　手続の経緯
　原告は，指定商品を第12類「Motor vehicles.」（自動車及び二輪自動車）として，「EQ」の欧文字を書してなる商標（以下「本願商標」という。）について，国際商標登録出願をし（国際登録第1328469号），拒絶査定を受けたので，これに対する不服の審判を請求した。これに対し，特許庁は，「本件審判の請求は，成り立たない。」との審決（以下「本件審決」という。）をした（不服2018-650016）。そこで，原告は，本件審決の取消しを求める本件訴訟を提起した。

本願商標　　**EQ**

⑵　審決の概要
　本願商標は，商標法３条１項５号に該当し，同条２項に該当しないから，商標登録を受けることができない。

２．争点
⑴　商標法３条１項５号該当性の判断の誤りが争われた。
⑵　商標法３条２項該当性の判断の誤りが争われた。

３．裁判所の判断
　裁判所は，本願商標は，商標法３条１項５号に該当するものの，同条２項に該当するから，商標登録をすることができないとした本件審決には誤りがあるとして，審決を取り消した。具体的な判断は以下のとおりである。
⑴　商標法３条１項５号該当性
　本願商標が，ブランド名として使用され，需要者，取引者から原告のブランドとして理解されている商標であることは，商標法３条２項該当性の検討にお

いて考慮され得ることはともかく，同条1項5号該当性を否定する事情とはいえない。

(2) 商標法3条2項の趣旨

商標法3条2項の趣旨は，「特定人が当該商標をその業務に係る商品の自他識別標識として他人に使用されることなく永年独占排他的に継続使用した実績を有する場合には，当該商標は例外的に自他商品識別力を獲得したものということができる上に，当該商品の取引界において当該特定人の独占使用が事実上容認されている以上，他の事業者に対してその使用の機会を開放しておかなければならない公益上の要請は薄いということができるから，当該商標の登録を認めようというものと解される。」

(3) 「EQ POWER」の表示について

原告は，日本国内において，プラグインハイブリッド車に「EQ POWER」との名称を付して販売しているところ，「EQ」の後に1文字分のスペースを空けて「POWER」が配置された標章の形態や，宣伝広告の内容から，需要者において，「EQ POWER」が「EQ」ブランドの自動車の名称であることを認識することができると解される。

(4) ブランドを表す商標

本願商標については，著名な自動車メーカーである原告の発表する電動車やそのブランド名に注目する者を含む，自動車に関心を持つ取引者，需要者に対し，これが原告の新しい電動車ブランドであることを印象付ける形で，集中的に広告宣伝が行われたということができる。加えて，本願商標は，本件審決時までに，出願国である英国及び欧州にて登録され，国際登録出願に基づく領域指定国7か国にて保護が認容されており，世界的に周知されるに至っていたと認められることも勘案するなら，本願商標についての広告宣伝期間が約2年間と比較的短いことや，原告が販売している「EQ POWER」との名称のプラグインハイブリッド車の販売台数が多いとはいえないこと等の事情を考慮しても，本願商標は，原告の電動車ブランドを表す商標として，取引者，需要者に，本願商標から原告との関連を認識することができる程度に周知されていたものと認められる。

(5) 被告の主張について

商標が，単独で車名として採択されていないとしても，原告が電動車のブランド名として本願商標を採択し，商品のシリーズ名やブランド名として使用するに先立って，強力な広告宣伝を行ったことにより，当該商標が，需要者にブランドとして認識され，識別力を獲得することはあるというべきである。

また，本願商標についての広告宣伝期間はたしかに約2年間であるが，期間が短くても，集中的に広告宣伝がされることにより，識別力を獲得できる場合

はある。そして，著名な自動車メーカーである原告の発表する電動車やそのブランド名に注目する取引者，需要者が類型的に存在すると認められることは前記のとおりであり，本願商標を原告の業務に係る標章であると認識している取引者，需要者が相当程度存在するといえるから，本願商標は，広く知られるに至ったと認めるのが相当である。

⑹ 原告以外の者による標章の使用状況について

　過去に他者の電動自動車「eQ」が公表されたことが認められるとしても，同標章が本件審決時において使用されていることを認めるに足りる証拠はなく，過去に電動自動車の商品名として使用された標章があることをもって，原告による独占使用の容認が否定されるとはいえない。

　原告以外の者による超大型ラグジュアリーセダン「EQ900リムジンモデル」，ライトトラック「EQ1060」，プレミアム超高性能夏タイヤ「S Fit EQ」，カーナビ「EX11Z-EQ」，電気自転車「7DEQ」，「3iEQ」，自転車「ALIBI SPORT EQ」は，いずれも「EQ」の欧文字と他の欧文字や数字等が組み合わされた標章であって，品番や型式を示すものと解され，小型乗用車「プリメーラ」の開発コードである「EQ」は，開発コードであるから，いずれも何人かの出所を表すものとはいえない。

　したがって，これらの他者による「EQ」の使用を考慮しても，本願商標に登録商標としての保護を及ぼすことを否定すべきとはいえない。

４．実務上の指針

　本判決は，商標法３条１項５号に該当する商標について，同３条２項の適用が認められた珍しい例である。

　まず，本判決においては，本願商標について，原告の電動車「ブランド」を表す商標として周知されていたとされている点に目が留まる。本願商標は，原告に係る商品の「名称」として使用された結果によって周知性を獲得したと認められたわけではない。具体的な商品の名称としての使用ではなく，商品のブランド名を表す商標としての使用をもって商標法３条２項が適用された事例として，本判決は実務上の意義があると考えられる。

　次に，本願商標は，「電動車」のブランドを表す商標として，周知されていたものと認められているのに対し，商標法３条２項の適用が認められた指定商品は「Motor vehicles.」（自動車及び二輪自動車）であり，後者の方が商品の範囲は広い。この点，裁判所は，プラグインハイブリッド車についての「EQ POWER」の名称の使用についても「EQ」ブランドの「自動車」の名称であることを認識できると解されるとしている。電動車ブランドとして周知であれば，電動車に限らず，広く自動車全般との関係においても自他商品識別力を発

揮すると考えられたようである。すなわち，識別性が認められる商品の範囲は，周知性が認められる商品の範囲よりも広い場合があることを示したものと解し得る。かかる判断はあくまで事例判断であると思われるが，とはいえ，指定商品の一部についてのみ周知性が認められる場合に，当該指定商品とそれ以外の指定商品との関係次第では，残りの指定商品との関係でも識別力を発揮するものと認められ，商標法3条2項が適用されることはあるかもしれない。

　ところで，本判決では，本願商標が英国及び欧州にて登録され，また，国際登録出願に基づく領域指定国7か国（オーストラリア，ノルウェー，ロシア，スイス，メキシコ，インド，トルコ）にて保護が認容されており，世界的に周知されるに至っていたと認定されている点も参考になる。各国における識別力についての判断は必ずしも一様ではないはずであるが（これら指定国のうち識別力の欠如を理由として暫定拒絶通報が出された国は皆無である。），外国での登録の事実も周知性認定の資料となり得ることは覚えておきたい。

　本判決では，三浦葉山牛事件（H18.6.12知財高裁平成18年（行ケ）10054）などと同様，商標法3条2項の趣旨について，使用による識別力の獲得とともに，他の事業者に表示の使用機会を確保する公益上の要請が薄いことも理由として掲げている。「公益上」の要請とあるので，単に登録を認めると他の事業者に不利益となるというだけでは商標法3条2項該当性を否定するに十分とはいえないだろう。この点，本判決においては，「EQ POWER」の名称の使用をもって「EQ」ブランドの自動車の名称であることを認識できるとされていることにかんがみれば，「EQ」と他の語を結合した商標についても，結合する語や標章の形態，その使用態様によっては，本願商標に係る商標権の効力が及ぶ余地がある。他の事業者に対し，そのような態様の商標の使用機会を開放しておくべき公益上の要請も薄いと裁判所は判断したのであろう。

　最後に，原告以外の者による「EQ」の欧文字と他の欧文字等が組み合わされた標章の使用に関して，何人かの出所を表すものとはいえ，本願商標に登録商標としての保護を及ぼすことを否定すべきとはいえないと裁判所は判断している。しかし，いったん本願商標が登録されてしまえば，以後このような標章の使用についても，形式的に商標権侵害に該当するおそれがある。このため，「EQ」の語を含む商標を採択使用する際は，注意を要する。

【参考文献】
　「パテント」日本弁理士会，Vol.72 No.4（別冊No.21）（2019）p13-p33
　　　　　　　　　　　　　　　　　　　　　　　　（石塚　勝久）

KENKIKUCHI事件

判 決 の ポイント	図形の中にローマ字表記「KENKIKUCHI」を含む商標が，商標法4条1項8号の「他人の氏名を含む商標」に該当するか否か争われた。「KENKIKUCHI」が「氏名」に該当するか，また「他人」に該当する者を著名性・希少性を有する者に限定するか否かが争点となったが，登録が認められなかった。
事件の表示	R1.8.7　知財高裁　平成31年（行ケ）10037
参 照 条 文	商4①八
Key Word	他人の氏名，他人の著名性・希少性

1．事実関係

　原告は，平成29年5月23日，下記の商標について，第14類，第18類及び第25類の商品を指定商品とする商標登録出願を行った。

　　　　本願商標

　原告は，平成30年2月26日付けの拒絶査定を受け，同年6月1日，拒絶査定不服審判を請求した。

　特許庁（被告）は，上記請求を不服2018-7529号事件として審理し，平成31年1月30日，「本件審判の請求は，成り立たない。」との審決（以下「本件審決」という。）をし，その謄本は，同年2月25日，原告に送達された。

　原告は，同年3月25日，本件審決の取消しを求める本件訴訟を提起した。

2．争点

⑴　本願商標の構成中の「KENKIKUCHI」の部分は商標法4条1項8号の「他人の氏名」に該当するか。

⑵　商標法4条1項8号の「他人」に該当する者を著名性・希少性を有する者に限定するか。

3．裁判所の判断

⑴　本願商標の構成中の「KENKIKUCHI」部分は商標法4条1項8号の「他人の氏名」に該当するかについて

　　原告の主張は退けられ，被告の主張が概ね採用されている。

　すなわち，本件判決では，本願商標について，翼を広げた鷲又は鷹を黒色のシルエットで表した図形部分と，図形内に配置された「KENKIKUCHI」の文字部分とから構成された結合商標であって，「KENKIKUCHI」部分は，白抜きの大文字の欧文字10字から構成され，各文字の書体及び大きさはほぼ同じで，ほぼ等間隔で1行にまとまりよく配列されていると認定したうえで，「KENKIKUCHI」部分について以下のように判断している。

　左端の「K」の文字の右斜め下に向かう線が，左から3文字目の「N」の右端の線の下端にほぼ接する位置まで伸び，右端の「I」の文字の終端から左方向に伸びた線が，右から7文字目（左から4文字目）の「K」の左端の線の下端にほぼ接する位置まで伸びていて，「KENKIKUCHI」部分は外観上「KEN」部分と「KIKUCHI」部分に区別して認識されるものといえる。

　また，証拠（乙1～11）及び弁論の全趣旨から，我が国では，パスポートやクレジットカードなどに本人の氏名がローマ字表記されるなど，氏名をローマ字表記することは少なくないこと，氏名をローマ字表記する場合に，「名」，「氏」の順で記載することが一般的であり，パスポートやクレジットカードのように，全ての文字を欧文字の大文字で記載することも少なくないこと，「キクチ」を読みとする姓氏（「菊池」「菊地」）及び「ケン」を読みとする名前（「健」，「建」，「研」，「賢」等）は，日本人にとってありふれた氏名であると認定している。

　以上を踏まえ，本件判決では，本願商標の構成中「KENKIKUCHI」部分は，外観上「KEN」部分と「KIKUCHI」部分に区別して認識されるもので，「キクチ（氏）ケン（名）」を読みとする人の氏名として客観的に把握されるものであるから，本願商標は商標法4条1項8号の「他人の氏名」を含む商標であると判断している。

　原告は，本願商標はブランド「ケンキクチ」のロゴとして一定の周知性を有しており，これに接した一般需要者は，ジュエリーデザイナーである「X」及びそのデザインに係る商品のみを想起するものであって，「KENKIKUCHI」部分を「菊地　健」等の「他人の氏名」と理解することはありえないと主張したものの，本件判決では，仮に，本願商標がブランド「ケンキクチ」のロゴとして一定の周知性を有しているとしても，かかる事実は本願商標が商標法4条1項8号の「他人の氏名」を含む商標に該当するとの認定を左右するものではないと判断された。

(2)　商標法4条1項8号の「他人」を一定の著名性・希少性を有する者に限定するかについて

　原告は，同号の「他人」に該当するか否かは，商標法の法目的である産業発展への寄与及び需要者の利益保護の観点から，その承諾を得ないことによ

り人格権の毀損が客観的に認められるに足る程度の著名性・希少性等を有する者かという観点から判断すべきであると主張した。

　しかし，本件判決では，商標法４条１項８号の趣旨は，自らの承諾無しにその氏名，名称等を商標に使われることがないという人格的利益を保護することにあり，同号は，その規定上「他人の肖像又は他人の氏名若しくは名称」については，著名又は周知なものであることを要するとはしていないし，同号は人格的利益の侵害のおそれがあることそれ自体を要件として規定するものではないとして，同号の「他人」を著名性・希少性を有するものに限るとは解し難いと判断した。

４．実務上の指針

⑴　上記２に記載した本件の２つの争点のうち１つ目の争点（本願商標の構成中の「KENKIKUCHI」の部分は商標法４条１項８号の「他人の氏名」に該当するか）について，本件判決は該当すると判断した。

　本願商標は，①特徴のある図案の中に氏名を表す文字が含まれている，②氏名を表す文字がデザイン化されているという２つの特徴を有するが，これらの特徴は本件判決では考慮されなかった。

　本件判決からすれば，特徴のある図案の中に氏名を表す文字を含めても，氏名を表す文字がデザイン化されていても，氏名を表す文字の氏と名とが分離しているとみなされる構成の商標である場合，商標法４条１項８号の「他人の氏名」に該当すると判断されることがわかる。

　氏名を表す文字については，氏と名とが分離しているとみなされないような文字全体が一体不可分の構成の商標とすれば，商標法４条１項８号の「氏名」には該当しないとして商標登録が認められる場合がある。

　例えば，下記３件の拒絶査定不服審判では，氏名を表す文字のみの商標について文字全体が一体不可分の構成であることから，商標法４条１項８号の「氏名」には該当しないと判断されている。
・不服2017-13410　商標「MIYATACHIKA」
・不服2015-15023　商標「MASASHIYAMAGUCHI」
・不服2014-16939　商標「junhashimoto」

　本件商標も「KENKIKUCHI」部分に右から１文字目から３文字目の下に延びる線と，左から１文字目から７文字目の下に延びる線が無ければ，氏と名とが分離しているとみなされることもなく，「KENKIKUCHI」部分が商標法４条１項８号の「氏名」に該当しないと判断され，商標登録を受けられた可能性はあると考える。

⑵　上記２に記載した本件の２つの争点のうち２つ目の争点（商標法４条１項

8号の「他人」に該当する者を著名性・希少性を有する者に限定するか）について，本件判決は限定しないと判断した。

　商標法4条1項8号の趣旨は人格権の保護であり，自分の氏名が他人によって商標登録されるのを防ぐという目的であることにかんがみると，商標法の法目的を持ち出して同号の「他人」に該当する者を著名性・希少性を有する者に限定するのは，妥当でないと考える。

　同号の「他人」に該当する者を著名性・希少性を有する者に限定しなくても，実務上は，上記3件の審決のように氏名を表す文字の全体が一体不可分の構成の商標とすれば，同号の「氏名」に該当せず，商標法4条1項8号に該当しないと判断される可能性がある。

(3)　氏名について商標出願したいとクライアントから相談された場合，同姓同名の「他人」が存在しないような希少な氏名である場合を除き，氏名を含む商標について商標出願すると商標法4条1項8号に該当する可能性が高いことを，先ずクライアントへ説明する必要がある。そして，商標法4条1項8号の趣旨が人格権の保護であることからすれば，他人の氏名が著名性・希少性を有する必要は無いことも説明する必要がある。

　以上を説明したうえで，氏名を表す文字をすべてローマ字表記とし，名と氏の間に空白の無い全体が一体不可分の構成の商標とすれば，商標登録の可能性があると思われるので，そのような構成の商標として出願することをクライアントに提案することになろう。

　ただし，氏名を表す文字をすべてローマ字表記とし，名と氏の間に空白の無い全体が一体不可分の構成の商標について商標権を取得出来たとしても，他人が自己の氏名を普通に用いられる方法で表示する商標（例：名と氏の間に空白のある構成の商標）には商標権の効力が及ばない（商26①一）ことをクライアントへ伝え，クライアントが商標権の効力を過大に認識しないよう留意すべきである。

（野崎　彩子）

SIGNATURE事件

判 決 の ポ イ ン ト	原告商標は「SIGNATURE」の欧文字と「図柄部分」を含むところ，前記欧文字は図柄部分と不可分的に結合しているものと認めることができないため，欧文字部分を抽出できる。よって，本願商標は引用商標「SIGNATURE」と類似し，商標法4条1項11号により商標登録を受けることができないとした。
事件の表示	R1.9.12　知財高裁　平成31年（行ケ）10020
参 照 条 文	商4①十一
Key Word	商標類否，結合商標，分離観察

1．事実関係

　原告は，下記本願商標について，商標登録出願（商願2016-134074）をし，指定商品を「第34類 紙巻たばこ，たばこ，パイプ用たばこ，たばこ製品，代用たばこ（医療用のものを除く。），葉巻たばこ，シガリロ，ライター，マッチ，喫煙用具，紙巻たばこ用紙，紙巻たばこ用筒，たばこ用フィルター，たばこ紙巻き器，紙筒にたばこを挿入するための機器，電子たばこ，電子たばこ用液体，加熱して使用することを目的とするたばこ製品，紙巻たばこ及びたばこ用の電気式の加熱装置」と補正したところ，拒絶査定を受けた。そのため，前記拒絶査定に対する不服審判（不服2018-2007）を請求したが，本願商標は，引用商標と類似し，商標法4条1項11号に該当するから商標登録を受けることができないとして，請求は成り立たない旨の審決がなされた。そこで，原告は前記審決の取消しを求める本件訴訟を提起した。

　（本願商標）

　（引用商標）

　「SIGNATURE」の欧文字を標準文字で表したものであり，第34類「たばこ」を指定商品とする（登録第4658792号）。

2．争点

本願商標が引用商標と類似するか否かが争われた。

3．裁判所の判断

⑴　本願商標の外観

本願商標は，濃紺色で塗りつぶされた縦長長方形（以下「本願素地」という。）内の最上部中央部に，図形と文字を組合せた部分（以下「本願図柄部分」という。）を配しており，この本願図柄部分は相当に目立つ態様で表示されている。また本願素地内の最上部中央には「SIGNATURE」の欧文字が茶色で横書きされている。

「SIGNATURE」の欧文字と本願図柄部分は一見して離れていると認識できる。また「SIGNATURE」の欧文字が本願円図形内の「No.555 STATE EXPRESS」の文字や紋章と関連性があるとは認識されない。

したがって，「SIGNATURE」の欧文字は本願図柄部分と一体のものであると認識できない。

また「SIGNATURE」の欧文字は相応に目立つ態様で表示されているというべきである。

⑵　「No.555 STATE EXPRESS」「No.555」のブランドの知名度

「No.555 STATE EXPRESS」のブランドのたばこを販売している訴外Aは，平成5年から平成15年までの間，訴外Bのレーシングチームのスポンサーとなり，訴外Bのレーシングカーには「555」のロゴが大きく表示されていた。

この宣伝活動によって，日本において，ラリーレースに興味を持つ限られた範囲の者に「555」のブランドが知られるようになったと認められるが，本件指定商品の取引者や需要者に知られるようになったとは認められない。

また，平成11年から訴外Cが「555」のロゴを大きく表示したレーシングカーを使用してF1レースに参戦している。

しかし，このF1レースがメディアでどの程度取り上げられたかが不明であることなどから，この宣伝活動によって，「555」のブランドが本件指定商品の取引者や需要者に知られるようになったとは認められない。

そのほか，「No.555 STATE EXPRESS」のブランドのたばこが日本で販売されていない点を併せて考慮すると，「No.555 STATE EXPRESS」や「No.555」のブランドが日本において知られている程度は相当低い。

⑶　「SIGNATURE」の識別力

日本においては，「SIGNATURE」の欧文字に「署名，サイン」以外の意味があることが知られていない。そのため，本件指定商品の取引者や需要者は，本願商標の「SIGNATURE」の欧文字を「署名，サイン」の意味で理解する，又

は，「署名，サイン」という意味が本願商標でどのような意義を有するかを理解
することが困難だから，「SIGNATURE」の欧文字の意味を理解できない。

　この「SIGNATURE」の欧文字が，「シグネチャーブランド」，「特徴的な銘
柄」，「代表的な銘柄」などと，指定商品の性質等を説明したものであると認識
することはできない。

(4) 取引の実情

　たばこのパッケージは，目立つ位置に目立つ態様でメインブランドを示す文
字や図形が表示されている。このメインブランドには，味やタール含有量等の
違いによって複数の種類のたばこが用意されており，このような種類を示す文
字（以下「第2表示」という。）がメインブランドの直近や離れた位置にメイン
ブランドよりも目立たない態様で表示されている。

　第2表示には，「MENTHOL」や「LIGHTS」といった味やタールを連想させ
る文字以外に，「CABIN RED」「CASTER WHITE」等の味やタール量と関連し
ない文字があり，これらの文字はたばこの性質等を説明したものではない。す
なわち，第2表示が取引者・需要者から商標として認識されるものと認識され
る。

(5) 引用商標の使用状況

　引用商標権者は「SIGNATURE」を「Signature MILD」等といった態様で記
述的に使用し，「商標」として使用しておらず，事実上この商標権は「空権化」
しているからこの商標に過大な保護を与えるべきでない，と原告が主張した。
しかし裁判所は，引用商標の商標権者は，「Signature」の文字の直下に「MILD」
等の文字を表示し，「Signature」の文字を「MILD」等の文字よりも大きく，異
なる書体や色で表示している。したがって，引用商標の商標権者は「Signa-
ture」の文字を商標として表示し，取引者や需要者もそのように認識する，と
した。

(6) 結論

　以上の(1)～(5)を考慮すると，「本願商標に接した者は，通常，「SIGNATURE」
の文字を本願図柄部分とは独立して認識するものということができるから，同
文字を本願図柄部分から分離して観察することが取引上不自然であると思われ
るほど不可分的に結合しているものと認めることはできない」。「したがって，
本願商標と引用商標との類否を検討するに当たっては，「SIGNATURE」の部
分を抽出して，この部分と引用商標との類否を検討し，両者が類似するときは，
両商標は類似するものと解するのが相当である。」

　本件商標の「SIGNATURE」の部分と引用商標は，称呼，観念及び観念のい
ずれにおいても共通するから，本願商標は引用商標に類似する，と判断した。

４．実務上の指針

　原告は「結合商標の一部を分離，抽出して商標の類否を判断することは，「その部分が取引者，需要者に対し商品又は役務の出所識別標識として強く支配的な印象を与えるものと認められる場合」や「それ以外の部分から出所識別標識としての称呼，観念が生じないと認められる場合」などの例外的な場合に限られるべきである」と主張した。

　しかし，裁判所は「原告が挙げる上記の場合以外にも，各構成部分がそれらを分離して観察することが取引上不自然であると思われるほど不可分的に結合しているものと認められない場合には，分離観察が許されると解するのが相当であ」るとした。この考え方は，商標審査基準第４条第１項第11号４．(1)(ｱ)に記載された「結合商標は，商標の各構成部分の結合の強弱の程度を考慮し，各構成部分がそれを分離して観察することが取引上不自然であると思われるほど強く結合しているものと認められない場合には，その一部だけから称呼，観念が生じ得る。」と同様であるといえる。

　したがって，結合商標を商標登録出願する出願人は，分離観察をすることが取引上不自然であると思われるほど不可欠に結合していない場合は，審査等で分離観察される可能性を十分に想定する必要がある。

　本判決では，(1)「SIGNATURE」の欧文字と本願図柄部分の各位置が大きく離れていた点と(2)「SIGNATURE」の欧文字が本願図柄部分の「No.555 STATE EXPRESS」と文字や紋章と関連性がないことが分離観察される原因となった。したがって，分離観察される可能性を検討する際には，結合商標の各構成部分の位置関係や，各構成部分の観念の関連性などに注目するとよいだろう。

　また，本判決では，「SIGNATURE」の欧文字から自他商品識別力が生じていると認定された。「SIGNATURE」の文字は，「No.555 STATE EXPRESS」というブランドの「シグネチャーモデル」，「特徴的な銘柄」，「代表的な銘柄」などを意味したものであり，識別力がないか，極めて弱く，このような「SIGNATURE」の文字が，「取引者，需要者に対し商品又は役務の出所識別標識として強く支配的な印象を与えるもの」となることはなく，本願商標の要部となることはない，と原告は主張した。しかし，原告の主張した意味合いが一般に浸透していなかったため，この主張は認められなかった。仮に「SIGNATURE MODEL」と表記されていれば，違った結論になっていた可能性がある。外国語からなる商標を出願する場合は，当該指定商品において，我が国の需要者・取引者におけるその外国語の意味の一般的な認知度を確認した上で，場合によっては，表記方法の変更が必要になることがあるだろう。

（永井　望）

エンパイア・ステーキハウス事件

判 決 の ポイント	牛の絵と「EMPIRE」と「STEAK HOUSE」の文字からなる結合商標は，視覚上分離して認識され，その要部は目につきやすい中央部に配置された「EMPIRE」にあるため，「EMPIRE」の文字を標準文字で表してなる登録商標と類似することを理由に，商標法4条1項11号に該当すると判断された。
事件の表示	R1.12.26　知財高裁　令和元年（行ケ）10104
参 照 条 文	商4①十一
Key Word	結合商標，不可分的，強く支配的な印象，分離観察，要部

1．事実関係

　原告は，平成29年5月2日，牛の絵と「EMPIRE」と「STEAK HOUSE」の文字の構成からなる商標（以下「本願商標」という。）について，指定役務を第43類「Restaurant services ;carry-out restaurant services ; catering services」（訳文「レストランにおける飲食物の提供，レストランサービスの実施，ケータリング」）とする国際商標登録出願（国際登録第1351134号。以下「本件出願」という。）をしたところ，平成30年5月10日付けの拒絶査定を受けたため，同年7月26日，拒絶査定不服審判（不服2018-650052）を請求した。

　特許庁は，上記請求の審理を行い，平成31年3月12日，「本件審判の請求は成り立たない。」との審決（以下「本件審決」という。）をし，その謄本は，同月

本願商標	引用商標
 EMPIRE STEAK HOUSE	ＥＭＰＩＲＥ　（標準文字）
指定商品	指定商品
第43類「Restaurant services ;carry-out restaurant services ; catering services」（訳文「レストランにおける飲食物の提供，レストランサービスの実施，ケータリング」）	第43類「宿泊施設の提供，宿泊施設の提供の契約の媒介又は取次ぎ，焼肉料理・海鮮料理およびその他の飲食物の提供」

23日，原告に送達されたため，原告は令和元年7月19日，本件審決の取消しを求める本件訴訟を提起した。

　本件審決の要旨は，本願商標は，本願の出願日前の商標登録出願に係る「EMPIRE」の文字を標準文字で表してなる登録商標（商標登録第5848647号。出願日平成27年12月8日，登録日平成28年5月13日，指定役務第43類「宿泊施設の提供，宿泊施設の提供の契約の媒介又は取次ぎ，焼肉料理・海鮮料理およびその他の飲食物の提供」。以下「引用商標」という。）と類似する商標であり，その指定役務も引用商標と同一又は類似するものであるから，本願商標は，商標法4条1項11号に該当し登録することができないというものである。

2．争点
(1)　争点1：本願商標の要部抽出の判断に誤りがあるか。
(2)　争点2：本願商標と引用商標とは類似するか。

3．裁判所の判断
　本判決は，概要，以下のとおり判断して，原告の請求を棄却した。
(1)　争点1：本願商標の要部抽出の判断
　「複数の構成部分を組み合わせた結合商標については，その構成部分全体によって他人の商標と識別されるから，その構成部分の一部を抽出し，この部分だけを他人の商標と比較して商標そのものの類否を判断することは原則として許されないが，取引の実際においては，商標の各構成部分がそれを分離して観察することが取引上不自然であると思われるほど不可分的に結合しているものと認められない商標は，必ずしも常に構成部分全体によって称呼，観念されるとは限らず，その構成部分の一部だけによって称呼，観念されることがあることに鑑みると，商標の構成部分の一部が取引者，需要者に対し商品又は役務の出所識別標識として強く支配的な印象を与えるものと認められる場合や，それ以外の部分から出所識別標識としての称呼，観念が生じないと認められる場合などには，商標の構成部分の一部を要部として取り出し，これと他人の商標とを比較して商標そのものの類否を判断することも，許されると解するのが相当である（最高裁昭和37年（オ）第953号同38年12月5日第一小法廷判決・民集17巻12号1621頁，最高裁平成3年（行ツ）第103号同5年9月10日第二小法廷判決・民集47巻7号5009頁，最高裁平成19年（行ヒ）第223号同20年9月8日第二小法廷判決・裁判集民事228号561頁参照）」とし，「本願商標は，牛の図形部分，「EMPIRE」の文字部分及び「STEAK HOUSE」の文字部分の各構成部分が相互に一定の間隔を空けて，重なり合うことなく配置され，上記各文字部分の間に赤色の二重線が配されていることから，各構成部分は，それぞれが独立した

ものであるとの印象を与え，視覚上分離して認識されるものと認められる。」と
した。

　そして「EMPIRE」の文字部分は，本願商標の外観上，牛の図形部分及び
「STEAK HOUSE」の文字部分よりも，強く印象づける特徴を備えているとす
る一方，「STEAK HOUSE」の語は「ステーキ専門店」を表示する語として一般
に用いられ，上記語が「ステーキ専門店」の店名の一部に含まれる場合には，
上記語を除いて，当該店名が略称される場合があることも普通であると認めら
れるから，「STEAK HOUSE」の文字部分は，自他役務を識別する標識として
の機能が微弱であるとした。また，牛の図形部分も，自他役務を識別する標識
としての機能が微弱であるとした。

　したがって，本願商標は，「EMPIRE」の文字部分が，取引者及び需要者に対
して上記役務の出所識別標識として強く支配的な印象を与えるものと認められ
るから，本願商標から「EMPIRE」の文字部分を要部として抽出し，これと引用
商標とを比較して商標そのものの類否を判断することは許されるというべきで
あるとして「これと同旨の本件審決の判断に誤りはない」とした。

(2)　**争点2：本願商標と引用商標の類否判断**

　本願商標の要部である「EMPIRE」と引用商標とは，外観が紛らわしいもの
といえ，称呼及び観念は同一である。両商標は全体として類似しているものと
認められる。そして，本願の指定役務（「Restaurant services; carry-out res-
taurant services; catering services.」）は，引用商標の指定役務中，「焼肉料理・
海鮮料理およびその他の飲食物の提供」と同一又は類似のものである。

　したがって，本願商標は，商標法4条1項11号に該当するものと認められる
から「これと同旨の本件審決の判断に誤りはない」とした。

4．実務上の指針

(1)　結合商標の類否判断

　本件は本願商標を図形と文字からなる結合商標としたうえで分離観察し，さ
らに商標の一部を要部抽出して類否判断がなされた事例である。

　結合商標とは，独立して商標を構成し得る文字・図形・記号・立体形状又は
色彩のうち，2個以上の標章の結合により構成されている商標をいうが，結合
商標は要部が複数存在する場合もあり得るため，商標の類否判断において特徴
を有する。すなわち，まず分離観察の可否が検討され，結合の強弱の程度によっ
て称呼，観念の認定や要部の抽出，要部を用いた類否判断がなされる。

　本件のように図形や2つの文字部分がそれぞれ重なりあうことなく一定の間
隔を開けて配置されていると，まず分離観察される。また2つの文字部分の間
にある赤色の二重線は，2つの文字部分を分離するだけでなく，片方の文字部

分を強調するための二重下線のような効果を生むので要部と認定されやすくなる。原告は，自らは有名かつ高級店であり，インターネットなどでも一体化した称呼となっているという取引の実情から，赤色の二重線で２段に仕切られた文字部分を一体化して需要者は認識していると主張したが認められていない。

結合商標の検討においては，商標を一見した際の外観，称呼，観念が単純に分離した印象を与えている場合は分離観察を前提に要部検討を行うことはいうまでもないが，各構成要素が重なった態様であっても分離観察を前提に要部をかんがみた構成とするか，又は，分離観察や要部観察などが許されないように全体として一体性があり，かつ，全体から一定の外観，称呼又は観念が生じるような一体性を重視した構成とする，といった工夫が必要である。

(2)　商標法４条１項11号違反の拒絶理由通知への対応策

商標法４条１項11号は最もよく通知される拒絶理由の一つである。その要件は，①先願の登録商標が現在の時点で存在すること，②先願の登録商標が他人のものであること，③商標が同一・類似であり，かつ，指定商品又は指定役務（以下「指定商品等」という。）が同一・類似であること，であるので，対応策としては①②③のいずれかの要件又は複数の要件を覆す手段を考える。

まず①の要件を登録原簿で確認する。また，引用商標の使用態様の十分な観察を行う。個人の権利や代理人を利用していない場合，更新手続がされていない場合などもある（このような場合でも１年は，追納による回復の制度があるので審査待ちを主張する）し，商標として利用していない場合もある。また権利が存続していたとしても，破産手続終結決定が確定している場合などで，商品の出所についての混同を生ずるおそれはないときは登録が認められる場合もあるため（H22.7.21知財高裁平成21年（行ケ）10396），破産手続情報なども確認する。

その他の一般的な対応策としては，a．指定商品等の削除（要件③対応），b．不使用による登録取消審判の請求（要件①，要件③対応），c．不正使用取消審判・無効審判の請求（要件①対応），d．商標権の譲渡などの交渉（要件②対応），e．商標の非類似の主張（要件③対応），f．識別力の主張（要件③対応）などが挙げられる。

いずれの方策も取れない場合で事業を継続させたい場合は，商標を変更するか，又は，引用商標権者の使用許諾ないしは同意を得る必要が生じてくる。

【参考文献】
1．「パテント」日本弁理士会，Vol.66 No.7(2013)p47-p99
2．「パテント」日本弁理士会，Vol.70 No.10(2017)p46-p59

（國井　久美子）

AROMA　ZONE事件

判 決 の ポイント	不使用取消審判における使用に関し，外国法人の商標権者が，国外で販売した商品の譲受人により日本で販売されることを認識しつつ商品を譲渡し，譲受人が日本の消費者に対して商品を譲渡した事実を推認できるので，本件商標は商標権者により日本国内で使用されたと評価された。

事件の表示	R2.1.28　知財高裁　令和元年（行ケ）10078
参 照 条 文	商50①
Key Word	不使用取消，事実の推認，契約上の認識

1．事実関係

　原告は，第3,5,11,21,29,41,42,44類の指定商品等に関し，以下の本件登録商標（国際登録第1217328号）の商標権者である。被告は，本件登録商標の指定商品中，「Utensils and containers for household or kitchen use; brushes（except paintbrushes）; bottles; glasses（receptacles）」について，継続して3年以上日本国内において，商標権者等が，本件商標を使用した事実が存在しないとして，商標法50条1項に基づき本件登録商標の取消しを求めて審判を請求した。

AROMA ZONE
EXPORT NATUREL EN SOINS & BEAUTE

　特許庁は，原告が，不使用取消審判において答弁せず，商標の使用の証明等をしないので，上記指定商品について商標登録を取り消す旨の審決をした（取消2018-670040）。原告は，この審決の取消しを求めて，本件訴訟を提起した。

2．争点

　不使用取消審判の要件のうち，使用権者及び販売代理店ではない「国外で商標権者から商品を販売された譲受人」による日本の消費者向けの商標の使用が，「商標権者」の商標の使用に当たるか否かが争われた。

3．裁判所の判断

　上記争点に関し，裁判所は以下のとおり判断した。
⑴　証拠によれば，以下の事実を認定できる。
　　訴外Bは，フランスに在住する日本人Aが運営するオンラインショップであり，日本語で運営され，日本向けに商品販売を行っている。原告は，訴外Aに対し，本件商標を付したさまざまな製品を販売してきた。この販売にあ

たり，原告は，訴外Aが訴外Bを運営していること及び訴外Bが上記製品を日本で消費者向けに販売していることを認識していた。本件要証期間中に，原告はプラスチック製の瓶及びガラス製の容器を訴外Aに販売した。要証期間中の訴外Bのウェブページには，原告製品が販売商品として掲載され，日本円で価格が表示されている。原告が販売する製品の本体又は包装には，本件商標が直接表示されるか，本件商標を表示したタグ又はラベルが付されるかしている。

(2)　上記(1)の各事実を総合すると，原告は，訴外Bに対し，日本において消費者に販売されることを認識しつつ本件商標を付して使用立証対象商品を譲渡し，訴外Bは，本件要証期間中に，本件商標を付した状態で日本の消費者に対して本件使用対象商品を譲渡した事実を推認することができるし，少なくとも，訴外Bが譲渡のための展示をしたことは明らかである。かかる事実によれば，本件商標は本件要証期間内に，商標権者である原告によって，日本国内で，使用立証対象商品に，使用されたものと評価することができる。

(3)　被告は，商標権者が商標の使用をしたというためには，商標権者が，登録商標を付した商品の譲受人が日本国内でこれを販売することを単に事実として認識していただけでは足りず，少なくとも商標権者が，第三者と締結する販売代理店契約等に基づき第三者が商標権者を代理して日本国内で販売することを契約上認識していることが必要である旨主張する。しかし，商標権者が，日本国内で販売されることを認識しつつ商標を付した商品を譲渡し，実際に，その商標が付されたまま当該商品が日本国内で販売されたのであれば，日本国内における上記商標の使用（商標を付した商品の譲渡）は，商標権者の意思に基づく「使用」といえるから，それ以上に，被告のいう「契約上」の「認識」なるものを要求する根拠はないというべきである。

4．実務上の指針

(1)　本判決は，商標権者・専用使用権者・通常使用権者以外の「国外で商標権者から商品を販売された譲受人」により，日本国内の消費者向けに日本語で運営されたウェブサイトにおいて本件商標の使用の事実があったところ，当該「譲受人」により本件商標を付した商品を日本の消費者に譲渡した事実が推認され，さらに「商標権者」によって日本国内で本件商標を使用したものと評価された点が注目される。

(2)　不使用取消審判を規定する商標法50条1項には，日本国内において，「商標権者，専用使用権者又は通常使用権者のいずれもが」使用をしていないときと規定されている。よって，文言通りに捉えて，商標権者が「商標権者以外の者」の使用証拠により立証しようとすれば，「使用権者」に該当するか否か

が争点の一つとなり得る。具体的には，商標権者と使用権者における「使用許諾契約」の有無や「黙示の使用許諾」があるか否かが争われたケースがある。平成22年2月25日の知財高裁判決（平成21年（行ケ）10290）では，通常使用権者による商標の使用か否かが争点となったが，通常使用権が未登録でも，また，黙示の使用許諾によっても，通常使用権者の使用であると判断されている。

　また，「販売代理店契約」等に基づく「契約上の認識」が必要であるとの被告の主張に関しては，LANCASTER事件（H25.1.10知財高裁平成24年（行ケ）10250）において，使用権者ではない独占的販売店の使用について，外国法人である商標権者が，日本の独占的販売店を通じて，日本における商標の使用をしているものと解して，商標の使用が認められている。

　他方，本判決では，本件商標を日本の消費者向けに使用した訴外Bは，商標権者及び使用権者でなく，さらに販売代理店でもない。訴外Bは，商標権者である原告が，外国において本件商標を付した商品を譲渡したフランス在住の日本人が運営する日本向けのオンラインショップである。原告は，それらの事実から，外国に存する商標権者である流通者又は販売者が，登録商標を付した商品を「日本国内に向けて流通させ又は販売すること」も，日本国内において商標権者が登録商標を使用することに当たると主張し，裁判所に商標権者による商標の使用と評価された点が注目に値する。

　不使用取消審判を請求された場合，日本で使用許諾契約及び独占的販売店契約等がなくても，国外で商標権者から商品を譲渡された譲受人により，実際に日本向けに商品が流通していれば，「商標権者の意思に基づく日本での商標の使用」として理論構成できるか否か検討することが有用である。

(3)　オンラインショップの商標の使用には，日本の商標権の効力範囲か否かについて留意すべき点があり，本判決の事実認定が参考になる。

　インターネット上の商標の使用は，一定の地域を技術的に除外するアクセス制限をしない限り，国境に関係なく需要者・取引者がアクセス可能である。他方，商標制度は国や地域ごとにある。属地主義の原則により，日本の商標権の効力範囲は，日本国内に限られており，外国での商標の使用は範囲外である。そのため，日本の商標権の効力範囲として，インターネット上の商標の使用では，「日本での2条3項各号の使用」に該当するか，つまり「日本の需要者・取引者」を対象にしているかどうかが重要になる。

　本判決では，オンラインショップが「日本語」で運営され「日本円で価格が表示」されていたことにより，インターネット上の商標の使用が「日本の消費者向け」に少なくとも譲渡のための展示をしたことは明らかであると判断されたと考えられる。また上記2点の事実によって，訴外Aはフランス在

住で国外にあったが,「日本での使用」が争点にならなかったと思われる。

　他方,国外で行われた譲渡が,日本における譲渡と認められなかった例では,WHITE FLOWER事件(H18.5.25知財高裁平成17年(行ケ)10817)がある。審決では,外国法人の商標権者が,個人輸入で応じた商標の使用が商標法2条3項2号に該当すると判断されたが,審決取消訴訟では,商標法2条3項2号にいう「譲渡」が日本国内で行われたというためには,譲渡行為が日本国内で行われる必要があり,日本国外に所在する者が日本国内に所在する者との間で譲渡契約を締結し,当該商品を日本国外から日本国内に発送したとしても,それは日本国内に所在する者による「輸入」に該当しても,日本国外に所在する者による日本国内における譲渡に該当しないと判断された。

　判決文を読む限り,外国法人の商標権者による国外での商品の譲渡という点が共通し,国外の譲受人の介在の有無に違いはあるが,重要な点は,本判決における「日本語による運営」及び「日本円」の表示という「日本の消費者向け」と判断されるような事実が見当たらない点であると考えられる。

(4)　登録商標の使用に関する挙証責任は,審判の被請求人である商標権者にある。よって,商標権者が使用証拠を提出し主張立証することが必要である。

　本判決では,裁判所が,訴外Bが本件使用対象商品を譲渡した事実を「推認することができる」と判断した点が着目される。外国法人の商標権者が国外で販売した商品が,譲受人により日本の消費者向けに販売される場合,実際に商品を日本で譲渡したことを立証するための証拠の収集は,使用権者や販売代理店が存在する場合に比べて容易でないこともあろう。本判決のように,商品を譲渡した事実が「推認」されれば,商標権者にとって挙証責任の軽減になる。

(5)　最後に「商標の機能及び取引の実情に照らせば」という原告の主張について考えると,国外で商標権者から仕入れた商品の譲受人によって,商標の「出所表示機能」及び「品質保証機能」を害することなく,インターネット上で日本の消費者向けに宣伝広告され,日本において商品が流通することは,現代の取引実情として特殊な形態ではないであろう。

　不使用取消審判における「日本国内における商標権者,専用使用権者又は通常使用権者のいずれかの使用」の有無について,商標法の規定の文言通りに事案を当てはめるだけでなく,当該指定商品における「現代の取引実情」を充分に考慮した理論構成により主張立証できるか否かを,相手方の反論も踏まえて検討することが,審判請求人・被請求人のいずれにとっても重要である。

(小林　恵美子)

MUSUBI事件

判 決 の ポ イ ン ト	被告は，業として，ギフトカタログを利用して，一般の消費者に対し， 贈答商品の譲渡を行っているものと認められるから，小売の業務におい て行われる顧客に対する便益を行っているものと認められるとされた。
事件の表示	R1.7.11　知財高裁　平成30年（行ケ）10179
参 照 条 文	商50①　商2③三　商2③四
Key Word	小売等役務，ギフトカタログ

1．事実関係

(1)　手続の経緯

　被告は，第16類「印刷物」及び第35類「家具・金庫及び宝石箱の小売又は卸売の業務において行われる顧客に対する便益の提供，台所用品・清掃用具及び洗濯用具の小売又は卸売の業務において行われる顧客に対する便益の提供」等を指定商品・役務とする「MUSUBI」の欧文字を標準文字で表してなる商標（登録第5275079号。以下「本件商標登録」という。）の商標権者である。

　原告は，本件商標登録につき，第35類に属する指定役務に対し，不使用取消審判（以下「本件審判」という。）を請求した（取消2018-300092）。これに対し，特許庁は，「本件審判の請求は，成り立たない。」との審決をした。

　そこで，原告は，本件審決の取消しを求める本件訴訟を提起した。

(2)　審決の概要

　被告は，本件要証期間内に日本国内において，本件審判の請求に係る指定役務中「家具・金庫及び宝石箱の小売又は卸売の業務において行われる顧客に対する便益の提供，台所用品・清掃用具及び洗濯用具の小売又は卸売の業務において行われる顧客に対する便益の提供」について，その役務の提供に当たり，役務の提供に当たりその提供を受ける者の利用に供する物である本件使用カタログに本件商標と社会通念上同一と認められる本件使用商標を付したものと認められ，また，これを用いて役務を提供したものと認めることができる。この行為は，商標法2条3項3号「役務の提供に当たりその提供を受ける者の利用に供する物に標章を付する行為」及び同項4号「役務の提供に当たりその提供を受ける者の利用に供する物に標章を付したものを用いて役務を提供する行為」に該当する。

　したがって，本件商標登録は，本件審判の請求に係る指定役務について，商標法50条により取り消すことはできない。

2．争点

　被告が，第35類に属する指定役務（小売等役務）について商標を使用しているか否かが争われた。

3．裁判所の判断

　裁判所は，被告は，本件要証期間内に，日本国内において，本件審判の請求に係る指定役務について本件商標の使用をしていることを証明したと認められるとして，原告の請求を棄却した。具体的な判断は以下のとおりである。

(1)　被告の事業について

　被告のカタログオーダーギフト事業においては，「受取手」に被告が発行したギフトカタログが送られ，「受取手」は被告に同ギフトカタログに掲載された各種の商品の中から選んで商品を注文し，被告から商品を受け取り，その商品の代金は，「贈り主」から被告に支払われるのであるから，被告は，「贈り主」との間では，「贈り主」の費用負担で，「受取手」が注文した商品を「受取手」に譲渡することを約し，「受取手」に対しては，「受取手」から注文を受けた商品を引き渡していると認められる。したがって，被告は，ギフトカタログに掲載された商品について，業として，ギフトカタログを利用して，一般の消費者に対し，贈答商品の譲渡を行っているものと認められるから，被告は，小売業者であると認められ，小売の業務において行われる顧客に対する便益の提供を行っているものと認められる。そして，上記便益の提供には，本件使用カタログが用いられているから，本件使用カタログは，「役務の提供に当たりその提供を受ける者の利用に供する物」と認められる。

　被告の事業は，被告が「受取手」に対し，「受取手」が注文した商品を譲渡しているということができるのであって，この注文が「贈り主」の費用負担のもとにギフトカタログを利用して行われ，また，ギフトカタログが二次流通することがあるとしても，上記のとおり小売の業務における便益の提供が行われているということができるものである。

(2)　「贈答の媒介又は代行」との原告の主張について

　原告は，被告の事業は，「贈り主」から「受取手」への贈答の媒介又は代行であり，これによって「ギフトを通じて人と人とを結びつけ」るという役務を提供している，「受取手」に対する商品の配送業務は，ギフトカタログの販売に付随するものであって，独立した商取引の対象となってないなどと主張する。

　しかし，被告，「贈り主」及び「受取手」の間で行われる一連の取引の流れからすると，被告は，「受取手」に対し，「受取手」が被告に注文した商品を「贈り主」の費用負担のもとに譲渡しているということができるのであって，これは，贈答の媒介又は代行をしているということはできず，また，独立した商取

引であると認められ，「受取手」に対する商品の配送も単なる付随的なものということはできないから，原告の上記主張を採用することはできない。

⑶　「受取手」も需要者であるかについて

　原告は，被告も，被告の事業において需要者が「贈り主」であることを認めていると主張する。

　しかし，被告は，被告の事業の需要者は「贈り主」だけでなく「受取手」も需要者であると主張している（被告が「贈り主」が需要者であると主張したからといって，「受取手」も需要者であると主張することが妨げられる理由はない。）。そして，被告の事業を全体的にみると，被告は，需要者である「受取手」に対し，「受取手」が被告に注文した商品を「贈り主」の費用負担のもとに譲渡したものと認められる。

4．実務上の指針

　本判決では，小売等役務について商標を使用しているか否かが争点となった。平成19年に小売等役務商標制度が導入されて以降，小売等役務に関連する裁判例もいくつか出てきているが，本件は小売等役務の本質を再確認するものとして実務上の意義がある。

　小売等役務は，店舗設計や品揃え，商品展示，接客サービス，カタログを通じた商品の選択の工夫等といった，顧客に対するサービス活動であり，小売等役務商標制度導入前は，かかる活動は商品を販売するための付随的な役務であることなどから，商標法上の「役務」には該当しないとされていた。

　このような小売業等に係る商標の保護における不都合を解消するために小売等役務商標制度が導入された経緯にかんがみれば，本件における「受取手」は被告のギフトカタログに掲載された各種の商品の中から選んで商品を注文し，商品を受け取ることができるという便益は，まさに小売等役務であると評価することができるだろう。この点，本件においては，「ギフト」という要素が絡み，「受取手」とは別に，対価の支払者となる「贈り主」も登場する。しかし，「商取引は，対価と引換えに取引されるのが一般的であるとしても，営利を目的として行われる様々な契約形態による場合が含まれ」ることは，本件審判の審決においても指摘されているとおりである。商取引の外形にとらわれ，その本質を見失わないよう注意が必要である。特に，商標登録出願時に指定すべき商品・役務を誤れば，まったく意味のない権利となるのであり，実務家としては細心の注意を払う必要がある。

　なお，商標審査基準第5（第6条）6.（2）には，「小売等役務には，小売業の消費者に対する商品の販売行為・・・は含まれない」と記載されているが，当該販売行為に際して各種の便益が提供されるのであれば，もちろん小売等役務

商標として保護を求めることを検討するべきであろう。

　ところで，本件において，被告は，第16類「印刷物」についても本件商標登録を有している。そして，原告も，被告の事業は「印刷物」の販売であると主張した。原告は，被告が販売する「ギフトカタログ」が，フリマアプリにおいて二次流通していることも，当該「ギフトカタログ」が商標法上の「商品」に当たることを示すものであると主張していた。しかし，裁判所は，小売等役務についての使用が認められる以上，かかる主張の当否について判断する必要はないと考えたのであろう。この点について何ら言及していない。この点，審決においては，「本件商標権者が本件商標権者に係るギフトカタログを販売する行為は，商品「印刷物」の販売ではなく，小売業者が顧客に対して行う便益の提供に該当する」と明確な判断が下されている。被告が第16類「印刷物」についても商標登録を受けた意図は不明であるが，防衛的な意図で「印刷物」についても権利化をしたのかもしれない。商標登録出願時において指定商品・指定役務をどの範囲とするかを決定することは非常に重要であるが，時として困難を伴う場合がある。予算に余裕があれば，複数区分にまたがる商品・役務を広めに指定しておくことで将来の紛争に備えるということもできようが，経営資源に限りのある中小企業，小規模事業者の場合には，あまり余計な費用はかけられない。実務家としては，なぜその指定商品・指定役務を含めることとしたのか，その理由についてしっかりと説明責任を果たせなければならない。

　なお，原告は，被告が販売するギフトカタログは，「前払式支払手段」であるとも主張していた。しかしながら，裁判所は，被告の事業が前払式支払手段の発行に当たるとしても，小売の業務における便益の提供が行われているということができるとして，原告の主張を退けている。商標の使用行為は，必ずいずれか一つの商品・役務についての使用と評価しなければならないわけではない。例えば，ある役務についての使用に該当すると同時に，当該使用行為が他の異なる商品・役務についての使用にも該当することはあるであろう。繰り返しになるが，かかる観点からも，商標登録出願時に指定すべき商品・役務には過不足が生じないよう，実務家は慎重に慎重を重ねる必要がある。

【参考文献】
１．特許庁「平成18年度小売等役務商標制度説明会テキスト」(2006)p 1 -p14
２．「パテント」日本弁理士会，Vol.73 No.2(2020)p98-p109

（石塚　勝久）

第2編　民事訴訟編

第1部

侵害訴訟

第1章

特許・実用新案

住宅地図事件

判 決 の ポイント	損害賠償請求事件において，被告地図は「適宜に分割して区画化」を充足しないため文言侵害を構成せず，また，被告地図は均等の第1要件を充足しないため均等侵害を構成しないと判断した。
事件の表示	R1.9.17　東京地裁　平成30年（ワ）24717
参 照 条 文	特70①　特70②　民709
Key Word	文言侵害，均等侵害

1．事実関係
(1)　事案の概要

　本件は，発明の名称を「住宅地図」とする特許権（特許第3799107号，出願日平成8年10月15日，登録日平成18年4月28日，以下「本件特許権」といい，その特許を「本件特許」という。）について特許権者から専用実施権の設定を受けた原告が，被告が制作し，インターネット上でユーザに利用させている電子地図は前記特許権の請求項1の発明の技術的範囲に属すると主張して，被告に対し，民法709条に基づき，損害賠償を請求した事案である。

　原告は，本件特許権について特許権者から平成22年9月7日に専用実施権の設定を受けた。本件特許権は平成28年4月28日に特許料不納により消滅した。

(2)　特許請求の範囲の記載

　本件特許権の特許請求の範囲の請求項1の記載は以下のとおりである。なお，下線は筆者が追加した。

A　住宅地図において，

B　検索の目安となる公共施設や著名ビル等を除く一般住宅及び建物については居住人氏名や建物名称の記載を省略し住宅及び建物のポリゴンと番地のみを記載すると共に，

C　縮尺を圧縮して広い鳥瞰性を備えた地図を構成し，

D　<u>該地図を記載した各ページを適宜に分割して区画化し，</u>

E　付属として索引欄を設け，

F　該索引欄に前記地図に記載の全ての住宅建物の所在する番地を前記地図上における前記住宅建物の記載ページ及び記載区画の記号番号と一覧的に対応させて掲載した，

G　ことを特徴とする住宅地図。

(3)　被告サービスの内容

　被告は，ユーザの携帯端末のブラウザが，被告指定のウェブサイトから住宅

地図情報を受信し，これを同端末のディスプレイに表示することができるようにしたプログラム（以下「被告地図プログラム」という。）を制作し，被告地図プログラムをインターネット上において有料で提供している。

　被告地図プログラムによってユーザ端末のディスプレイに表示された地図（以下「被告地図」という。）には，ユーザ端末のディスプレイの右下に表示されるスケールバーの表示が示されるところ，原告は，縮尺レベル「50m」「60m」「70m」の被告地図が本件発明の技術的範囲に属すると主張した。

２．争点

　裁判所が判断した争点は以下のとおりである。他の争点については割愛する。

　争点１-４：構成要件Ｄ「該地図を記載した各ページを適宜に分割して区画化し」の充足性（主位的主張）について争われた。

　争点２：縮尺レベル「50m」「60m」「70m」の被告地図についての均等侵害の成否（予備的主張）について争われた。

３．裁判所の判断

⑴　争点１-４について

① 　裁判所は，「構成要件Ｄの「適宜に分割して区画化」とは，ページの特定の部分に記号番号を付し番地とこれに対応するページの特定の部分を一覧的に示したりすることができるよう，検索すべき領域の地図のページを分割し，認識できるようにすること」であると認定した。

② 　裁判所は，「構成要件Ｄの「適宜に分割して区画化」とは，ページを見た利用者が，線その他の方法及び記号番号により，検索対象の建物等が所在する区画が，ページ内に複数ある区画の中でどの区画であるかを認識することができる形でページを分割することをいうと解される。」と認定した。

③ 　裁判所は，本件明細書には，「当該番地を含む区画を自動で検索・表示する構成は何ら開示されておらず」「本件発明においては，氏名の記載がないことによって視野の邪魔がなくなり，目的とする番地の建物を目視によって探し出すことが容易になった」こと等から，「本件発明に係る地図は，・・・番地の検索行為は使用者が目視で行うことが前提とされ・・・したがって，本件発明の「区画化」は，利用者が認識できる形で仕切ることを意味する。」と認定し，さらに，「本件発明が電子住宅地図を含むか否か，電子住宅地図において索引欄の任意の番地を選択すれば当該番地を含む区画を中心とする地図が当該番地を中心として自動的に表示されるとの技術常識が存在したか否かは，「区画化」に係る前記解釈に影響を与えるものとはいえない。」と認定した。

④　裁判所は，「上記各被告地図においては，画面を仕切る線等は存在せず，また画面上の特定の区画を示す記号番号も付されていないのであり，利用者は，線その他の方法及び記号番号により，ページにある複数の区画の中で，検索対象の建物が所在する地番に対応する区画を認識することができるとはいえない。したがって，被告地図においては，・・・検索対象の建物が所在する地番に対応する区画を認識することができるとはいえない。そうすると，前記に照らし，被告地図において，「各ページ」が，「適宜に分割して区画化」されているとはいえない。これらによれば，縮尺レベル「50ｍ」「60ｍ」「70ｍ」の被告地図について，構成要件Dの「適宜に分割して区画化」がされているとは認められない。」と認定した。

⑤　裁判所は以上のように構成要件Dの充足性を否定したうえで，被告地図についての文言侵害は認められない，と判断した。

⑵　争点2について

　　裁判所は，「本件発明の技術的意義は，・・・番地のみを記載し，地図のページを適宜に分割して区画化したうえで・・・番地を，当該番地の記載ページ及び記載区画を特定する記号番号と一覧的に対応させた索引欄を付すことによって，簡潔で見やすく迅速な検索を可能にする住宅地図を提供すること（構成要件DないしF）を可能にする点にあるものと認められる。」として，構成要件Dが本質的部分であることを示し，「被告地図においては，地図を記載した各ページを線その他の方法及び記号番号によりユーザの目に見える形で複数の区画に仕切られていないため，ユーザが所在番地の記載ページ及び区画の記号番号の情報から検索対象の建物等の該当区画を探し，区画内から建物を探し出すことができないから，迅速な検索が可能であるということはできない。したがって，縮尺レベル「50ｍ」「60ｍ」「70ｍ」の被告地図は，本件発明の本質的部分を備えているものとは認めることができず，同被告地図の相違部分は，本件発明の本質的部分でないということはできないから，均等の第1要件を充足しない。」と認定し，「被告地図は，本件発明の特許請求の範囲に記載された構成と均等なものとは認められないから，本件発明の技術的範囲に属すると認めることはできない」と判断した。

4．実務上の指針

⑴　本件については，特許権侵害に基づく差止請求（特100）が求められておらず，損害賠償（民709）のみが求められた訴訟事件である。原告は本件特許権の専用実施権者であるが，本件特許権は，平成28年4月28日に特許料不納により消滅している。訴状送達日が平成30年6月15日であるので，訴訟提起時には特許権は消滅していたものと思われる。訴訟においては原告，被告のど

ちらの立場であっても特許権の存続を確認すべきである。

(2) 被告は平成30年5月22日（本件訴訟の訴状送達日より前）に本件特許に対して特許無効審判を請求している。無効審決確定の場合，特許権は遡及消滅するため（特125），損害賠償請求は不成立となる。将来的な訴訟提起が予想される場合は，無効審判請求を検討すべきである。

(3) 被告は判定を請求し（特71），平成29年12月28日（本件訴状送達日より前）に「本件特許発明の構成要件D乃至構成要件Fを充足しないから，・・・）本件特許発明の技術的範囲に属さない」との判定（判定2017-600039）を得ている。訴訟提起が予想される場合には，判定請求を検討すべきである。判定請求人が，判定請求人本社所在地の福岡法務局所属小倉公証人合同役場の公証人に委嘱し，ウェブサイト上の判定請求人地図を動作ごとに画面印刷して作成した事実実験公正証書を証拠方法としていることは参考になる。

(4) 裁判所は，本件明細書の発明態様，目的効果の記載から構成要件Dの意義を明らかにしたうえで，被告地図が，構成要件Dを従属していないとの判断を導き出した。構成要件Dの解釈において，裁判所の理論構成に何ら疑問はなく，明細書等の記載を参照して基本に忠実に特許請求の範囲の解釈を行ったものと評価できる（特70①，特70②）。

(5) 均等第1要件は，特許請求の範囲に記載された構成中の対象製品等と異なる部分（相違部分）が特許発明の本質的部分ではないことであり（ボールスプライン事件（H10.2.24最高裁第三小法廷平成6年（オ）1083）），「特許発明の本質的部分とは，特許請求の範囲に記載された特許発明の構成のうちで，当該特許発明特有の課題解決手段を基礎付ける特徴的な部分，言い換えれば，右部分が他の構成に置き換えられるならば，全体として当該特許発明の技術的思想とは別個のものと評価されるような部分をいう」（例えば徐放性ジクロフェナクナトリウム製剤事件（H11.1.28東京地裁平成8年（ワ）14828））を基準として判断される。裁判所は，構成要件Dが本質的部分であることを示したうえで「被告地図は，本件発明の本質的部分を備えているものとは認めることができず，同被告地図の相違部分は，本件発明の本質的部分でないということはできないから，均等の第1要件を充足しない。」と判断した。均等第1要件の上記判断基準は確認しておくべきである。

(6) 被告は，本件訴訟提起前に，無効審判及び判定を請求し，必要な対応を行っている点は参考になる。被告は無効審決を得ることはできなかったが，技術的範囲に属さないとの判定を得ている。被告地図における「区画化」の認定は困難であることは明らかであったのだから，被告地図に対する侵害訴訟は無理があったと考えられる。

（川口　眞輝）

自立型思考パターン生成機事件

判決のポイント	AI関連技術についての特許発明に関し，被疑侵害品のパンフレット等から特定された行為に基づいて構成要件の充足性が主張されたが，行為と構成要件との直接的な関係が否定され非侵害と判断された。
事件の表示	R1.6.26　東京地裁　平成29年（ワ）15518
参照条文	特100①
Key Word	AI関連発明

1．事実関係

(1)　事案の概要

　原告は人工知能技術開発等を行っており，本件特許権1（特許第5737641号），本件特許権2（特許第5737642号）等を含む本件各特許権を有している。被告は，人工知能プラットフォーム（本件製品）を製造，販売している。原告は，本件製品をインストールした装置（本件装置）が本件各特許権に係る特許発明の技術的範囲に属しており，本件製品を製造販売等する行為は本件各特許権の直接侵害又は間接侵害に当たると主張して，被告に対して差止め及び損害賠償を求めた。

(2)　本件発明の内容

　本件特許権1の請求項1に係る発明（本件発明1）は，次のとおりである。

1A　画像情報，音声情報および言語を対応するパターンに変換するパターン変換器と，パターンを記録するパターン記録器と，

1B　パターンの設定，変更およびパターンとパターンの結合関係を生成するパターン制御器と，

1C　入力した情報の価値を分析する情報分析器を備え，

1D　有用と判断した情報を自律的に記録していく自律型思考パターン生成機。

　本件特許権2の請求項1に係る発明（本件発明2）は，次のとおりである。

2A　言語情報をパターンに変換するパターン変換器と，パターンおよびパターン間の関係を記録するパターン記録器と，

2B　処理を行うためにパターンを保持するパターン保持器と，パターン保持器を制御する制御器と，パターン間の関係を処理するパターン間処理器を備え，

2C　入力した言語情報の意味，新規性，真偽および論理の妥当性を評価し，自律的に知識を獲得し，知能を向上させる人工知能装置。

２．争点

本件装置が本件各特許権に係る特許発明の技術的範囲に属するかについて争われた。

３．裁判所の判断

裁判所は，本件装置が本件特許権に係る特許発明の技術的範囲に属するとは認められないと判断し，原告の請求を棄却した。

(1) 本件特許権１について

構成要件1Aに関し，原告は，本件製品である人工知能プラットフォーム（AIプラットフォーム）の表情を示す画像がEQ（共感指数）により変化し，ユーザがAIプラットフォームの感情を画像で確認できるので，本件装置は構成要件1Aの「画像情報・・・を対応するパターンに変換するパターン変換器」を有すると主張した。一方，被告は，本件装置がAIプラットフォームの感情に対応した画像を予め保有しており，画像情報を対応するパターンに変換する機能は備えていないと主張した。

これに対し，裁判所は，本件製品のパンフレットや動画を総合すると，本件装置は，様々な感情に対応した表情を示す画像を保有し表示することができると認められるものの，外部から入力された表情等に関する画像をパターンに変換する機能を有しているとは認められないと判断した。また，AIプラットフォームの感情に対応した画像として本件装置が予め保有するデータの形式は，既に利用できるデータ形式であると解するのが自然であり，さらに異なるデータ形式に変換する必要があるとは考え難いので，本件装置が様々な表情の画像を表示し得ることをもって，本件装置が入力された画像情報からパターンに変換する機能を有するとはいえないと判断した。以上により，本件装置は構成要件1Aを充足しないと判断した。

また，構成要件1Dに関し，原告は，本件製品のパンフレットの記載に基づき，「仕事を覚える」，「処理マップを自分で作成する」，「知識を保存・応用する」，「知識を自動的に応用する」などの行為を行うには，「有用と判断した情報を自律的に記録していく」ことが必須であると主張した。

これに対し，裁判所は，情報として得た知識を保存し，関連する情報の接続関係を把握する機能を有していれば，上記の機能を発揮することは可能であるから，必ずしも，有用な情報のみを記録する機能を備えている必要はないと判断した。このため，本件装置が「仕事を覚える」などの上記行為を行うことができるからといって，直ちに，本件装置が入力された情報の有用性を判断し，有用と判断された情報のみを記録する機能を有するとはいえないと判断した。以上により，本件装置は構成要件１Dを充足しないと判断した。

(2) **本件特許権2について**

　構成要件2Cに関し，原告は，本件製品のパンフレット等の記載を根拠とし，「「問題の根本を見極める」，「経験を通して学ぶ」，「知識に対して積極的に論理を当てはめる」などの行為をするためには，「言語情報の新規性，真偽および論理の妥当性を評価」する必要がある」ので，本件装置は構成要件2Cを充足すると主張した。

　これに対し，裁判所は，「「入力した言語情報の意味，新規性，真偽および論理の妥当性を評価し，自律的に知識を獲得し」と規定し，「評価し又は自律的に知識を獲得し，」とはされていないのであるから，その文言の通常の意味に照らすと，入力した言語情報の意味等の妥当性を評価した上で，その評価を踏まえて妥当性が確認された情報を知識として自律的に獲得すると解するのが自然である」と判断した。そして，「本件装置が原告主張に係る機能を有するとしても，これらの機能を有することは，必ずしも，本件装置が入力した言語情報の新規性等の「評価」をした上で，その評価を踏まえて妥当性が確認された情報について自律的に知識として獲得するとの構成を備えることを意味するものではない」と判断した。以上により，本件装置は構成要件2Cを充足しないと判断した。

4．実務上の指針

　現在は，AIの第3次ブームであるといわれており，AI関連発明の知的財産による保護が注目を集めている。なお，第1次ブームや第2次ブームでは，人間が予め用意したルールや知識に基づいて機械が判断をする「ルールベース」の技術が中心であったのに対し，第3次ブームでは，機械自らがデータから知識を得る「機械学習」の技術が中心となる。このため特許請求の範囲の記載についても，昨今のAI関連発明を適切に保護できるよう，従来のルールベースを前提とした場合とは異なる観点で記載方法を検討することが重要と考える。これに対し，本判決は，AI関連発明を適切に保護するために必要となる特許請求の範囲の記載方法の注意点について，重要な示唆を与えている。

　本判決において，原告は，本件製品のパンフレットや動画等に基づき，表情を表す画像が変化する動作や，「仕事を覚える」「問題の根本を見極める」等の各種行為が行われるためには，本件装置が本件各特許権の構成要件を充足している必要があると主張した。一方，被告は，種々の動作や行為と構成要件との直接的な因果関係を否定し，裁判所も被告の主張を支持した。

　ソフトウェア関連発明の場合，被疑侵害品についての構成要件の充足性を立証する為には，被疑侵害品の仕様書，ソースコード等を入手し，構成要件を充足するか否かについて直接的に判断するのが望ましい。しかし，特にAI関連発

明の場合，それが困難である場合が多い。なぜならば，例えばAI関連技術に特徴的なディープラーニング，深層強化学習等は，明確な仕様等の特定が困難であったり，ソースコードだけでは全体の動作を把握できなかったりする場合が多いためである。さらに，例えばAI関連技術に関するアルゴリズムを特許請求の範囲に記載しても，アルゴリズムがクラウドで実行されるような場合には特定が困難である場合が多いといった特段の事情もある。

　上記を踏まえ，AI関連技術におけるデータフローを「インプット」「解析」「アウトプット」に分けて整理し，AI関連技術における有効な特許請求の範囲の記載方法の一例について，以下にて検討する。

　AI関連技術におけるデータフローのうち「解析」を構成要件として定義する場合，従来のルールベースの技術における各ルールを構成要件として記載する方法では，昨今のAI関連技術をカバーできない場合が多い。本判決でも，本件発明1における「画像情報，音声情報および言語を対応するパターンに変換する」（1A）等，及び，本件発明2における「入力した言語情報の意味，新規性，真偽および論理の妥当性を評価し」（2C）等の構成要件の充足性が否定されている。これを避ける為に，「解析」の構成要件についてはできるだけ抽象的に表現し，発明の不要な限定解釈を避けることが重要と思われる。ただし，表現の抽象化は，発明の明確性や実施可能性等の観点で記載不十分となる可能性もあるので，抽象度をどの程度とするかは十分注意が必要である。また，そもそも「解析」の構成要件は，被疑侵害品における充足性の立証が非常に困難である場合が多いため，可能であれば，「解析」の内容はブラックボックス化し，特許請求の範囲に記載しないという方法も，侵害特定の容易性という観点では有効と思われる。

　一方，上記のデータフローのうち「インプット」「アウトプット」については，「解析」と比べて侵害特定が容易であるため，十分な記載を心がけるべきと考える。ここで，構成要件の充足性をより容易に判断できるようにする為に，被疑侵害品の外部からの立証が十分可能なように構成要件を記載することが重要になると思われる。例えば，特定のデータが入力された場合に特定の結果が出力される等の記載をしておけば，HPや製品カタログ等にて紹介された被疑侵害品の機能等の紹介記事からでも，構成要件の充足性を判断できる可能性があると思われる。このように，AI関連技術を保護する為には，「インプット」「アウトプット」を特許請求の範囲に明確かつ十分に記載することが大変有効であると思われる。

（稲山　朋宏）

人脈関係登録システム控訴事件

| 判決のポイント | 均等論の第1要件の判断に際し，従来技術と比較によって，本件発明の貢献の程度は大きくなく，本質的部分は，特許請求の範囲とほぼ同義のものとして認定され，均等侵害は成立しないと判断された。|

| 事件の表示 | R1.9.11　知財高裁　平成30年（ネ）10071 |
| | （原審　H30.8.29　東京地裁　平成29年（ワ）22417） |

| 参照条文 | 特70① |

| Key Word | 均等侵害，本質的部分 |

1．事実関係

⑴　本件は，特許権（特許第3987097号）の特許権者である控訴人（原審原告）が，承継前被告らの提供していたソーシャルネットワーキングサービス（被告サービス）において使用されているサーバ（被告サーバ）について，本件特許の特許請求の範囲の請求項1及び請求項3に係る発明（本件各発明）の技術的範囲に属すると主張して，承継前被告らに対し，不法行為に基づく損害賠償金等の支払を求める事案であり，被控訴人は，会社分割により承継前被告らの権利義務を承継した者である。

　　原判決は，被告サーバは本件各発明の技術的範囲に属しないとして控訴人の請求を棄却したため，これを不服とする控訴人が控訴した。

⑵　本件特許の特許請求の範囲請求項1に係る発明（本件発明1）は，次のとおり，構成要件に分節される。なお，下線は，争点として争われた発明特定事項を明確にするため，筆者が付したものである。

1A　登録者の端末と通信ネットワークを介して接続したサーバであって，

1B　人間関係を結ぶことを希望している旨の第一のメッセージと人間関係を結ぶことに合意する旨の第二のメッセージとを交換した登録者同士の個人情報を記憶している記憶手段と，

1C　第一の登録者が第二の登録者と人間関係を結ぶことを希望している旨の第一のメッセージを第一の登録者の端末（以下，「第一の端末」という）から受信して第二の登録者の端末（以下，「第二の端末」という）に送信すると共に，第二の登録者が第一の登録者と人間関係を結ぶことに合意する旨の第二のメッセージを第二の端末から受信して第一の端末に送信する手段と，

1D　上記第二のメッセージを送信したとき，上記第一の登録者の個人情報と第二の登録者の個人情報とを関連付けて上記記憶手段に記憶する手段と，

1E　上記第二の登録者の個人情報を含む検索キーワードを上記第一の端末から受信する手段と，

1F　上記受信した第二の登録者の個人情報と関連付けて記憶されている第二の登録者と人間関係を結んでいる登録者（以下，「第三の登録者」という）の個人情報を上記記憶手段から検索する手段と，

1G　上記検索された第三の登録者の個人情報を第一の端末に送信する手段と，

1H　上記第一の登録者が上記第三の登録者と人間関係を結ぶことを希望している旨の第一のメッセージを上記第一の端末から受信して上記第三の登録者の端末（以下，「第三の端末」という）に送信すると共に，第三の登録者が第一の登録者と人間関係を結ぶことに合意する旨の第二のメッセージを第三の端末から受信して第一の端末に送信したとき，上記記憶手段に記憶されている上記第一の登録者の個人情報と上記第三の登録者の個人情報とを関連付ける手段と，

1I　を有してなることを特徴とする人脈関係登録サーバ。

２．争点

　被告サーバは，本件各発明と均等なものとして，その技術的範囲に属するか，特に「送信したとき」に関連付けて記憶されないとしても本件各発明と均等なものとなるか否かが争われた。

３．裁判所の判断

　均等の第1要件に関して，「特許発明の実質的価値は，その技術分野における従来技術と比較した貢献の程度に応じて定められることからすれば，特許発明の本質的部分は，特許請求の範囲及び明細書の記載，特に明細書記載の従来技術との比較から認定されるべきであり」，「明細書に従来技術が解決できなかった課題として記載されているところが，優先権主張日の従来技術に照らして客観的に見て不十分な場合には，明細書に記載されていない従来技術も参酌して，当該特許発明の従来技術に見られない特有の技術的思想を構成する特徴的部分が認定されるべきである」という判断枠組みを示した。

　裁判所は，本件優先日当時の従来技術に照らして，本件明細書に従来技術が解決できなかった課題として記載されているところは，客観的に見て不十分なものというべきであるとし，本件優先日前の文献を参酌して，従来技術に見られない特有の技術的思想を構成する特徴的部分を認定した。

　そして，裁判所は，「従来技術に照らせば，本件各発明は，主要な点においては，従来例に示されたものとほぼ同一の技術を開示するにとどまり，従来例が未解決であった技術的困難性を具体的に指摘し，その困難性を克服するための

具体的手段を開示するものではないから，本件各発明の貢献の程度は大きくないというべきであり，上記従来技術に照らし，従来技術に見られない特有の技術的思想を構成する部分については，本件各発明の特許請求の範囲とほぼ同義のものとして認定するのが相当である。」と判断した。

そして，被告サーバは，構成要件1Dの構成を備えていないから，被告サーバは本件各発明の本質的部分の構成を備えるということはできず，均等の第1要件を充足しないと判断され，均等侵害が成立しないとされた。

4．実務上の指針
(1) 請求項の記載について
本事案では，構成要件1Dにおける「上記第二のメッセージを送信したとき，上記第一の登録者の個人情報と第二の登録者の個人情報とを関連付けて上記記憶手段に記憶する」という記載が争いになっている。被告サービスにおいては，被告サーバの記憶手段に第一の登録者に相当するアカウント1号と第二の登録者に相当するアカウント2号が友達として登録されて関連付けることが終了した後に，アカウント1号に対して友達申請が承認されたことを示すメールが送信されるという処理がされる。

文言侵害に関して，原審，控訴審共に，特許請求の範囲の記載から，送信することが関連付けることに先行することを意味すると解釈されて，控訴人の主張が否定された。すなわち，「送信したとき」という文言について，「送信した」という事実を条件として記憶の関連付けを行う態様に限定するものではないという控訴人の主張が否定され，文言侵害は成立しないと判断されている。この判断は，被告が異なる同一特許権に基づく侵害訴訟の裁判例でも同様であった（H30.1.25知財高裁平成29年（ネ）10072）（「実務家のための知的財産権判例70選」2018年度版p214-p217掲載。）。本裁判例や先の裁判例では，請求項において「・・・とき」という文言を使用した場合における権利範囲の解釈について，明細書の記載に基づいた判断がされている。ソフトウェア関連発明等で用いられることが多い「・・・とき」という文言に関して，請求項及び明細書の作成や権利解釈に資するため，これらの裁判例を一度は参照しておきたい。
(2) 均等の第1要件について
本裁判例（控訴審）では，先の裁判例や原審と異なり，均等侵害について，特に均等の第1要件について判断されている。均等の第1要件における「本質的部分」の解釈については，知財高裁大合議判決（「マキサカルシトールの製造方法事件」H28.3.25知財高裁平成27年（ネ）10014）の解釈が採用されており，本裁判例は，知財高裁大合議判決に沿った事例の1つとして列挙できる。

そして，本裁判例では，本件明細書に記載されていない従来技術が参酌され

て本件発明の特徴的部分が認定された。その結果，本件発明は，共通の人間関係を結んでいる登録者の検索を可能とし，新たに人間関係を結び，これを登録することができる発明である点においては，従来例に示されたものとほぼ同一の技術を開示するにとどまるとして，本件発明の本質的部分は，本件発明の特許請求の範囲とほぼ同義のものとされた。結果的に，構成要件1Dを備えていない被告サーバは，本件発明の本質的部分の構成を備えないと判断されている。

　本件発明において，控訴人が主張するとおり，サーバが第一の登録者に対してメッセージを「送信」するタイミングと「関連付け」のタイミングの先後が，本件発明の本質的部分ではないことが認められるためには，「共通の人間関係を結んでいる登録者（友達の友達）の検索を可能とし，新たに人間関係を結ぶことができるようにすることによって，より広範で深い人間関係を結ぶことができるという構成」が従来技術として開示されていない必要があった。しかし，実際には，この点が公知資料に開示されていたため，結果的に，本件発明は，従来技術と比較して特許発明の貢献の程度がそれ程大きくないと評価され，特許請求の範囲の記載の一部が上位概念化されることなく，特許請求の範囲の記載とほぼ同義のもの，すなわち，メッセージを送信することが関連付けることに先行する構成についても本質的部分として認定されたことになる。

　本件発明の本質的部分は，従来技術との比較によって認定されるものであることから，どのような従来技術を参酌するかによって，結論が異なってくる。本裁判例で判示されているように，従来技術は，明細書に記載された課題が客観的に見て不十分な場合には，明細書に記載されていない従来技術も参酌される。したがって，本質的部分を見極めるためには，権利者側と被疑侵害者側のいずれも，本件発明と比較する従来技術を認定するための先行技術調査をあらためて行うことが有効であると思われる。審査や審判段階で引用された引用文献よりも本件発明に近接した文献が発見されると，従来技術に対する本件発明の貢献の程度が小さくなり，当初の想定よりも権利範囲が狭く解釈される可能性が高い。本質的部分を解釈するための先行技術との対比によって，特許発明がパイオニア発明であるのか改良発明であるのかを判断できることから，権利者側は，権利行使をより慎重に行うことができ，被疑侵害者側は，均等侵害のおそれがあるか否かの判断精度を高めることができる。

（三苫　貴織）

情報処理装置事件

判 決 の ポイント	特許請求の範囲に記載された用語（送信先）が明細書を参酌して限定解釈された。
事件の表示	R1.9.18　東京地裁　平成29年（ワ）44181
参 照 条 文	特70②
Key Word	技術的範囲，限定解釈

１．事実関係
⑴　事件の概要
　原告及び被告の両者は，電子メールの管理に用いるソフトウェアの製造，販売等を業とする株式会社である。本件は，被告が被告製品（ソフトウェア）を製造販売等することによって原告特許権（特許第4613238号，特許第5307281号）を侵害し，また，かかる行為が原告特許権の間接侵害に該当するなどと主張して，原告が被告に対して差止請求及び損害賠償請求を行った事案である。

⑵　本件発明１−１の内容
　本件発明１−１を構成要件に分説すると，次のとおりである。なお，下線は後述の被告装置との主な相違点である。

11A・・・該電子メールの送出を制御する情報処理装置であって，

11B：電子メールの送出に係る制御内容を示す送出制御情報を，前記電子メールの送信元と送信先とに対応付けた制御ルールを記憶する記憶手段と，

11C：複数の送信先が設定された電子メールを・・・受信する受信手段と，

11D：前記受信手段で受信した電子メールに設定された複数の送信先を個々の送信先に分割する分割手段と，

11E：前記記憶手段に記憶されている制御ルールと，前記分割手段で分割された送信先と送信元とに従って，当該分割された送信先に対する電子メールの送出に係る制御内容を決定する決定手段と，

11F：前記決定手段で決定された制御内容で・・・送信制御を行う制御手段と，

11G：を備えることを特徴とする情報処理装置。

　本件発明１−１は，端末とメール配送装置との間に配される送信メール保留装置で電子メールを保留するという従来技術に対し，送信メール保留装置ではメッセージ単位でしか保留の可否を判断できないことが原因で，複数の送信先が記載された電子メールに誤送信の可能性がある送信先が１つでも含まれていると，その他の送信先に対するメール送信までもが保留されたり取り消されたりするという課題を解決するために，受信した電子メールに設定された複数の

送信先を個々の送信先に分割し，送出制御情報を電子メールの送信元と送信先とに対応付けた制御ルールと，分割した送信先と送信元とに従って，当該分割された送信先に対する電子メールの送出制御を行うことによりユーザによる電子メールの誤送信を低減可能とするとともに，宛先に応じた電子メールの送出制御を行うことにより効率よく電子メールを送出させるという発明である。

⑶ **被告装置（被告製品をインストールしたサーバ）の内容**

　被告装置の構成は，本件発明１‐１と対比すると，次のとおりである。なお，下線は上述の本件発明１‐１との主な相違点である。

11a：・・・上記電子メールの送信を制御するサーバであって，

11b：電子メールの宛先及び差出人を設定可能なフィルター条件と，上記フィルター条件に該当した場合のアクションとを設定した送受信ルールを記憶する記憶部と，

11c：複数の宛先の電子メールアドレスが設定された電子メールをクライアントから受信する受信部と，

11d：受信部で受信した複数の宛先の電子メールアドレスが設定された電子メールを，宛先のドメイン毎の電子メールに分割する分割部と，

11e：記憶部に記憶されている送受信ルールと，分割部でドメイン毎に分割された電子メールの宛先，及び差出人に従って，上記ドメイン毎に分割された電子メールに対して実行するアクションをドメイン毎に決定する決定部と，

11f：分割部でドメイン毎に分割された電子メールに対して，決定部で決定されたアクションをドメイン毎に実行する制御部と，

11g：を備えるサーバ。

２．争点

　本件では，文言侵害，均等侵害，間接侵害などについて争われ，原告のいずれの主張も認められず，原告の請求が棄却されている。ここでは，文言侵害に関する構成要件11Dの充足性の争点について取り上げる。

３．裁判所の判断

　特許請求の範囲にいう「送信先」が電子メールアドレスを意味するか，ドメインを含むのかは，その文言上一義的に明らかであるということはできない。しかし，送信先の「先」とは「行き着く目的地」を意味し，電子メールは送信者と受信者がエンドツーエンドでメッセージを交換するものであって，ドメインを特定するのみでは電子メールは受信者に届かず，ユーザ名と右側のドメイン名とで構成される電子メールアドレスを特定して初めて受信者は電子メール

を受信できることに照らすと，本件発明1-1における「送信先」とは，電子メールの送信先である電子メールアドレスを指すと解するのが自然である。

　また，本件明細書等には，電子メールに複数の送信先の電子メールアドレスがある場合，これを送信先の電子メールアドレスごとに分割し，送信先の電子メールアドレスのそれぞれが単独に送信先に設定されたエンベロープを生成することが記載されており，ドメインごとに分割する構成を示唆する記載は存在しない。

　また，本件発明1-1は，「誤送信の可能性がある送信先が1つでも含まれていれば，その他の送信先に対するメール送信までもが保留，取り消しがされることとなる」という問題点の解決を図るものであるところ，同課題は，複数の送信先を電子メールアドレスごとに分割し，それぞれの電子メールアドレスについて保留，取消しをするかどうかの判断をし，それに従った制御を行うことにより解決されることは明らかである。これに対し，送信先をドメインごとに分割する構成の場合には，電子メールの送出が一部効率化されるものの，上記の問題点は解消し得ない。本件発明1-1がその問題点を解決し得ない構成を含むとは考え難く，これに送信先の分割に関する本件明細書等の記載も考え併せると，構成要件11Dの「電子メールに設定された複数の送信先を個々の送信先に分割する」とは，電子メールに設定された複数の送信先を電子メールアドレスごとに分割することを意味すると解するのが相当である。

　以上のとおり，本件発明1-1の構成要件11Dにおける「送信先」は，「電子メールアドレス」のみを指し，「ドメイン」を含まないところ，被告装置の構成11d等は，「受信部で受信した複数の宛先の電子メールアドレスが設定された電子メールを，宛先のドメイン毎の電子メールに分割する」ものであるから，被告装置等は構成要件11Dを充足しない。

4．実務上の指針

　電子メールの仕組みは，概ね次のようなものである。送信者が端末装置で作成した電子メールを受信者（電子メールアドレス：abc@xyz.co.jp）に送信する場合，まず，当該電子メールは，送信者の端末装置から，予め決められた送信者の送信用メールサーバ（smtpサーバ）へ送信される。送信用メールサーバは，受信した電子メールを，その宛先のドメイン名「xyz.co.jp」によって特定される受信者の受信用メールサーバ（popサーバ等）へ転送する。受信用メールサーバは，受信した電子メールを，その宛先のユーザ名「abc」によって特定される受信者のメールボックスに保存する。受信者が，当該メールボックスに保存された電子メールを，当該受信用メールサーバから端末装置で受信することで，受信者に電子メールが届けられる。本件発明1-1に係る情報処理装置

は，送信用メールサーバとして実施されるものと解される。

　本件発明1－1は，送信者の端末装置から受信した電子メールに設定された複数の「送信先」を個々の「送信先」に分割し，それぞれの制御ルールに従って，各送信先に対する電子メールの送出に係る送信制御（保留など）を行う。本件発明1－1における「送信先」は，特許請求の範囲の記載だけを見れば，電子メールの宛先の「電子メールアドレス」だけでなく，電子メールの宛先の電子メールアドレスの一部に含まれる「ドメイン」も含むと解釈することが可能であるように思われる。この「ドメイン」は，電子メールの転送先である受信者の受信用メールサーバを示す情報であることから，本件発明1－1に係る情報処理装置から見れば，電子メールの「送信先」であるともいえるからである。

　しかしながら，本判決では，本件発明1－1の「送信先」が「電子メールアドレス」であると限定解釈された結果，文言侵害が認められなかった（さらには均等侵害も，間接侵害も認められなかった。）。その原因は，本件明細書等において，「送信先」が「電子メールアドレス」である例しか記載がなく，また，「送信先」が「ドメイン」を含むことを示唆する記載もなかった点にある。

　明細書等の出願書類の作成実務において，発明者は，通常，実施例レベルの下位概念（本件発明1－1でいえば「電子メールアドレス」）で発明の課題や効果を説明することが多いので，明細書等を作成する実務家は，より広く強い権利化のために，発明者の説明に基づいて上位概念化の作業を行う。この上位概念化の作業は，特許請求の範囲の記載だけを上位概念化するのではなく，明細書や図面の記載（課題や効果，実施例など）も上位概念化することを含むものであり，これにより全体で整合のとれた出願書類を作成することができる。

　ところが，特許請求の範囲の記載だけを上位概念化し，課題や効果，実施例などの記載が適切に上位概念化されていないケースがしばしば見受けられる。本件の明細書等も，特許請求の範囲では「電子メールアドレス」と「ドメイン」の両方を含み得る「送信先」という上位概念が用いられているが，明細書の記載では「電子メールアドレス」の下位概念を前提とした説明となっている。このような不整合が生じている出願書類では，特許権侵害訴訟等における技術的範囲の認定にあたっては，特許請求の範囲に記載の上位概念によって文言的には技術的範囲に属するような場合でも，明細書の記載が参酌されて下位概念に限定解釈され，技術的範囲に属しないと結論付けられてしまう。

　出願書類を作成する実務家には，特許請求の範囲の記載だけでなく，明細書や図面の記載（課題や効果，実施例など）も含めて適切に上位概念化し，全体で整合のとれた出願書類を作成することが求められる。

（奥川　勝利）

情報管理プログラム事件

判 決 の ポイント	裁判所は，原告及び被告の実験結果に基づいて被告プログラムを認定し，被告プログラムが本件発明の技術的範囲に属すると判断した。
事件の表示	R1.9.4　東京地裁　平成28年（ワ）16912
参 照 条 文	特70①　特70②
Key Word	イ号製品の認定，ソフトウェア発明

1．事実関係
(1)　事案の概要
　本件訴訟は，発明の名称を「情報管理方法，情報管理装置及び情報管理プログラム」とする特許第5075201号（以下「本件特許」という。）の特許権者である原告が，被告は，その特許請求の範囲請求項7に係る発明（以下「本件発明」という。）の技術的範囲に属するプログラム（以下「被告プログラム」という。）を使用したサービスを顧客に提供し，本件特許権を侵害しているとして，被告プログラムの譲渡等の差止め及び損害賠償を求めた事案である。
(2)　本件発明の概要
　本件発明は，①広告提供サイトのウェブページに連絡先の電話番号を掲載する場合における情報管理プログラムに係る発明であり，②利用者がいずれの広告提供サイトを見て電話を架けてきたかなどを把握するため，数多くの広告提供サイトや商材ごとに異なる電話番号を掲載しようとすると，電話番号資源が枯渇するという課題の解決のため，③電話番号を指標する識別情報を動的に割り当て，一定時間の経過又は一定回数のアクセスを基準として，その提供を終了することで，識別情報の再利用を可能とし，識別情報の資源の有効活用及び枯渇防止を図るものである。
　後述する争点1-1において特に争いとなった本件発明の構成要件①は，「ウェブページにおいて明示的又は黙示的に提供され，かつ架電先の電話器を識別する識別情報を管理するための情報管理プログラムであって，」である（下線は筆者による。）。
(3)　被告プログラムの概要
　被告プログラムは，被告が顧客に対して提供するサービス（以下「被告サービス」という。）を実現するためのプログラムである。例えば，訴外会社は，自社の不動産情報サイト（以下「本件不動産サイト」という。）において，被告サービスを利用していた。

２．争点

本件訴訟の争点は，構成要件充足性，無効理由の有無及び損害額である。ここでは，構成要件充足性に関する争点１-１を取り上げる。争点１-１では，被告プログラムにおける架電番号が，「架電先の電話器を識別する識別情報」に当たるか否かについて争われた。

３．裁判所の判断

⑴　本件不動産サイトの仕組み

裁判所は，原告及び被告の実験において利用された本件不動産サイトにおける物件の連絡先への架電等の仕組みを以下のように認定した。

ア　ユーザが特定の不動産物件の詳細情報を選択すると，当該物件についてのウェブページが表示され，同ページに「電話」ボタンが表示される。

イ　「電話」ボタンをユーザが選択すると，次の画面に遷移し，架電番号が表示されるとともに「このページを開いてから10分以内にお電話をお願いいたします。」，「上記無料通話番号は，今回のお問合せ用に発行したワンタイムの電話番号です。」と表示される。

ウ　ユーザが上記イの画面に表示された架電番号に架電すると，当該物件を管理する不動産業者に直接通話が繋がるが，一定時間を経過すると，当該架電番号に架電しても電話は繋がらず，接続先がない旨の自動音声案内が流れる。

エ　上記イの画面の表示から，架電することなく10分以上経過してから，同一携帯端末で，同一の不動産物件について架電番号を表示すると，別の架電番号が表示される。

オ　上記ウにより繋がらなくなった架電番号は，別のユーザ端末や商品に対応した電話番号として再利用できる。ユーザが，同架電番号にいったん架電すると，その後も，同番号は端末上にリダイヤルのため再表示される。一方，別の端末においても異なる物件の連絡先として同一の架電番号が表示される。

⑵　本件発明の「識別情報」の意義

裁判所は，本件明細書の段落【0019】に「識別情報とは，架電先に関連付けられることによりその架電先を識別する情報であ」ると記載されていることと，本件不動産サイトにおいて，ユーザが希望する物件を選択すると，当該物件の詳細情報が表示された画面に問合せのための専用電話番号が表示され，当該番号が表示されるとその時点で架電番号がロックされた状態となり，その表示から一定期間，当該架電番号に架電するとその不動産業者に架電されるとの事実が認められることを指摘したうえで，被告プログラムにおける架電番号は，本件発明の「識別情報」に該当すると判断した。

⑶　原告及び被告の実験結果の参酌

　被告は，架電番号と発信者番号とで架電先を識別するので，架電番号は，本件発明にいう「識別情報」に当たらないと主張し，端末に表示させた架電番号に発信者番号非通知の設定で架電した場合，架電先に接続されないという被告自らの実験結果（乙３）をその主張の根拠とした。

　これに対して，裁判所は，「架電前においては，被告プログラムは当該ユーザの発信者番号を知らないはずであるから，架電前において，同プログラムが架電番号と発信者番号とで架電先を識別するとは考え難い。上記実験において端末に表示された架電番号に架電した場合に架電先に接続されなかったのは，後記のとおり，被告プログラムが当該架電番号に架電した時点以降，架電番号と発信者番号とで架電先が識別されていること（この点については当事者間に争いがない。）に起因するものと考えるのが相当であって，上記実験結果は，架電前において表示された架電番号と架電先が関連付けられることを否定するに足りるものではない。むしろ，原告の行った実験結果（甲９）によれば，発信者番号を送信し得ないパーソナルコンピュータに本件不動産サイトを表示した場合であっても，物件の連絡先に繋がる架電番号が表示され，携帯端末から当該番号に架電したところ，当該連絡先に接続したとの事実が認められ，これによれば，被告プログラムは，架電前の時点において，架電番号により架電先を識別していると推認することが相当である。」と判示した。

⑷　結論

　裁判所は，被告プログラムにおいて，未架電の端末にのみ架電番号が表示されている場合には，当該架電番号は，「架電先に関連付けられることによりその架電先を識別する情報」であり，構成要件①にいう「識別情報」に該当し，架電後においては架電番号と発信者番号とで架電先を識別しているとしても，このことは被告プログラムが構成要件①を充足するとの結論を左右するものではないとした。そして，裁判所は，被告プログラムが構成要件①を充足すると判断した。

４．実務上の指針

　一般的に，ソフトウェア発明は侵害の立証が困難といわれている。本件訴訟は，原告及び被告の両方が，本件不動産サイトを利用して行った実験結果を提出するとともに，裁判所が，これらの実験結果に基づいて技術的範囲の属否を判断していることから，ソフトウェア発明の侵害立証方法の具体例を示すものとして参考になる。

　被告プログラムは，ウェブサーバにインストールされるものであるから，被告プログラムが本件発明の技術的範囲に属するか否かを判断するためには，

ウェブサーバの動作を認定する必要がある。原告及び被告は，各々の主張通りにウェブサーバが動作するか否かを確認するため，様々なテストパターンで実験を行っている。判決文から読み取れるテストパターンは，複数の端末を用いて本件不動産サイトに対して様々な操作タイミングで様々な操作を行う，本件不動産サイトを閲覧しているスマートフォンから様々なタイミングで電話をかける，電話機能がないPCで様々なタイミングで本件不動産サイトを閲覧する等である。そして，原告及び被告は，各テストパターンにおいて，本件不動産サイトにどのような架電番号が表示されるか，電話をかけると繋がるか否か，繋がった先はどこか等の実験結果に基づいて自らの主張を裏付けている。同様に，裁判所も，これらの実験結果に基づいてウェブサーバの動作を推認している。このようなテストパターンは，一般的なシステム開発におけるテスト工程において発注者側が行う受入テストのテストパターンと同等である。すなわち，ウェブサーバのように，原告が直接的に動作確認を行うことができないイ号製品であっても，原告が実施可能な受入テストと同程度の実験の結果が，イ号製品の認定における間接的な証拠になり得るといえる。

　ここで留意すべきことは，クレームドラフティングである。ソフトウェア発明は，コンピュータを主体とし，コンピュータの処理内容によって発明を特定する必要がある。ウェブサーバの処理内容は，ユーザ端末からの要求を受信する入力工程，検索や加工などの内部的な処理を行う内部処理工程，ユーザ端末に応答を送信する出力工程に分けられるところ，前述の受入テストでは，内部処理工程の動作確認が困難である。そこで，内部処理工程については，受入テストによってウェブサーバの動作の推認が可能かどうかを考慮しながら，注意深くクレームドラフティングを行うべきである。この内部処理工程のクレームドラフティング次第で，受入テストと同程度の実験の結果が，イ号製品の認定における間接的な証拠として有用か否かが決まる。また，入力工程や出力工程については，前述の受入テストによって動作確認が容易ではあるものの，必要以上に限定的な記載にならないように注意すべきである。本件訴訟の争点となった「架電先の電話器を識別する識別情報」のように，ユーザ端末において表示される情報は，確認が容易であるが故に争点になり易い。

　なお，イ号製品の認定における間接的な証拠としては，イ号製品のマニュアルや説明資料等も有効である。本件訴訟においても，被告サービスの説明資料（乙2）が，裁判所が認めた原告の主張の裏付けに用いられている。

（齋藤　昭彦）

加熱調理器控訴事件

判 決 の ポイント	装置の構成要素ではない事項との関係に基づいて発明の構成を特定した構成要件を充足するというためには，その構成要件が表す関係を成立可能とする手段が被告製品に必要であると判断された。
事件の表示	H31.4.24　知財高裁　平成30年（ネ）10078 （原審　H30.9.19　東京地裁　平成29年（ワ）10742）
参 照 条 文	特70①　特70②
Key Word	明細書等の記載の参酌，構成要件の表す関係に誘導する手段

1．事実関係

⑴　手続の経緯

　控訴人は，被控訴人による被告各製品の製造販売行為等が特許第3895312号に係る特許権（以下，本件特許権という。）を侵害するとして訴えを提起したが，その請求は棄却された（H30.9.19東京地裁平成29年（ワ）10742）。そこで，控訴人は，原審判決の破棄を求めて控訴した。

⑵　本件発明及び被告製品

　本件発明は，キッチンカウンター等に埋め込まれるドロップインタイプの加熱調理器であって，左右の誘導加熱コイルを覆うようにトッププレートが設けられ，そのトッププレート上の各誘導加熱コイルに対応する位置には，調理容器を載置する加熱部が設けられた加熱調理器に関する。本件発明は，「これら加熱部に前記調理容器を所定の間隔を存して並置可能とする最大径の調理容器を載置したとき，この所定の間隔より該調理容器の外殻から前記トッププレートの前記フレームの係り代を除く左右端部までの距離を長くなる構成としたこと」を，構成要件E（原審の分説による。）として含む。

　本件明細書には，図1に示すように，リング状枠で表された加熱部28,29の間隔Tよりも加熱部28,29からフレーム23の係り代を除く左右端部までの距離Dを長くした構成（T＜D）が実施例として記載されていた。加熱部28,29の直径及び最大の鍋径Kは300mm，間隔Tは30mm，距離Dは42mmとされていた。

　一方，被告各製品（被告製品1，2）もドロップインタイプの加熱調理器に関する。図2に示すように，被告各製品のトッププレート上には，左右のIHヒーターの位置を示すIHヒータ位置マークとして直径200mmのリングが表示されていた。被告製品1では，リング間の間隔が100mm，リングからトップフレームの係り代を除いた左右端部までの距離が120mmであった。被告製品2では，リング間の間隔が130mm，リングからトップフレームの係り代を除いた左右端部までの距離は105mmであった。さらに，被告各製品の取扱説明書に

は，鍋底の直径が12〜26cmの鍋を使用できる旨が記載されていた。

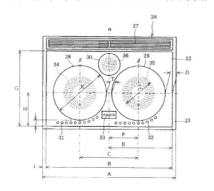

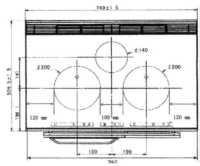

図1（本件発明の実施例）　　　　　　　図2（被告製品1）

(3) 原審の判断

　原審は，被告各製品が構成要件Eを充足しないと判断した。その理由は，要するに，本件明細書等の記載に基づいて構成要件Eを充足するには，「調理容器の外径」及び「最大径の調理容器」と同一であるリング状枠及び有効加熱領域がトッププレートに表示される必要があるが，被告各製品にはこれが表示されていない，というものである。

2．争点

　構成要件Eの充足性を否定した原審の判断が誤りであるか否かが争われた。控訴人は，主位的主張として，最大径の調理容器と同径のリング状枠等が被告各製品のトッププレートに表示されていないことを理由に構成要件Eの充足性を否定した原審の判断の誤りを主張し，予備的主張として，被告製品1における直径200mmのIHヒーター位置マークが最大径の調理容器を示すリング状枠に該当すると解すれば，被告製品1は構成要件Eを充足する旨を主張した。

3．裁判所の判断

　裁判所は，控訴人による主位的主張及び予備的主張に対する判断を付加するほかは原審の判断を支持し，控訴人の請求を退けた。控訴審が付加した判断は概ね以下のとおりである。

(1) 主位的主張（構成要件Eの解釈）について

　構成要件Eは，加熱調理器という「装置の構成要素とはいえない調理容器との関係に基づいて発明の構成を特定するものであり，その意義が文言のみから一義的に明確であるとはいえない」から，本件明細書等を考慮してその意義を

検討すべきである。

　本件明細書等の記載から，本件発明は，構成要件Eを採用することによって，加熱調理器の中央部側における調理容器同士の当接や，加熱調理器の左右の各端部における調理容器と他の物品との接触等の回避といった効果が得られるものである。そのような効果を加熱調理器の使用者が得るためには，「本件発明が，装置の構成として，構成要件Eの表す関係・・・を成立可能とするような手段を有することが必要」であって，構成要件Eを有するというには，「装置の構成として，構成要件Eの表す関係を成立可能とするような手段を有することを意味する（当然の前提とする）と解するのが相当であり，具体的には，・・・使用者が調理容器を加熱部に置く際，構成要件Eの表す関係が成り立つか否かを確認できる手段や構成要件Eの表す関係に誘導する手段などを備えることが必要」である。本件発明の実施例は，「使用者が調理容器を加熱部に載置する際，構成要件Eの表す関係が成り立つか否かを確認できる手段又は構成要件Eが表す関係に誘導する手段の一例」である。

　一方，「被告製品1自体には，調理容器が使用できる最大径を超えるものであるか否かを確認する手段がないから，被告製品1は，使用者が調理容器を加熱部に置く際，構成要件Eの表す関係が成り立つか否かを確認できる手段を有しているとはいえない」し，被告製品1のIHヒーター位置マークに関しても，その直径が200mmであり，最大径の鍋（鍋底で26cm）を，その中心がIHヒーター位置マークの中心と正確に一致させることは難しいことから，「使用者が調理容器を加熱部に置く際，構成要件Eの表す関係に誘導する手段」とはいえない。よって，被告製品1は構成要件Eを充足しない。被告製品2についても同様である。

(2)　予備的主張について

　被告製品1で使用可能な最大径の調理容器は，「鍋底の直径が26cmの調理容器」であり，「被告製品1に使用できる最大径の調理容器が左IHヒーター位置マーク及び右IHヒーター位置マークと同径（20cm）のものであることを前提とする控訴人の主張」は，そもそもその前提を欠く。

4．実務上の指針

　本件判決は，明細書の記載が参酌された結果として，特許発明の技術的範囲が限定的に解釈された事例である。構成要件Eは，本件発明の実施例におけるリング状枠のごとき明示的な表示を必須とする文言を含むものではない。しかし，判決は，構成要件Eにて特定された関係，すなわち間隔T＜距離Dとなる関係が成り立つか否かを確認する手段，又はその関係が成り立つように誘導する手段が必要であると厳格に解釈している。このような解釈がなされる要因は

様々であるが，本件は物の発明における特定方法の問題を含むものである。

判決が指摘するように，構成要件Eは，間隔T，距離D等を，「最大径の調理容器」や「該調理容器の外殻」といった加熱調理器とは別の物品との関係で特定している。本件発明は，調理容器がトッププレートからはみ出し，あるいは周辺に吹きこぼれ易いといった従来の加熱調理器の課題を解決するため，調理容器同士の間隔を取扱いに支障がない程度に狭めて左右端部までの距離を増加させたものと思料される。構成要件Eのように，「調理容器」との関係で距離D等を特定すれば，発明の技術思想を素直に表現することが可能である。

しかし，そのような特定方法は，被疑侵害物品が構成要件を充足するか否かの判断において問題が生じ得る。調理容器は加熱調理器の構成要素ではないから，構成要件Eの特定方法では被疑侵害物品の加熱調理器それ自体を単独で観察しても，構成要件Eを充足するか否か，言い換えれば被疑侵害物品が構成要件Eが意味する技術思想を用いるものか否かを評価することができない。しかも，構成要件Eの「所定の間隔」についても，調理容器同士をどのような間隔で並べれば「所定の間隔を存して並置」したことになるのか不明である。

判決は，このように構成要件Eが発明の対象装置の構成を特定しないものであることを考慮して，構成要件Eの充足性を評価する基準を加熱調理器それ自体の構成に求め，その結果として，上記の「確認する手段」あるいは「誘導する手段」が加熱調理器それ自体に備わっていることが必要と解し，本件明細書に，最大径の調理容器と同径のリング状枠を印刷表示した実施例のみが記載されていることを根拠として，そのような表示が存在しない被告各製品の充足性を否定したものであろう。

本件のような狭義の解釈を避けるには，まず実施例の豊富化が想定されるところであるが，そもそも物の発明である以上，構成要件Eの関係を実現するために物自体が備える構成を特定することを検討すべきである。本件発明では，例えば，構成要件Eの関係を実現するために，左右の誘導加熱コイルが従来品と比較して左右方向中心側に偏って配置されていると推定される。その点は加熱調理器それ自体の構成として検討する余地があろう。発明の対象装置の構成要素以外の事項をもって発明を特定する方法は，技術思想を素直に表現できる利点があり，不適切な特定方法として直ちに否定されるものではない。しかしながら，いわゆる機械系の分野の発明では，本件のような不利益を受ける可能性があることを想定し，装置の構成要素自体の特徴をもって発明を特定することを検討すべきことを本件は示している。

（山本　晃司）

導光板および導光板アセンブリ控訴事件

| 判 決 の
ポ イ ン ト | 原審において専ら均等侵害を主張した被告が控訴審において文言侵害を主張することは許されると判示したうえで，均等侵害及び文言侵害がともに否定された。 |

事件の表示	R1.7.10　知財高裁　平成31年（ネ）10010
	（原審　H30.12.20　大阪地裁　平成28年（ワ）4759）

参 照 条 文	特68　特70①　民訴179

Key Word	文言侵害，均等侵害，主要事実の自白

1．事実関係

⑴　手続の経緯

　本件は，本件特許権（特許第2865618号）の特許権者である控訴人Xが，被控訴人Yが販売する被告製品は本件特許発明の技術的範囲に属し，その販売による利益に相当する損失をXが被ったとして，Yに対し，民法703条の不当利得返還請求権に基づく不当利得の返還を求めた事案である。

　原審は，Yの販売する被告製品は均等の要件を充足しないと判断して，Xの請求を棄却した。原審については，「実務家のための知的財産権判例70選」2019年度版p164-167に掲載されている。

⑵　本件発明の要旨

　本件特許権に係る発明を分説したものを以下に示す。下線は筆者によるもので，争点に係る特定事項を示す。

A　透明な板状体の少なくとも一端面から入射する光源からの光を，上記板状体の裏面に設けられた回折格子によって板状体の表面側へ回折させる導光板であって，

B　上記回折格子の断面形状または単位幅における格子部幅／非格子部幅の比の少なくとも1つが，上記導光板の表面における輝度が増大し，かつ均一化されるように変化せしめられていることを特徴とする

C　導光板。

2．争点

　原審において専ら均等侵害を主張したXが控訴審において文言侵害を主張することが許されるか否か（争点1），被告製品がその文言上本件特許発明の技術的範囲に属するか否か（争点2），被告製品が本件発明と均等なものとしてその技術的範囲に属する否か（争点3）が争われた。

3．裁判所の判断

　裁判所は，以下に要約するとおり判断した。下線は筆者による。

⑴　争点1について

　Yは，Xが原審において，被告製品の回折格子はライトガイドの表面に設けられ・・・と陳述していたのに，控訴審において，回折格子はライトガイドの裏面に設けられていると主張することは，成立した自白に抵触し許されないと主張する。しかし，特許発明の技術的範囲に関する技術的事項の細部にわたる主張とその認否は，主要事実の自白となるものではないから，これについて裁判所も当事者も拘束されない。Yは，文言侵害の成立をいうXの上記主張は，時機に後れた攻撃方法に当たり，民訴法157条1項により却下されるべきと主張するが，文言侵害の審理により控訴審の完結が遅延するとは認められないから，原審の審理経過を踏まえても，Xの上記主張を却下することはしない。

⑵　争点2について

　構成要件Aは，「板状体の裏面に設けられた回折格子によって板状体の表面側へ回折させる」の文理から，板状体の両面の一方を「裏面」と，他方を「表面」と定めたものと解される。構成要件Aが板状体のいずれの側の面を「裏面」と定めるかについては，構成要件Bのほか，本件発明の課題，解決手段及び効果を考慮して解釈すべきである。本件発明は，液晶表示パネルなどを均一にかつ高い輝度で照らすとの課題を解決するため，板状体の両面のうち，照光面とは反対側の面に回折格子を設け，この回折格子の回折機能によって，導光板に入射した光が照光面の側において均一にかつ高い輝度を発揮する効果を得る構成に特徴があり，この効果を生じる側が「表面」側に当たる。そうすると，構成要件Aの「裏面」とは，照光面の反対側の面をいうものと解される。

　被告製品は，ライトガイド，タッチスクリーン及びディスプレイの3層からなる構造を有している。被告製品において，光源からの光が均一にかつ高い輝度を発揮するのを期待されているのは，ディスプレイ側である。この光が進行して均一にかつ高い輝度を発揮する側が表面であるから，被告製品の微細構造体は，ライトガイドの「表面」に設けられていることになり，「裏面」には設けられていない。よって，被告製品は，構成要件Aを充足しない。

　Xは，被告製品の微細構造体により板状体の表面側へ回折する光には，透過回折光と反射回折光とがあるとし，反射回折光を基準に表裏の解釈を試みるが，被告製品のディスプレイを照らしているのは透過光のみであるから，Xの主張は理由がない。したがって，Xの新たな主張によっても，被告製品がその文言上本件発明の技術的範囲に属すると認めることはできない。

⑶　争点3について

　「本件発明は，・・・従来技術では，乱反射が起きて上面に向かう光量が減り，

照光面である上面に極端な明暗のコントラストが生じる問題があったところ，液晶表示装置を均一にかつ高い輝度で照らすという課題を解決するため，導光板である板状体の両面のうち，照光面とは反対側の面に回折格子を設け，この回折格子の回折機能によって，導光板に入射した光が照光面の側で均一にかつ高い輝度を発揮するようにしたものである。」「そして，照光面とは反対側の面に回折格子を設けるようにしたのは，・・・導光板の両面のうち照光の効果を生じさせる側とは反対の面（裏面）に，・・・回折格子（刻線溝）が加工されており，これにより，導光板の一端面から裏面に向けて入射した光は，上記回折格子によって導光板の表面（照光の効果を生じさせる面）に向かって回折され，導光板の表面がこれに直交する高強度の出射光と導光板内に導かれる全反射光によって極めて明るく照らされるようにしたからであり，以上が本件発明における回折機能の機序である」。「このような機序が本件発明の技術的思想を構成していることからすれば，照光面とは反対側の面に回折格子を設けるようにしたこと，すなわち板状体の裏面に回折格子を設けるとの部分は，本件発明における本質的部分である」。

　そして，被告製品が板状体の裏面に回折格子を設けるという部分を備えていないことは，上記のとおりであるから，本件発明と被告製品との相違部分は本質的部分であって，均等の第1要件を充足しないと判断した。

4．実務上の指針
⑴　争点1について

　民事訴訟は弁論主義を原則としている。弁論主義の第二テーゼによれば，主要事実について当事者間に争いがない場合，裁判所は当該事実を判決の基礎としなければならない。本件のような特許権侵害訴訟の成否において，本件の争点に関する主要事実とは，被告製品の販売等が本件特許発明の実施に当たるか否か，すなわち被告製品が特許発明の技術的範囲に属するか否かであろうと考えられる。そうすると，本件で直接に主張等された回折格子の設置側が裏面か表面かの技術事項にとどまらず，被告製品が構成要件Aを文言上充足するか否かについての主張や認否も間接事実の自白を構成するにすぎず，裁判所及び当事者を拘束することがないのである。なお，間接事実であっても，自白が成立したものについては，上記のとおり裁判所及び当事者に対する拘束力は生じないものの，民事訴訟法179条により，証明を要しない事実とされる。

　本件において裁判所は，Xによる文言侵害の主張の追加が時機に後れた攻撃防御には当たらないとした。この点に関し，Xは，相対的な関係で特定される表面，裏面の基準についての考え方につき，原審において光の進行方向が基準とされたことに対応して文言侵害の主張を追加したと主張しており，裁判所に

おいても，均等侵害の成否を争った原審での審理内容が実質的に変更されるものものではないと判断したのであろう。すなわち，この判断は本件における個別具体的な判断であり，文言侵害の主張の追加が時期に後れた攻撃防御として許されない場合もあることに注意されたい。

⑵　**争点2，3について**

　被告製品が特許発明の技術的範囲に属するかの判断においては，文言侵害，均等侵害のいずれの主張も，被告製品において回折格子は照光側である表面に設けられているとして，本件発明における回折格子の設置側である導光板の裏面が照光側とは反対側の面であるとの要件を満たさないことを根拠として否定された。Xの主張は，反射回析光の進行方向を基準とすれば被告製品における回析格子の設置側は裏面に当たるとするものであるが，この主張は，一部文言のみを捉えた解釈に基づくものであり，構成要件A全体の記載と整合しないものである。自己の特許権に対する侵害を主張する際には，客観的な視点での権利範囲の確認が求められる。その際には，構成要件中の一部の文言だけの局所的な解釈ではなく，請求項の文言全体で矛盾を生じない解釈が求められ，さらに，単に請求項の文言上の属否だけでなく，特許発明の課題解決原理や明細書による請求項に係る発明のサポート範囲の観点からの侵害成否の判断が求められるのである。中立な第三者の立場での客観的な判断に加え，被疑侵害者の立場による反論を想定したうえで再反論可能な論理の準備が求められよう。

　また，控訴審である本件では，均等侵害を否定する論理が原審から変更されている。原審では，均等の第一要件である本質的部分について，対象発明のすべての構成を本質的部分とした。マキサカルシトール知財高裁判決（H28.3.25知財高裁平成27年（ネ）10014）（「実務家のための知的財産権判例70選」2016年度版p198-201に掲載。）における従来技術に対する特許発明の貢献の程度が大きくない場合に沿った判断といえよう。一方，控訴審では，本件発明の技術的思想を構成している機序すなわちメカニズムの根拠となる構成が特許発明の本質的部分であり，この本質的部分が被告製品との相違点に当たるとして，第一要件の充足を否定している。このようにして認定される本質的部分を被告製品が備えていないのであれば，実務上は，均等を否定する立場においても，マキサカルシトール知財高裁判決のように従来技術に対する貢献の程度の大小の検討まで踏み込む必要はないのであろう。一方，均等を主張する立場では，少なくとも明細書に記載の従来技術の課題を解決するメカニズムに係る最少構成を本質的部分として整理し，この本質的部分を被疑侵害者製品が備えているとの主張の準備が求められよう。

（坂手　英博）

交差連結具事件

判決のポイント	「挟み込んで保持する」，「ベース部材」及び「取付基部」の文言について，明細書の記載等を参酌して解釈したうえで，被告製品は本件発明の構成要件を充足するとした。
事件の表示	R1.8.27　大阪地裁　平成30年（ワ）2554
参照条文	特70①
Key Word	技術的範囲，文言侵害

1．事実関係
(1)　手続の経緯
　原告は，被告に対し，本件特許1〜3（特許第6026497号，特許第6141502号，特許第6263594号）に係る特許権に基づき，被告製品の製造等が本件特許権の侵害行為であるとして，被告製品の製造等の差止めを求めて本訴を提起した。
(2)　本件発明の要旨
　本件特許1〜3に係る発明のうち訂正後の本件発明1を分説したものを以下に示す。下線は筆者によるもので，争点に係る特定事項を示す。
1A　・・・交差連結具であって，
1B　前記吊ボルトを保持する第一保持部と，
1C　前記第一保持部に対して相対変位可能に連結され，かつ，前記ブレースボルトのそれぞれの軸方向に沿って対応するブレースボルトを挟み込んで保持する一対の第二保持部と，を備え，
1D　前記第一保持部が，板状に形成されたベース板部と，少なくとも部分的に前記吊ボルトの外周に沿って当該吊ボルトを包囲する包囲部を有して前記ベース板部に固定される第一保持部と，を有し，
1E　前記ベース板部の両端部に設けられた一対の取付基部が，2つの前記仮想平面のそれぞれに沿って配置され，
1F　前記取付基部の外面側に，対応する前記第二保持部が相対変位可能に連結されている
1G　交差連結具

2．争点
　被告製品は，本件特許発明の「挟み込んで保持する」（構成要件1C），「ベース板部」（構成要件1D，1E）及び「取付基部」（構成要件1E，1F）を充足するかが争われた。本稿では，その余の争点についての紹介を省略する。

3．裁判所の判断

　裁判所は，以下に要約するとおり判断した。

(1)　「挟み込んで保持する」について

　被告は，「挟み込んで保持する」との文言につき経時的に解釈し，第二保持部がブレースボルトを外周側から挟み込み，これを仮保持しつつ軸方向に移動して位置調整した後，ナットで締め付け保持する方法に限定され，ブレースボルトを第二保持部が挿通する場合は含まれないから，被告製品は構成要件1Cを充足しないと主張する。しかしながら，「挟み込んで保持する」は，物の発明の一要素として，ブレースボルトが包囲部にてベース板部に固定されること，すなわち「狭着保持」を意味すると解すべきである（被告は，「挟着」と「狭着」につき，前者は「挟み込む」との予備的動作を，後者は「狭める」との最終的操作を意味すると主張するが，これらは明確に区別されておらず，「挟み込んで」，「挟着」及び「狭着」との文言は同義と解すべきである。）。

　本件各明細書に「この構成によれば，・・・固定片の孔部に第二棒状体を挿通させる必要がなく」との記載がある点については，従来技術においてブレースボルトが長過ぎる場合，切断して調整せざるを得ないが，本件発明では，ナットをゆるめて外周側からブレースボルトを挟むことを，特別な場合における利点として述べたにすぎず，ブレースボルトを挿通できる通常の場合にまで，外周側からブレースボルトを挟み込むことを要件とするとは解し得ない。

　被告製品1の施工に際し，ブレースボルトを第二保持部に外周側から挟み込まず，第二保持部に開けた隙間にブレースボルトを挿通させて使用するが，この施工方法の結果は，「挟み込んで保持する」に該当するというべきである。

(2)　「ベース板部」及び「取付基部」について

　被告は，「ベース板部」の形状について，本件明細書の従来技術でL字形とされているのに対し，本件発明における「板状に形成された」，「両端部において当該ベース板部を屈曲させてなる」との特定につき，従来技術との関係で進歩性を否定されないよう「L字状のベース板部」を意識的に除外した旨，すなわち，本件発明の「ベース板部」に「L字状のベース板部」は含まれない旨を主張する。しかし，本件発明の課題は，ブレースボルトの連結作業等の容易性向上であり，本件明細書では，ベース板部の形状が従来技術と異なるとの指摘はなく，第一保持部の具体的構成は適宜設計することができる，とされている。また，本件明細書では，従属項にてベース板部の特定形状が限定されているものの，請求項1では，第一保持部の構造につき何ら限定されていない。以上より，原告が「L字状のベース板部」を意識的に除外したとはいえない。

　「板」という用語の辞書的な定義は，広辞苑第六版において，「①材木を薄く平たくひきわったもの。②金属や石などを薄く平たくしたもの。」とされてお

り，証拠によれば，本件特許の出願当時，配管支持装置，・・・吊り金具等の技術分野のL字状の金属部材につき，「板状」や「板部材」という用語が用いられていたと認められる。本件各明細書には，ベース板部30は「板状」，ベース本体部31と一対の取付基部35はそれぞれ「平板状（平坦な板状）」に形成されていることが区別して示され，「平板状」が屈曲のない薄く平たい状態を指すのに対し，「板状」は屈曲の有無や屈曲の位置・程度とは関わりなく，金属等の素材が薄く平たく形成された状態を指すと解するのが相当である。このとおり，辞書的な定義及び本件各明細書の記載から，本件発明の「ベース板部」は「L字状のベース板部」を含む構成であり，「取付基部」は，ベース板部における両端部に設けられた一対の部位であって，2つの仮想平面のそれぞれに沿って配置されるものとしか特定されていないから，「取付基部」が「ベース板部の両端部を・・・屈曲させて設けられた取付基部」を意味するという被告の主張には理由がなく，L字状のベース板部における両端に設けられた一対の（屈曲されていない）部位も，「取付基部」に含まれると解すべきである。

　以上より，構成要件1D等における「ベース板部」は，「L字状のベース板部」をも含む構成であり，構成要件1E等における「取付基部」は，屈曲の有無によらず，ベース板部における両端部に設けられた一対の部位を意味する。

４．実務上の指針
⑴　「挟み込んで保持する」について

　物の発明の発明特定事項として，物の形状，構造のほか，用途や機能，製法や設置プロセスを記載する場合がある。本件において「挟み込んで保持する」の解釈が争われたのは，この特定事項が「挟み込んだ状態で保持している」との状態を特定しているのか，「挟み込む動作を経て保持する」との保持工程（プロセス）を特定しているのか，文言上明確でないことも影響しているものと思われる。ここで，物の発明については，仮に発明特定事項にプロセス的に解し得る記載があったとしても，プロダクトバイプロセスクレームの解釈手法に従い，結果物としての状態を特定しているものと解すべきであろう。そうだとすると，被疑侵害者の立場において，プロセス的要素を請求項の構成要件と解し侵害成立を否定する主張には慎重になるべきである。特に，プロセス的要素が対象発明の課題解決に必須の要素ではない場合，被疑侵害者製品においては当該プロセスを経ないから非侵害との主張は空しいものとなろう。

　一方，権利者側としては，プロセス的に解し得る発明特定表現は避けるべきであろう。本件の場合，「挟み込んだ状態で保持している」等と状態を特定する表現を採用しておけば，上記のような被告の主張を未然に避けることができたものと思われる。また，権利取得段階における明細書，意見書等への奏功，不

奏功の条件が明確ではない効果の記載は慎むべきであろう。このような効果の記載が特許発明の技術的範囲を限定的に解釈しようとする被疑侵害者側の主張を許す根拠となり得るからである。本件において裁判所は，特定の効果について特別な場合の利点にすぎない旨の判断をしたが，訴訟提起前の当事者同士の争いでは，本件発明の奏するべき効果であるか否かにつき主張が平行線になることが多く，中途半端な効果記載は訴訟を未然に回避することを妨げる原因となり得る。特別の場合の効果を記載する場合には，当該特別な場合に限り生じる効果であることを明示しておくべきであろう。同様の理由から，効果を奏するのに必須の要件のみを効果ごとに限定的に記載しておくべきであろう。

(2) 「ベース板部」及び「取付基部」について

　被告は，明細書中の従来技術に関する記載を根拠に，本件特許発明の「ベース板部」からは，被告製品と同様の形状であり請求項から文言上排除されていない特定形状のものが除かれるとの主張を試みたものの，退けられている。このような主張が認められるためには，除かれるべきとの主張に係る特定の構成ではそもそも特許発明で解決すべき課題が生じない事情とか，除かれるべきとの主張に係る特定の構成では特許発明の課題を解決し得ないとかの事情が存するべきである。すなわち，前者は，解決すべき課題を生じる前提構成を欠くものであり，後者は，課題の解決原理が反映されないものともいえよう。これらに該当しない場合には，除かれるべきとの主張に係る特定の構成において，対象となる特許発明の課題を解決し得るのであり，当該特許発明の技術的範囲から特定の構成が排除されるとは言えないのである。

　また，被告は，本件における「板状」について「平板状」に限られるとの主張を試みたものの，この主張は，本件明細書において「板」と「平板」とを使い分けていること，及び辞書や本件出願時の関連技術分野における用語の用法を根拠に，「板」は「平板」よりも上位概念であり屈曲した「板」を含む，として退けられている。前者に関し，請求項で用いられる用語の意味を狭く解しようとする試みを封じるうえで，明細書において用語の定義，段階的な概念を記載しておくことの重要性が再認識されよう。また，後者に関し，出願発明に係る技術分野での出願時における用語の用法に従った記載により，前者の定義が補強されることがわかる。すなわち，明細書における独自の定義記載に頼りすぎず，対象となる技術分野で通常用いられる技術用語を通常用いられる意味で用いたうえで，必要な定義を付加することを心掛けるべきであろう。

（坂手　英博）

美容器事件

判 決 の ポイント	被告の旧製品について文言侵害，新製品について均等による侵害が認められた。また，損害額の推定における覆滅事由について原告と被告との間の業務態様が考慮された。
事件の表示	R2.3.19　東京地裁　平成29年（ワ）32839
参 照 条 文	特68　特70　特100　特102②　特104の3
Key Word	文言侵害，均等論，特許無効の抗弁，損害額の推定覆滅事由

1．事実関係

　原告は，発明の名称を「美容器」とする特許第6121026号（以下「本件特許」という。）の特許権者である。被告は，本件特許の登録日である平成29年4月7日以降，遅くとも平成30年10月24日まで，被告各製品（旧製品及び新製品）の輸入，製造，販売をしていた。被告は，旧製品と，この旧製品の構造を一部変更した新製品とを，同一の型番等を用いて区別なく管理していた。

　本件特許に係る発明は，ハンドルの先端にローラが取り付けられた美顔器に関するものであり，本件特許の出願前から，広く用いられてきた。しかし，従来の製品は，ハンドルの内部に部品を収納するために，ハンドルを分割していたことから，精度，強度及び組み立て作業性が低下するという課題があった。そこで，本件特許に係る発明では，ハンドルに凹部を設け，この凹部に部品を収納し，凹部をハンドルカバーで覆う構成を採用することにより，これらの課題の解決を図っている。

2．争点

　本件訴訟では，被告の旧製品による本件特許の文言侵害が成立するか（争点1），被告の新製品による本件特許の均等侵害が成立するか（争点2），特許に無効理由があるか（争点3），及び原告の損害額（争点4）が争われた。

3．裁判所の判断

(1)　争点1について

　裁判所は，争点1について，被告から構成要件の非充足の主張があったものの，原告の主張を認め，文言侵害の成立を認めた。

(2)　争点2について

　裁判所は，争点2について，均等の5つの要件について成否を判断したうえで，原告の主張を認め，侵害の成立を認めた。

　具体的には，被告の新製品は，ハンドルからローラへ分岐する「一対の分枝部はそれぞれ中空であり，当該中空は，ハンドル本体の穴部に貫通していない。」という点で本件特許の構成要件Cを充足しないことについて，均等が成立するか否かを検討している。

　まず，第1要件から第3要件について，裁判所は，上記した課題の解決を前提として，本件特許に係る発明の技術的思想（課題解決原理）を，「ハンドルを，凹部を有するハンドル本体と，その凹部を覆うハンドルカバーで構成することにより，従来のハンドルが上下又は左右に分割された構成よりも，ハンドルの成形精度や強度を高く維持するとともに，美容器の組み立て作業性が向上されるようにして，上記の技術的課題の解決を図ったというところにあるものというべきである。」と認定した。そして，裁判所は，「このような本件発明の技術的思想からすれば，・・・「連通する軸孔」との構成をとらずに連通していない構成をとった場合にも，・・・上記作用効果を奏することについては，本件発明と変わらないものと認められる。」と認定した。その結果，裁判所は，第1要件から第3要件を充足すると判断した。

　次に，第4要件について，被告は，新製品が，本件特許の出願日前に販売していた商品「シャイン」に対して周知の技術事項を適用し容易に推考できたものであるから，当該要件を充足しないと主張した。これに対し，裁判所は，本件発明の技術的思想（課題解決原理）を前提として，「シャインは，・・・上記のような課題解決手段に係る構成（略）を備えてもいないものである。そうすると，シャインは，新被告製品と全くその構成を異にするものであり，新被告製品と対比すると，課題解決原理を全く異にする別の技術的思想によるものと評価するほかない。」とし，周知の技術事項についても，「当業者がこのような技術事項をシャインに適用するに足りる何らかの示唆や動機付けも認められない。」として，第4要件の充足を認めた。

　さらに，第5要件について，被告は，相違点となる構成が意識的に除外されていると主張した。これに対し，裁判所は，「本件証拠上，原告が，客観的，外形的にみて，非貫通の実施形態が本件特許請求の範囲に記載された構成（軸孔に連通するとの構成）を代替すると認識しながらあえて本件特許請求の範囲に記載しなかった旨を表示していたことを認めるに足りるものも存せず・・・その他，非貫通の実施形態が本件特許請求の範囲から意識的に除外されたものに当たるなどの非貫通の実施形態と本件特許請求の範囲に記載の構成とが均等なものといえない特段の事情が存するということはできない。」として，第5要件の充足を認めた。

(3)　争点3について

　裁判所は，争点3について，被告から特許の無効の主張があったものの，こ

れを退け，無効の抗弁が成立しないとした。

(4) **争点4について，**

　損害額の認定における争点4について，裁判所は，「特許法102条2項所定の侵害行為により侵害者が受けた利益の額は，侵害者の侵害品の売上高から，侵害者において侵害品を製造販売することによりその製造販売に直接関連して追加的に必要となった経費を控除した限界利益の額であると解するのが相当である。」と判示した。そして，裁判所は，この額について，被告の売上合計金額を1億2,883万4,641円としたうえで，荷造運賃，広告宣伝費，販売促進費，販売手数料，返品費用，金型製造費用及び製造原価の合計7,104万9,345円を控除すべき金額とした。

　一方，被告による，「原告と被告との業務態様等の相違，製品の性能及びデザインの相違，競合品の存在，被告の販売努力，被告各製品に対する本件特許の寄与率，本件特許の顧客誘引力などを考慮すると，相当程度の推定覆滅が認められるべきである旨」との推定覆滅事由について，裁判所は，原告の製品と被告の製品との価格差に着目し，「価格帯の差異は，特許法102条2項の推定を覆滅する事情に当たると認めることができ，その覆滅の程度についても，相応の大きさの割合とみるべきものといえる。」とし，美容器という商品の性質を勘案したうえで，「特許法102条2項の推定の覆滅の程度は，全体の5割をもって相当と認められる。」とした。

　その結果，裁判所は，被告の売上合計金額から経費を控除した5,778万5,296円から5割を減じた2,889万2,648円を損害額として認定した。

4．実務上の指針

(1)　均等について

　本件の被告は，仕様が異なる旧製品及び新製品を販売していた。このうち旧製品については，直接侵害と判断され，新製品については，均等の成立が認められた。本件における均等の判断では，いわゆるボールスプライン事件における均等の5要件に基づいて，各要件の充足の有無が検討されている。本件判決では，本件発明の技術的思想（課題解決原理）を，いわゆる美顔ローラのような二股の美容器において，「持ち手となるハンドルを上下又は左右に分割し，内部に部品を収納する」という従来の構成に代えて，「ハンドル本体に設けた凹部に部品を収容して，この凹部をカバーで覆う」という構成としたことで，精度や強度を高め，組み立て時の作業性を改善することと認定している。この認定は，争点2における均等の判断に限らず，他の争点でも一貫している。そして，本件判決では，争点2における均等の判断において，5つの要件のうち第4要件について詳細な検討がなされている。

　具体的には，被告は，旧製品の販売前に，商品名「シャイン」という製品を販売していたことから，新製品がこの「シャイン」の改良品にすぎず，新製品について均等の第4要件が成立しないと主張した。つまり，被告は，新製品について，本件特許との相違点が，この「シャイン」の仕様を変更したものであり，当業者であれば容易に想起できる程度の変更を加えたものにすぎないから，均等の第4要件を充足しないと主張した。これに対し，本件判決では，そもそも「シャイン」が本件発明と共通する上述の特有の構成を備えていないことから，「シャイン」は「課題解決原理を全く異にする別の技術的思想」によるものと評価している。その結果，本件判決では，新製品について，別の技術的思想の製品の仕様を変更したものにすぎず，均等の第4要件の充足を否定する材料とはならないと判断している。

　均等の第4要件は，被告の抗弁事由である。そのため，本件判決におけるこの第4要件に対する判断は，原告が均等の成立を主張する際に，被告の抗弁への対策の指針になると思われる。つまり，原告は，第4要件の成立を主張する場合，被告が持ち出した旧来の製品が「課題解決原理を異にする別の技術的思想」であるとの論理の構築を目指すことになるであろう。一方，被告の立場に立つと，均等の第4要件の非充足を求めるためには，旧来の製品が侵害の成否の対象となっている特許発明と「課題解決原理が共通する技術的思想」を備えていることを十分に吟味する必要があろう。

(2) 賠償額の損害覆滅事由について

　本件判決では，特許法第102条2項における損害額の算定について，被告による相当程度の推定覆滅が認められるべきであるとの指摘に対し，実務の参考となる検討を加えている。具体的には，「業務態様の相違」について，原告の製品と被告の製品との間には10倍ほどの価格差があることに着目し，購買層の相違によって，相応の覆滅を認めることができるとしている。一方，本件判決では，価格を重視しない購買層も存在し得る美容器という商品の性質も勘案している点にも注目すべきであろう。つまり，損害額の覆滅の判断では，対象となっている製品の価格差や購買層が考慮されている点が参考になると思われる。例えば，購買層がより低額な製品を求めているのか，高額であってもよりよい品質の製品を求めているのかによって，推定した損害額の覆滅を左右することになる。そうすると，原告及び被告の双方とも，対象としている特許に関する市場や購買者の動向を十分に把握するとともに，これを裁判において主張していくことが適切な損害額の算定につながるものと思われる。

（南島　昇）

抗ウイルス性衛生マスク事件

判 決 の ポイント	「左右の両耳介部を覆う形態」の文言につき，本件発明の技術的意義に照らすと，マスクが耳介部すべてを覆う必要性がないと判断された。
事件の表示	R1.6.18　東京地裁　平成29年（ワ）43269
参 照 条 文	特70①　特79　特100　特102②　民709
Key Word	技術的範囲，文言侵害，先使用の抗弁，特許無効の抗弁

1．事実関係

(1)　手続の経緯

　本件は，本件特許権（特許第6188984号）の特許権者である原告が，被告らに対し，被告らが製造，販売等する「被告製品」が，原告の特許権を侵害していると主張して，被告製品の製造等の差止め，被告製品及びその半製品の廃棄，被告らに損害賠償金の支払を求める事案である。

(2)　本件発明の要旨

A　抗ウイルス剤を施したニット布地と，抗ウイルス剤を施さないニット布地との2層以上の布地から成り，

B　鼻部，下顎部，左右の両耳介部を覆う形態で，表側に前記抗ウイルス剤を施したニット布地を，前記鼻部及び前記下顎部と接する内側には前記抗ウイルス剤を施さないニット布地を重ねてマスク本体を形成し，

C　該マスク本体には，鼻頂部，左耳介部の外側，下顎部，右耳介部の外側を結ぶ周縁に沿ってニット布地で一定厚みの縁取を形づくる枠体を形成し，

D　中央部には，前記鼻部の鼻下及び唇部を覆って空間を形づくる非伸縮性の接合部を形成した，

E　ことを特徴とする抗ウイルス性衛生マスク。

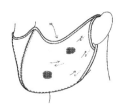
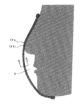

2．争点

(1)-ア　被告製品が，構成要件Bの「左右の両耳介部を覆う形態」を充足するか争われた。

(1)-イ　被告製品は,構成要件Dの「空間を形づくる非伸縮性の接合部」を充足するか争われた。

(2)　本件特許発明は進歩性欠如するものであるか争われた。特に「抗ウイルス剤を施したニット布地と,抗ウイルス剤を施さないニット布地との2層以上の布地から成」ることが技術常識であったか否か争われた。

(3)　被告の先使用の抗弁が成立するか争われた。

3．裁判所の判断

(1)　争点(1)-アについて

「マスク本体の外周に沿ってニット布地で一定の厚みの縁取を形作る枠体が耳介部の外側を覆い,その収縮性に伴う密着性によってウイルスの侵入を防止することができるという本件発明の技術的意義に照らすと,マスクが耳介部全てを覆う必要性はない。」

「本件明細書の記載や本件発明の技術的意義を踏まえると,「左右の両耳介部を覆う形態」とは,マスクの枠体が左右の両耳介部の付け根の外側を覆う形態を意味すると解するのが相当である。」

「被告らは,「覆う」とは,「露出するところがないように,全体にかぶせてしまう」等の意味を一般的に有することから,「左右の両耳介部を覆う形態」とは,左右の両耳介部の全てを覆う形態であると主張する。たしかに,「覆う」とは,一般的に被告らが主張するとおりの意味を有する」。「しかし,本件発明は衛生マスクの発明であり,一般的に耳介部全てを覆う形態のマスクが当然に想定されているとはいえず,また,本件発明の上記技術的意義に照らすと,マスクが耳介部全てを覆う必要性はないし」,「本件明細書の記載に照らしても,被告らの主張は採用することができない。」

(2)　争点(1)-イについて

「本件明細書には,マスク布地の中央部に鼻下及び唇部を覆って空間を形づくる非伸縮性の接合部を形成したので,会話等で唇を動かしても,呼吸をしても,ニット布地による拡大,縮小といった変化を生じることがなく,安定して会話や呼吸を行うことができること,非伸縮性の接合部を形成する手段として,マスク本体の中央部を左右に分離させたうえ,鼻下及び唇部との間に一定空間を保つような外膨らみの扇形状に裁断し,可及的に伸縮性をもたない非伸縮性とすべく縫合するとの記載がある」。

「そうすると,「空間を形づくる非伸縮性の接合部」とは,少なくとも,会話や呼吸の妨げにならないように,マスクの本体が鼻下及び唇の表面に接触しない程度の空間が保たれるよう,マスク本体の中央部を左右に分離させ,外膨らみの扇形状に裁断して可及的に伸縮性をもたない非伸縮性とすべく縫合する構

成を含むと解するのが相当である。」

　「被告は，「非伸縮性の接合部」について，「非」とは，後に続く語句について「そうでない」という意味であり，「非伸縮性」とは，伸縮しない，又は，伸縮するものを除くという意味であると主張するが，本件明細書には，上記のとおりの記載があり，他方，「非伸縮性」について全く伸縮性を有しないとは記載されていない。また，本件発明はニット生地のマスクに関する発明であり，一切伸縮しない製品のみを想定しているとは考え難い。」

(3)　争点(2)について

　被告が，乙11文献に「2層以上の布地のうち口唇や鼻孔に接触する可能性のある内側に抗ウイルス剤を施さない布地を重ねてマスクを形成することは当業者の技術常識であると主張」したことに対し，裁判所は次のように判断した。

　「本件発明は，抗ウイルス剤を施したニット布地と，抗ウイルス剤を施さないニット布地との2層以上の布地から成り，表側に前記抗ウイルス剤を施したニット布地を，前記鼻部及び前記下顎部と接する内側には前記抗ウイルス剤を施さないニット布地を重ねてマスク本体を形成したものであるのに対し」，「乙11文献の上記記載から，2層の布地の表面側のみに抗ウイルス剤を施すことが容易に想到し得るとはいえ，他に2層以上の布地のうち口唇や鼻孔に接触する可能性のある内側に抗ウイルス剤を施さない布地を重ねてマスクを形成することが技術常識であったと認めるに足りる証拠もない。」

(4)　争点(3)について

　「各証拠によっても，本件サンプル品について，少なくとも，抗ウイルス剤を施したニット布地と，抗ウイルス剤を施さないニット布地との2層の布地から成ること（構成（a））や，表側に前記抗ウイルス剤を施したニット布地を，鼻部及び前記下顎部と接する内側には前記抗ウイルス剤を施さないニット布地を重ねてマスク本体を形成していること（構成（b）の一部）を認めることはできず，他にこれらを認めるに足りる証拠はない。」「そうすると，本件サンプル品は被告製品と同一の発明の範囲内のものであるとは認められない」。

4．実務上の指針

　特許発明の技術的範囲は，特許請求の範囲の記載に基づいて定めなければならない（特許法70条1項）。しかし，特許請求の範囲イコール特許発明の技術的範囲ではない。この意味を法文は「基づいて」と規定して明らかにしている。

　特許請求の範囲に記載された用語の意義は明細書の記載及び図面を考慮して解釈される（特許法70条2項）。特許請求の範囲に記載された発明は，発明の詳細な説明に記載されたものである（特許法36条6項1号）から，特許請求の範囲の意味を探索するためには，発明の詳細な説明の記載に基づくものであるこ

とが前提となる。発明の詳細な説明に記載されていたとしても特許請求の範囲に記載されていない発明は，特許請求しなかったものと扱われる。

　本件判決においては，「「覆う」とは，「露出するところがないように，全体にかぶせてしまう」等の意味を一般的に有することから，「左右の両耳介部を覆う形態」とは，左右の両耳介部の全てを覆う形態である」との意味を有するとしても，「本件発明は衛生マスクの発明であり，一般的に耳介部全てを覆う形態のマスクが当然に想定されているとはいえず，また，本件発明の技術的意義に照らすと，マスクが耳介部全てを覆う必要性はないし」，「本件明細書の記載に照らしても，被告らの主張は採用することができない」と判断された。

　このように，「覆う」との文言そのままではなく，一般的なマスクの形態及び本件発明の技術的意義に基づき文言解釈がなされたものである。その意味で，特許請求の範囲イコール特許発明の技術的範囲の事例ではない。

　争点(1)-イについても，技術的意義に基づき文言解釈する立場での解釈がなされている。「空間を形づくる非伸縮性の接合部」における「非伸縮性」とは，「非」が後に続く語句について「そうでない」という意味であるから，伸縮しない，又は，伸縮するものを除くという意味であるとの被告の主張に対し，裁判所は「可及的に伸縮性をもたない非伸縮性とすべく縫合する構成を含むと解する」のが相当であると判断された。

　特許発明の技術的範囲の認定は，特許請求の範囲の文言解釈に限定されることなく，法律解釈の場合と同様に，様々な事情を斟酌したうえで，類推解釈，当然解釈，反対解釈などを経て解釈される。

　本書では採り上げられていないが，文言解釈について争われた令和2年1月17日の東京地裁判決(平成29年（ワ）28189)において，「略1／2」とは，「正確に2分の1であることは要しないとしても，可能な限りこれに近似する数値とすることが想定されているものというべきであり，各種誤差，シート状物の伸縮性等を考慮しても，第1の中間片の2分の1との乖離の幅が1割程度の範囲内にない場合は「略1／2」に該当しないと解するのが相当である。」とされた裁判例も参照されたい。「略」「実質的に」等の用語については，例えば欧州特許庁における実務とは異なり，日本における実務では例外的に認められる。

（永井　義久）

テフリルトリオン除草剤控訴事件

判 決 の ポイント	サポート要件が認められた。しかし，特102③の実施料率が下方修正された。また，共同開発契約に係る事実だけでは，共同不法行為は成立しないと認定された。
事件の表示	H31.4.25　知財高裁　平成30年（ネ）10017 （原審　H29.12.25　東京地裁　平成27年（ワ）2862）
参 照 条 文	特36⑥一　特102③　民719①
Key Word	発明の課題，サポート要件，実施料率，共同不法行為

1．事実関係

⑴　手続の経緯

　原審原告Aは農薬の有効成分に関する本件特許権（特許第4592183号）を有する。原審原告Aは，原審被告Bが被告製品1（農薬原体）及び被告製品2（農薬混合物）を製造販売していると主張し，侵害差止め及び損害賠償を求めて原審の訴えを起こした。原審被告Bは本件特許に対し無効審判（無効2015-800065）を請求し，原審原告Aは訂正請求をした。特許庁は訂正を認め，請求棄却の審決をした。原審は，①本件訂正によって無効理由は解消される，②被告製品1及び2の有効成分であるテフリルトリオンは本件訂正発明の技術的範囲に属する，③被告製品1については，原審被告Bは製造販売等しておらず，訴外Cが輸入販売等しており，B及びCらの共同不法行為も成立しない，④被告製品2については，原審被告Bが製造販売等していると認定し，⑤被告製品2についてのみ，製造販売等の差止め及び損害賠償金の支払を認めた。

　本事件は，原審原告A及び原審被告Bの両当事者が原判決を不服として訴えた控訴審である。本事件の判決は，原審判決を維持し，さらに，原審原告Aが侵害行為の終期の拡張及び請求額の拡張を求めた追加請求を認めた。

⑵　本件発明の構成

　訂正後請求項1の発明は，次の要件1A'ないし1F'に分説される。訂正により構成要件1B'，1C①'，1E'及び1F'が減縮された。

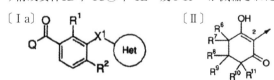

要件1A'：上記の式Ⅰa
要件1B'：〔但し，R¹が，ハロゲンを表し，

要件1C①'：R^2が，$-S$（O）nR^3を表し，

要件1C②'：R^3が水素，C_1〜C_6アルキルを表し，

要件1C③'：nが1又は2を表し，

要件1D①'：Qが2位に結合する上記の式Ⅱ

要件1D②'：[但し，R^6，R^7，R^8，R^9，R^{10}及びR^{11}が，それぞれ水素又はC_1〜C_4
アルキルを表し，上記CR^8R^9単位が，C＝Oで置き換わっていても良
い]で表されるシクロヘキサン-1，3-ジオン環を表し，

要件1E'：X^1が酸素により中断されたエチレン鎖または-CH_2O-を表し，

要件1F'：Hetが，・・・（途中省略）・・・，2-テトラヒドロフラニル，
・・・（途中省略）・・・を表す]で表される2-ベンゾイルシクロヘ
キサン-1，3-ジオン又はその農業上有用な塩。

⑶ テフリルトリオンの構造式

2．争点

　本稿においては，①本件訂正により無効理由が解消するか（争点3-1）のう
ち特に無効理由1（サポート要件），②被告製品1について，被告及びCらの共
同不法行為が成立するか（争点4-2），及び，③原告が受けた損害の額（争点
5）のうち特に実施料率の認定について解説する。

3．裁判所の判断

⑴ サポート要件

　本件発明は，除草剤の有効成分又はその候補となる新規化合物を提供するこ
とを課題とするものであるところ，当業者は技術常識に基づき，本件発明の化
合物は，本件共通構造を有する2-ベンゾイルシクロヘキサン-1，3-ジオン化
合物であるから，除草作用を有しており，除草剤の有効成分の候補となり得るも
のであると認識することができる。

⑵ 被告及びCらの共同不法行為が成立するか

　原審被告Bは，親会社Dが特許出願していたテフリルトリオンを有効成分と
する除草剤の発明（特許第5005852号）について，訴外C及び訴外Eとの間で共
同開発契約を締結した。

　訴外Cが被告製品1の製造及び販売を行うことを基本的には予定していたも
のと推認することができるが，Cが被告製品1を自ら製造するのか第三者に製

造委託するのか，製造や販売にどの程度の費用を投下し，混合剤を販売する一審被告らにどの程度の量をどの程度の金額で販売するのかなど，被告製品1の製造販売の重要な要素についてまで一審被告が関与していたことは推認できない。そうすると，上記共同開発契約に係る事実だけでは，訴外Cによる被告製品1の輸入販売等を一審被告，C及びEが関連共同して行っているものとして共同不法行為が成立するということはできない。

(3) 実施料率（被告製品2）

　裁判所は，被告製品2に係る損害の額を算定する際に適用すべき実施料率を決定するために，以下の要素①ないし④を考慮した。

① 　化学分野（IPC分類のC01〜C14）に係る特許権のロイヤルティ料率の平均値（4.3％），及び，「有機化学，農薬」分野（IPC分類のA61，C07，C40）のロイヤルティ率の平均値（5.9％）のうち，本件発明のIPC分類（C07D，A01N，A01P）からみて，より遠い技術分野のサンプルが除外されている後者（5.9％）の値を念頭に検討することが相当である。

② 　本件明細書には，除草特性に関する実験結果は示されておらず，本件発明の化合物が除草剤の有効成分の候補となり得るものであることが認識できるにとどまるものである。本件発明の化合物を水稲など特定の作物に用いる農薬として利用するためには，本件発明の多数の化合物のなかからテフリルトリオンのような特定の化合物を選び出したうえ，その化合物が対象作物の栽培にあたり想定される具体的な雑草に対する除草効果を発揮する一方，上記作物に対する有害性がないことを確認する必要があり，相応の試行錯誤を要することは明らかである。したがって，本件発明の実施料率は，類似する技術分野の実施料率の平均よりも一定程度低く位置付けることが相当である。

③ 　被告製品2は，テフリルトリオンに加えてもう1種類の有効成分を含有する。被告製品2の顧客吸引力は，その過半がテフリルトリオンによるものではあるが，その一部はもう1種類の有効成分によるものである。

④ 　本件特許は，原審被告Bが被告製品2の製造販売等を継続していた期間，無効理由を有していた。

4．実務上の指針

(1) 技術常識の認定が発明の課題に及ぼした影響

　本件明細書には「本発明の目的は，新規な，特に除草作用において特性が改良された化合物を提供することにある。」と記載されているが，実験結果が全く記載されていないため，改良された除草作用を有することが示されているとはいえない。段落0136ないし0141にそれらしい記載はあるが，実験手順が記載されているだけで実験結果が抜けており，試験化合物すら特定できない。

一方，本件出願日当時，本件発明の上位概念である2-ベンゾイルシクロヘキサン-1，3-ジオン化合物は除草特性を有する化合物として知られていた。そこで裁判所は，本件発明の課題は，新規な，除草剤の有効成分又はその候補となる化合物を提供することであると認定した。

(2) 発明の課題とサポート要件の関係

本件発明の課題が上記のとおり認定されたことにより，本件発明はサポート要件を充足すると認められた。

原審被告Bは，本件発明の課題は本件明細書に記載されたとおりの「新規な，特に除草作用において特性が改良された化合物を提供すること」であると主張した。もし本件発明の課題が原審被告Bの主張どおりのものであると認められていたとしたら，本件発明はサポート要件を欠くと認定されたはずである。

(3) 共同不法行為が成立しないと認定されたことについて

訴外Cによる被告製品1の輸入販売等について共同不法行為が成立するといえるためには，Cの行為だけでは輸入販売行為の全体が成立するとはいえず，原審被告Aを含む他者も輸入販売行為の一部を分担しており，それぞれが分担する行為が相まって輸入販売行為の全体が成立するというような関連共同性の要件が必要とされる。

裁判所は，共同開発契約の内容から理解できる共同開発の実態からみて，原審被告Aと訴外Cらの共同不法行為が成立するとは認められないと認定した。この判示事項は，共同開発契約の事実を証拠として共同不法行為が成立することを主張したい場合に，参考になると考えられる。

(4) 本件明細書の記載内容の充実度が実施料率に及ぼした影響

上記「3．裁判所の判断，(3)実施料率（被告製品2）」で解説した実施料率の決定要素②（本件発明の構成や特許明細書の記載から侵害を構成する製品の実施化に到るまでに要した試行錯誤の程度）は，本件明細書に除草作用の改善を示す実験結果が記載されていなかったことが原因となっている。特許明細書の記載の充実度が，実施料率を下方修正する要素にもなることを示しており，参考になる。

（岸本　達人）

タンパク質を抽出する混合液事件

判決の ポイント	界面活性剤含有の限定のない本件発明に係る「タンパク質を抽出する」混合液につき，タンパク質抽出において許容される界面活性剤含有量が，明細書の記載を参酌して確定され，界面活性剤を一定量含む被告製品は，本件特許の文言「タンパク質を抽出する」を充足しないと判断された。
事件の表示	R1.7.30　東京地裁　平成29年（ワ）41474
参照条文	特70①　特70②
Key Word	技術的範囲，機能的記載

1．事実関係

⑴ 事件の概要

　「タンパク質を抽出する混合液」に係る特許（特許第5388259号）の特許権者である原告が，被告の製造販売に係るクレンジングオイルは，上記特許に係る発明の技術的範囲に属すると主張して，被告に対し，特許権侵害の不法行為による損害賠償を請求した事案である。

⑵ 本件発明の内容

　本件特許の請求項3に係る発明（以下「本件発明」という。）の構成要件は，次のとおり分説される。

A　請求項1又は2に記載の前記第1の高級アルコールとは異なる，炭素数20の高級アルコールである第2の高級アルコールと，炭化水素と，を少なくとも含み，

B　タンパク質，水性溶媒，炭素数15～18の高級アルコール，及び炭素骨格中に1つの不飽和結合を有する脂肪酸又は飽和脂肪酸を含む，炭素数18の脂肪酸を含む抽出対象液からタンパク質を抽出する

C　混合液。

2．争点

　被告製品が本件発明の技術的範囲に属するか，具体的には構成要件Bの充足性について争われた。

3．裁判所の判断

　裁判所は，まず，本件発明の構成要件Bにおける「タンパク質を抽出する」の文言を，本件明細書の記載を参酌して次のように解釈した。本件発明に係る「タンパク質を抽出する」混合液とは，そのタンパク質抽出の態様からみて，界面

活性剤の含有の有無を問わないが，従来のタンパク質分離用エマルション等に含まれる界面活性剤よりも少ない量の界面活性剤の含有を，従来必要とされていた除去工程を不要にする限度において許容することによって，その分離（抽出）を簡便に行うことができる混合液という技術思想に係るものである。上記「タンパク質を抽出する」混合液は，そこに含まれる界面活性剤の程度が，分離等された対象物質から界面活性剤を除去する工程が不要である程度を限度とするものであり，分離（抽出）されたタンパク質から界面活性剤を除去する工程が必要となるものは，上記「タンパク質を抽出する」混合液には当たらない。

この解釈に基づき，裁判所は，被告製品と構成要件Bとを対比し，被告製品における界面活性剤の含有量は，従来使用されてきた界面活性剤よりも少ない量であるものとは認められず，その界面活性剤含有量は，分離（抽出）された対象物質から界面活性剤を除去する工程が不要である程度であるとは認めるに足りない，と述べて，被告製品は，そのタンパク質抽出の態様の観点からして，構成要件Bの「タンパク質を抽出する」混合液という文言を充足せず，本件発明の技術的範囲に属しない，と結論した。

4．実務上の指針

本件発明は，本件明細書の記載によれば，溶液から「タンパク質を抽出する混合液」である。具体的には，本件明細書には，第1のタンパク質抽出剤を用いてタンパク質含有液を2層に分離し，次いで，得られたタンパク質含有層を，第2のタンパク質抽出剤を用いて，さらに2層に分離するタンパク質抽出方法が記載されており，その第2のタンパク質抽出剤に相当するものが，本件発明に係る「タンパク質を抽出する混合液」である。本件発明の構成要件Bは，上記第1のタンパク質抽出剤とタンパク質含有液とを含む抽出対象液に対して，本件発明の混合液を用いることを特定している。本件明細書には，本件発明の用途として，タンパク質の単離精製の前処理等が記載されているが，クレンジングオイル等の洗顔や美容の用途についての記載はない。一方，被告製品は，メイク落とし等に用いられるクレンジングオイルであり，本件発明とは技術分野や目的，使用形態が同一であるとはいえない。本判決の内容を理解するには，このような事情を考慮しておく必要があると思われる。以下，実務上，参考になると思われる点について説明する。

本判決で問題となった記載は，本件発明の構成要件Bの「タンパク質を抽出する」である。本件発明の「混合液」は，界面活性剤含有の有無を特定しておらず，また，各含有成分を「少なくとも含み」という，いわゆるオープンクレームで特定されており，特許請求の範囲の記載においては，界面活性剤の含有や含有量の限定はない。そのような本件発明について，裁判所は，特許法70条2

項に則して明細書の記載を参酌し，発明が解決しようとする課題が，従来のタンパク質抽出方法は，界面活性剤を使用するため，界面活性剤の除去工程が必要で煩雑であったこと，本件発明が，上記課題を解決するタンパク質抽出方法において，上記第1のタンパク質抽出剤の使用を前提とすること，「タンパク質抽出剤」に含まれてよい界面活性剤の量に関する本件明細書の記載等から，本件発明の「タンパク質を抽出する」混合液には，除去工程が必要になるような界面活性剤含有液は含まれない，と限定解釈している。

　上記「タンパク質を抽出する」は，本判決中では明記されていないが，機能的記載といえる。機能的記載については，「アイスクリーム充填苺事件」（H16.12.28東京地裁平成15年（ワ）19733）において，「当該機能ないし作用効果を果たし得る構成であれば，すべてその技術的範囲に含まれると解すると，明細書に開示されていない技術思想に属する構成までもが発明の技術的範囲に含まれ得ることとなり，出願人が発明した範囲を超えて特許権による保護を与える結果となりかねない。」「したがって，特許請求の範囲が，上記のような作用的，機能的な表現で記載されている場合には，・・・明細書の発明の詳細な説明の記載を参酌し，そこに開示された具体的な構成に示されている技術思想に基づいて当該発明の技術的範囲を確定すべきものと解するのが相当である。」という判断が示されている。機能的記載の解釈が問題になった最近の裁判例でも，同趣旨の判断が採用されている（H30.3.28東京地裁平成28年（ワ）11475（「実務家のための知的財産権判例70選」2019年度版p180-p183掲載。），H29.9.12大阪地裁平成28年（ワ）6357（同2018年度版p186-p189掲載。））。本判決においても，明細書の記載を参酌したうえで，発明の技術思想に基づいて技術的範囲を確定している点で，同様の判断になっていると思われる。

　機能的記載は，特に化学発明においてはよく用いられる表現ではあるが，上記裁判例で判示されているように，機能的記載で発明を特定する場合には，その意味が明細書の記載を参酌して解釈される点に注意する必要がある。本件明細書では，例えば，「抽出」について「タンパク質と水性溶媒とを分離させること」と広く定義されており，界面活性剤含有量についても「例えば」，「含まれていてもよい」の表現を用いて非限定的に記載されている。しかし，本判決にあるように，それだけでは十分でない場合があることに留意し，明細書全体，すなわち技術分野，発明が解決しようとする課題，作用効果，用途等も含めて，機能的記載で特定される技術思想が，意図するよりも限定的に解釈されないよう細心の注意を心掛けたい。また，機能的記載を含む特許発明に基づく権利行使に際しては，特許請求の範囲の文言からだけでなく，明細書の記載を参酌して把握される技術思想から，被告製品が当該発明の技術的範囲に属するといえるか否かを十分に確認しておくことも重要であろう。機能的記載による発明の

特定が必要か否か，適当か否かについては，侵害立証性の観点から，慎重に判断することが重要である。なお，機能的記載は，特許性（新規性，明確性，サポート要件等）の判断においても，必ずしも有利な記載とはいえない。その使用にあたっては，特性や組成，化合物名等で発明を特定する場合と比較して，優劣を判断するよう意識したい。

　また，本件特許については，訂正審判が請求され，本判決において発明の限定解釈に用いられた明細書の記載を削除する訂正が試みられた。しかし，訂正要件違反（目的外訂正）を理由に，本判決前に請求不成立審決が確定している。明細書中の，発明が解決しようとする課題の一部を削除したり，成分の含有量の限度を削除する補正は，権利化前においても新規事項追加であるとして認められないと考えられ，特許成立後においても困難であることが留意される。なお，本件特許は，原出願の特許査定時に出願された分割出願に係るものであり，本件発明は，原出願において「タンパク質抽出剤」であったものが「混合液」に変更されたものである。この分割出願は，本判決における原告の主張から，「タンパク質抽出剤」以外の用途についての権利取得を目的としたもののようである。本判決では，原告が目指した権利行使は叶わなかったことから，その目的は達成できたとはいえない。本判決の結果から，特許出願前の段階において，想定される特許権侵害の態様を考慮したうえで，特許を取得しようとする発明について，それが解決しようとする課題や作用効果，想定用途をよく検討し，それに適合した実施例を準備し，権利行使に備えることの重要性が再確認される。

　なお，本件発明は，実質的に，第1のタンパク質抽出剤と第2のタンパク質抽出剤とを用いるタンパク質抽出方法を前提として記載されており，サブコンビネーション発明（タンパク質抽出方法を全体としたときの一部）や，あるいは用途限定発明とも解釈できるように思われる。特定のタンパク質抽出方法で用いられることの制限（用途の制限）や，第1のタンパク質抽出剤との関係の制限（サブコンビネーションの制限）を受けない権利取得や権利行使を目指すならば，そのような制限のない発明を明細書に記載する必要があると思われる。

（谷　征史）

養殖魚介類への栄養補給体及び
その製造方法控訴事件

判 決 の ポイント	共有特許権について，一方の共有者の実施行為により共有特許権は消尽していることが認められた。
事件の表示	R2.3.11　知財高裁　令和元年（ネ）10065 （原審　R1.9.19　大阪地裁　平成30年（ワ）5189）
参 照 条 文	特73②　特101五　民704
Key Word	特許権共有，消尽，間接侵害

1．事実関係

(1)　事案の概要

　控訴人は，発明の名称を「養殖魚介類への栄養補給体及びその製造方法」とする特許権（特許第3999585号；以下「共有特許権」）を被控訴人と共有するとともに，発明の名称を「透析機洗浄排水の中和処理用マグネシウム系緩速溶解剤」とする特許権（特許第5227537号；以下「甲4特許権」）を単独で有している。本件は，控訴人が，被控訴人らに対し，被告製品の製造等の差止め及び製造装置等の廃棄を求めるとともに，特許権侵害の不法行為等を理由とする金銭の支払を求めた原審（R1.9.19大阪地裁平成30年（ワ）5189）について，原判決が支持された事案である。

(2)　手続の経緯

(ⅰ)　当事者

　控訴人（原審における原告）は，建築事務所を経営しており，病院向けに，透析機器洗浄排水の中和装置を製造販売している。

　また，被控訴人（原審における被告）は，被控訴人会社の代表取締役を務めるとともに，個人事業を営んでいる。「被控訴人会社」は，かき殻肥料の販売等を目的とする株式会社である。

　控訴人及び被控訴人は，控訴人，被控訴人らが株主，被控訴人がその代表取締役，控訴人らがその取締役を務める，かき殻粉末を利用した水質浄化剤等の製造・販売等を目的とする株式会社（以下「解散会社」）を設立していた。

(ⅱ)　特許権及び実施許諾

　控訴人と被控訴人は，「養殖魚介類への栄養補給体及びその製造方法」とする共有特許権を有している。さらに，控訴人は，「透析機洗浄排水の中和処理用マグネシウム系緩速溶解剤」について甲4特許権を有している。共有特許権の特許権者である控訴人と被控訴人は，解散会社に対し，共有特許権の実

施を許諾していた。

(iii) 共有特許権の設定登録後の経緯

解散会社は，共有特許にいう「養殖魚介類への栄養補給体」に相当する栄養補給体を製造販売していた。解散会社が解散された後，被控訴人会社は，解散会社のものと同じ方法で製造された養殖魚介類への栄養補給体(以下「被告製品」という。）等を第三者に対して販売した。

また，被控訴人会社は，中国の会社との間で，カキ殻加工固形物の製造技術指導等に係る業務を受託する業務委託契約（以下「本件業務委託契約」という。）を締結した。

控訴人は，被控訴人らを相手方とする証拠保全の申立てをした後，原審を大阪地方裁判所に提起した。原判決では，控訴人の主張がすべて棄却された。

2．争点

主として，共有特許権について一方の共有者が製造した製品に対する他方の共有者による権利行使に関し，権利者ではない被控訴人会社が被告製品を製造したと認められるか否か等について争われた。

3．裁判所の判断
(1) 争点1及び2について

争点1及び2について，控訴人は，被告製品は被控訴人と被控訴人会社が共同して製造していると主張し，被控訴人会社による被告製品の製造販売による共有特許権の直接侵害（均等侵害を含む。）を理由とする請求をしていた。

本件では，追加された控訴人の主張はいずれも認められず，被告製品は被控訴人のみが製造しており，被控訴人会社が製造しているとは認められず，共有者である被控訴人は，控訴人の同意を得ることなく共有特許発明を実施することができるから，被控訴人が，共有特許発明の実施品として被告製品を製造し，これを被控訴人会社に販売した場合には，共有特許権はその目的を達成したものとして消尽しているものと解した原判決が支持された。

(2) 争点3について

争点3について，控訴人は，被告製品の製造販売による甲4特許権の間接侵害を理由とする請求をしていた。本請求にて，控訴人は，出願経過等から，甲4特許発明が方法の発明であるとして特許査定されたとし，被告製品の販売について甲4特許権に対する特許法101条5号の間接侵害が成立すると主張していた。本件では，控訴人の主張はいずれも採用されず，甲4特許発明が方法の発明であることを前提に特許法101条5号の間接侵害が成立するとの控訴人の主張は採用することができないとした原判決が支持された。

(3) 争点4について

　争点4について，控訴人は，仮に，被告製品の製造販売について特許権侵害が成立しないとしても，被告製品には本件技術が用いられていることから，不法行為又は不当利得が成立すると主張していた。本件では，控訴人自身自認しているとおり，本件技術は甲4特許権を直接構成するものではなく，また，この技術が営業秘密に当たるなどとして法律上の保護の対象になることを認めるに足りる証拠はないため，被控訴人会社において，被告製品の販売による利益を返還すべき義務があるともいえないとした原判決が支持された。

(4) 争点5ないし8について

　争点5について，控訴人は，共有特許権について中国の会社に通常実施権を許諾したこと等を理由とする不法行為による損害賠償請求及び不当利得返還請求をしていた。業務委託契約書によれば，中国の会社は共有特許の構成を有する養殖魚介類への栄養補給体を製造等することも可能と考えられるが，共有特許権が存続する間は原則として成果物を日本国において製造等することはできず，特定の場合に限り中国の会社は成果物を被控訴人会社に販売できる等とされていた。本件では，本件業務委託契約において中国の会社に対し日本国内での共有特許の実施を許諾する条項は認められないため，中国の会社に対して通常実施権が許諾されたと認めることはできないとした原判決が支持された。

　争点6ないし8にて，控訴人は，民法190条による返還請求，中国の会社に対する業務委託契約に基づく技術指導行為を理由とする不法行為の損害賠償請求及び不当利得返還請求，並びに，会社法429条1項に基づく損害賠償請求をしていた。本件では，本件業務委託契約は共有特許の日本での実施を許諾するものではないため，同契約に基づく技術指導行為は共有特許権の侵害に該当するものではなく，控訴人の民法190条及び本件業務委託契約に基づく技術指導行為を理由とする不法行為に基づく請求，並びに，被控訴人に会社法429条1項に基づく責任は認められないとされた。

4．実務上の指針

　本件は，共有特許権について，一方の共有者が製造した製品に対する，他の共有者による権利行使に関し，控訴人及び被控訴人（個人）の共有特許権について，被控訴人会社が被控訴人と共同して被告製品を製造していたか否かが争われた。控訴人の主張は，被控訴人会社が被控訴人と共同して被告製品を製造していれば，被控訴人会社による被告製品の製造販売行為について共有特許権に対する侵害が成立するというものである。本件では，控訴人の提出した主張がいずれも認められず，被告製品は被控訴人のみが製造していると判断され，被控訴人が，共有特許発明の実施品として被告製品を製造し，これを被控訴人

会社に販売した場合には，共有特許権はその目的を達成したものとして消尽していると解された。

特許法73条2項の規定から，共有特許権について，一方の共有者が正当な権原に基づいて製造し，その後流通した製品に対し，他の共有者が消尽によって権利行使できないことについて争いはないであろう。

これに対し，製造行為の一部又は全部を他社に依頼する場合も多く，このように複数主体が共有特許権に係る製品の製造に関与する場合には製造主体の製造行為について争いが生じることがある。例えば，共有者の依頼による第三者の製造行為がいわゆる共有者の一機関として製造を行うに過ぎないかについては争点となる可能性が高い。このような問題は，原告・被告のいずれの立場においても，事後に事実を証明することが難しい場合が多い。特に，本件のように共有者が個人であり，当該個人が代表取締役を務める会社などが関係する場合，いずれの者が製品を製造しているかの証明は難しいものと思われる。殊に原告側においては，査証制度（特許法105条の2）が導入された現状の特許法下においても，被告側に比して，その証明は更に容易ではないものと推測される。

また，第三者による製造行為については実施権の許諾によってもなし得る。しかし，共有特許権の場合，特許法73条3項の規定による"他の共有者の同意"の有無が問題となる。特に事後において共有者との関係が悪化した場合，同意を得ることが難しくなることも推測される。

このため，実務上では従前より実施されているものの，製造行為の一部又は全部を他社に依頼する場合については，共同出願や共同開発・研究の契約を行う際等に，依頼先の特定やその条件などについて，予め相手方と取り決めておくことが肝要である。特に，近年では国内の企業同士との共同開発・研究に加えて，研究者個人と企業との間における共同開発等や外国の企業若しくは研究者との共同開発・研究も多く行われている。この点，共同出願，研究の成果物や営業秘密の取り扱いの取り決めについてはより一層の留意が必要であろう。

さらに，共有特許権について製造を第三者に依頼する場合には，後に問題となった際に証明できるように，依頼・契約内容を契約書等で明確にしておき，注文書や納品書等の書類を整理・保管しておくことも肝要である。

（都野　真哉）

非水系毛髪化粧料および毛髪処理方法事件

判 決 の ポ イ ン ト	被告製品の売上金額から返品に係る売上金額が差し引かれた金額が限界利益算出の基礎とされたが，被告の従業員の人件費は控除される経費として認められなかった。
事件の表示	R2.1.16　大阪地裁　平成29年（ワ）6334
参 照 条 文	特100①　特100②　民719①前段　特102②
Key Word	差止請求，廃棄請求，共同不法行為，限界利益

1．事実関係

⑴　原告及び被告

　原告は，医薬部外品，化粧品，化学工業薬品の製造・販売等を業とする株式会社である。被告Y1は，医薬品の製造及び輸入，販売，医薬部外品（パーマ液）の製造及び輸入，販売，化粧品の製造及び輸入，販売等を業とする株式会社であり，被告Y2は，化粧品の製造販売，医薬部外品の製造販売，化粧品用原材料の販売，理美容器具の販売等を業とする株式会社である。被告Y2は被告Y1の関連会社であり，被告Y1及び被告Y2（以下，まとめて「被告ら」とする。）の株主及び代表取締役は同一である。

⑵　原告特許

　原告は，発明の名称を「非水系毛髪化粧料および毛髪処理方法」とする特許第6072965号（以下「本件特許」という。）の特許権者である。本件特許については，被告Y2が無効審判を2回請求しているがいずれも請求は棄却されている。なお，2回目の無効審判で認められた特許請求の範囲の訂正によって，請求項1に係る発明（以下「本件発明1」という。）は，以下のとおりとなっている。

【請求項1】

　　下記(ｱ)～(ｳ)の成分が配合されており，(ｱ)紫外線吸収剤として，2-[4-（ジエチルアミノ）-2-ヒドロキシベンゾイル]安息香酸ヘキシルエステルを含み，

　(ｱ)　成分の配合量が3質量％以上であって，濡れた毛髪に塗布後，洗い流さずに前記毛髪を乾燥させる方法で使用されることを特徴とする非水系毛髪化粧料。

　　(ｱ)　紫外線吸収剤

　　(ｲ)　イソノナン酸2-エチルヘキシル，または，安息香酸アルキルおよびイソノナン酸2-エチルヘキシル

　　(ｳ)　揮発性の環状シリコーン

(3) 被告らの行為

　被告らは，遅くとも平成28年6月15日頃以降，業として，判決別紙の被告製品目録に記載された毛髪化粧料である被告製品1及び被告製品2（以下，まとめて「被告製品」という。）を製造し，販売し，また販売の申出をしたこと，被告製品の包装箱には「発売元」として被告Y1が，「製造販売元」として被告Y2が記載されていること，及び被告製品は，本件発明1の技術的範囲に属することについては，当事者間に争いがない。

2．争点

　差止請求及び廃棄請求の成否（争点1）及び被告らの特許権侵害による原告の損害額（争点2）が争われた。

3．裁判所の判断
(1) 争点1（差止請求及び廃棄請求の成否）について

　被告らが被告製品の販売を停止したとの主張については，裁判所は，「現在販売を停止している事実が認められるとしても，被告らは，本訴訟において当初は本件特許の無効や構成要件の非充足を主張し，令和元年6月まで被告製品を販売するとともに，総合カタログにこれを掲載していたとされるのであるから，被告らが被告製品の製造等をするおそれはあると認められる」と認定したうえで，「被告らが被告製品を既に廃棄等したことをうかがわせる証拠はなく，被告らはこれを所持していると認められる。」として，原告の差止請求及び廃棄請求を認めた。

(2) 争点2（被告らの特許権侵害による原告の損害額）について

　裁判所は，被告製品の包装箱には「発売元」として被告Y1が，「製造販売元」として被告Y2が記載されていたこと，その株主及び代表取締役が同一であることを踏まえて，被告らの原告に対する共同不法行為に基づく損害賠償責任を認めた。また，原告と被告Y1とは理美容室向け毛髪化粧品の分野の競合企業であり，原告は被告製品と競合する製品を販売していることを弁論の全趣旨から認定し，「特許権者である原告に，被告らによる特許権侵害行為がなかったならば利益が得られたであろうという事情」を認めて損害額の算定は特許法102条2項に基づくとした。そして，令和元年6月7日の知財高裁大合議判決（平成30年（ネ）10063）を引用して，「特許法102条2項所定の侵害行為により侵害者が受けた利益の額は，侵害者の侵害品の売上高から，侵害者において侵害品を製造販売することによりその製造販売に直接関連して追加的に必要となった経費を控除した限界利益の額であり，その主張立証責任は特許権者側にあるものと解すべきである」とした。そのうえで，被告らの利益額について，「被告ら

に共同不法行為が成立することから，被告らを一個の製造，販売の主体と見て，被告らにいくらの利益が生じたかという観点から検討する。」とした。

　具体的な損害額としては，裁判所は，被告製品の売上金額として，当事者間に争いがない売上金額1,295万1,783円から，返品に係る売上金額11万6,013円を控除した1,283万5,770円を売上高として認定し，ここから被告の主張する各経費について控除の是非を判断し，最終的な限界利益を算出した。

　控除する経費として，被告の主張したバルク原価のうち，原料原価及び調合光熱費については被告製品の製造販売に直接関連して追加的に必要となった経費として控除を認めたが，調合作業の人件費に相当すると被告らが主張する「調合手間」については「単に被告らの従業員が被告製品の製造に関与しているというだけでは，侵害品である被告製品の製造販売に直接関連して追加的に必要となった経費を要したと認めることはできず，これに当たることを認めるべき事情は主張立証されていない。」として控除を認めなかった。また，「容器，ポンプ，キャップ，一本箱，添付文書，内箱，外箱に係る費用」及び「運賃，関税輸送費」については控除を認めたが，「女性7名による作業や添付文書の差込みに関する経費」と主張する「手間」については「調合手間」と同様の理由で控除を認めなかった。なお，「UB防止効果の試験費用」については，被告の主張する全額が「侵害品である被告製品の製造販売に直接関連して追加的に必要となった経費に当たるということはできないが，原告が本件で損害賠償を請求している期間の被告製品の製造販売に直接関連して追加的に必要となったと認められる部分については，経費として控除するのが相当である。」として，その一部を経費として認めた。

　以上の結果，裁判所は被告らの経費の額として合計390万5,409円を認め，これを前記の売上高から控除した限界利益としての893万0,361円に，弁護士費用110万円を加算した1,003万0,361円を原告の損害額と推定した。

4．実務上の指針
(1)　差止請求及び廃棄請求

　本件では，被告らは被告製品の販売を停止していると主張している。これが事実であれば，判決の基準時である事実審の口頭弁論終結時には侵害の事実がないことになるため，差止請求は認められないはずである。しかし，訴訟提起後の当初は特許の有効性及び構成要件の充足性を争ったり，少なくとも訴訟提起後の令和元年6月まで侵害行為を継続していたりとの被告らの態度から，「現在販売を停止している事実が認められるとしても」少なくとも侵害のおそれはある，と判断されたものと思われる。なお，付帯請求である廃棄請求も認められたことから，訴訟提起後にも侵害行為が実際にあった場合，廃棄請求を免れ

るためには，被告側は被疑侵害品を所持していないことを立証する必要がある，と判決では示唆していると思われるため，被告の立場としては十分留意すべきと考えられる。

(2) 限界利益

　本判決では原告の損害額を特許法102条2項に基づき算出している。同項に基づく原告の損害額としての被告の利益の額は，被告の限界利益の額であり，その算出手法は，前記知財高裁の大合議判決に従っている。限界利益とは，売上高から経費を差し引いた額であるが，その経費について同判決では，「控除すべき経費は，侵害品の製造販売に直接関連して追加的に必要となったものをいい，例えば，侵害品についての原材料費，仕入費用，運送費等がこれに当たる。これに対し，例えば，管理部門の人件費や交通・通信費等は，通常，侵害品の製造販売に直接関連して追加的に必要となった経費には当たらない。」と判示している。すなわち，経費として控除が認められる経費はいわゆる変動費であり，人件費のような固定費は限界利益に含まれる，という管理会計の原則に従った判断である。

　本件訴訟でいえば，「容器，ポンプ，キャップ，一本箱，添付文書，内箱，外箱に係る費用」及び「運賃，関税輸送費」については，被告製品の数量に比例して増加するものでまさに変動費といえるため，売上高からの控除が認められている。一方，「調合手間」及び「手間」については，被告らの従業員の人件費であり，被告製品の製造販売の有無にかかわらず発生するものであるため固定費として控除が認められなかった。なお，例えば，被告製品の増産に伴い，臨時にアルバイトやパート職員を雇い入れて専ら被告製品の製造販売にのみ従事させたという事情がある場合には，その人件費は固定費ではなく変動費として売上高からの控除が認められる可能性がある。

　なお，UV防止効果の試験費用のうち，平成28年5月20日依頼分は，化粧料としての性質上，被告製品を製造販売するためには必要不可欠な試験であるとして，経費としての控除が認められた。一方，平成28年3月31日依頼分は，被告製品を研究開発する過程で支出された費用なので，被告製品の製造販売に直接関連して追加的に必要となった経費に当たるとはいえないとして，経費としての控除は認められなかった。このように，同じ内容の費目であっても，控除が認められるかどうかは製品の製造販売に直接関係あるかどうかで判断され，実際には個別の事情が考慮されると思われる。

（北口　智英）

屈折計事件

判 決 の ポイント	損害額の認定において，被告は寄与率を考慮すべきと主張したものの，判決では寄与率を考慮すべきではないと判断された。
事件の表示	R1.8.30　東京地裁　平成29年（ワ）31544
参 照 条 文	民709　特102②
Key Word	損害額，寄与率

1．事実関係

(1)　事案の概要

　度量衡器，計量器及び部品の製造並びに販売等を目的とし，屈折計に関する特許（特許第4889772号：以下「本件特許」という。）の特許権を有する原告が，度量衡器，計量器の製造，販売及び輸出入等を目的とする被告に対し，被告製品の使用等の差止めと，損害賠償金等の支払を求めた事案である。

(2)　本件特許発明の内容

　本件特許発明そのものの説明の前に，まずは本件特許発明である屈折計の一般的な構成や用途について説明する。屈折計は，試料の光の屈折率を測定する装置である。液体の試料の屈折率は試料の濃度によって変化するため，試料の屈折率を測定することによって試料の濃度を測定することができる。そのため，屈折計は糖度計などに用いられている。測定原理は以下のとおりである。プリズムの表面に試料を載せ，プリズムの一方からプリズムと試料との境界面に向けて光を照射し，プリズムの他方に設けられた光電センサにおいて境界面での反射光を受光し，その強さを測定する。光の入射角と試料の濃度とに応じて，スネルの法則にしたがって出射角が変化するが，この出射角が90度（臨界角）になったときに全反射が起きて反射光の強さが最も強くなる。この臨界角になったときの反射光の受光位置を光電センサ上の位置として求めることで，屈折率を測定することができる。

　次に，本件特許発明について説明する。本件特許に係る発明の構成は次のとおりである。なお，紙面の都合により，本件特許の請求項に記載されていた符号と数式とは省略して記載する。

A　試料との界面をなす境界面を有するプリズムと，

B　前記プリズムの境界面に光を入射させる光源と，

C　前記プリズム境界面で反射された光を検出する，複数の受光素子を有する光電センサと，

D　前記光電センサの各受光素子の受光量から得られる光量分布曲線に基づい

て，臨界角に対応する光電センサ上の位置である臨界角点を算定し，臨界角点に基づいて試料の屈折率を求める演算手段と，を備え，

E　前記臨界角点が，式１及び式２により算定され，式１において，Xiは各受光素子の位置を表し，IiはXiにある受光素子における受光量Vを表し，mは計算に用いる受光素子の数であり，式２において，Cは屈折率が既知である試料を用いた実験により予め決定された定数である，

F　屈折計。

本件特許は，審査過程において，特に式２に関する構成を追加する補正を行うことによってサポート要件等の記載要件に関する拒絶理由を解消することで認められている。

２．争点

原告の損害額について争われた。特に，寄与率に関しては原告と被告との間で主張が真っ向から対立した。原告は「本件発明が被告製品の一部にのみ用いられている場合ではないから，寄与率を考慮する余地はない。」というように100％の寄与率を主張した。

一方，被告は「糖度計において計測精度が向上することには一定の意義があるにしても，それは糖度計内部での計算処理上の問題であって，需要者が特にその計算方法や精度の向上を具体的に認識して製品を購入するものでもなく，被告製品の販売ウェブサイトにおいても，「外光の影響を低減し，戸外において精度良く屈折率を測定する」効果を宣伝広告しているわけではない。原告は，本件発明の効果として，「臨界角点（Pc）を精度良く得られる」から，高い測定精度を達成できると主張するが，被告製品の測定精度（Brix±０．２％）は，被告製品よりも安価な糖度計でも達成されるものであるから，被告製品が本件発明の効果を顕著に示しているということもできない。こうした事情を考慮すれば，本件発明の寄与率は，多く見ても30％にとどまる。」と30％の寄与率を主張した。

なお，被告製品の構成要件充足性や本件特許の有効性等に関する争点もあったが，本稿では触れない。

３．裁判所の判断

裁判所は「本件発明は，屈折率を測定するための臨界角点の算定という，屈折計の本質的ないし根幹的技術に関するものであって，その可分的な一部に関するものではないから，本件で寄与率を考慮すべきとは認められない。」と判断した。

4．実務上の指針

　特許権に係る損害賠償額に関しては，「特許権侵害における損害賠償額の適正な評価に向けて」という報告書が平成30年３月に特許庁から公開されている。この報告書では，逸失利益の算定における考慮要素の１つとして寄与率が挙げられており，考慮されるケースとして以下の２つのケースが提示されている。

①　１つの製品のなかでの特許使用部分と特許発明を実施していない部分がそれぞれ利益貢献要因として存在する場合

②　代替性が完全でない場合，つまり，仮想的状況において，侵害品の需要がすべて権利品の需要によって代替されるわけではない場合

　しかしながら，これら２つのケースがどのような場合に適用されるかについての具体的な事例の数は決して多くはないことから，１つの具体的な事例を示すものとして本事件は参考になる。

　寄与率について認定した過去の裁判例としては，例えば美容器事件（H30.11.29大阪地裁平成28年（ワ）5345）（「実務家のための知的財産権判例70選」2019年度版p224-p227掲載。）がある。美容器事件では，特許発明に係る軸受が，被告製品である美容器の一部分であること，需要者の目に入るものではないこと，代替技術が存したこと，にかんがみて特許発明の技術の利用が被告製品の販売に寄与した度合いは高くないと判断され，10％という値が寄与率として認定された。この美容器事件では，上述した報告書の２つのケースのうち①及び②の両方が検討されているのに加えて，さらに需要者の目に入るか否かも検討されている。

　また，破袋機事件（H27.5.28大阪地裁平成24年（ワ）6435）（「実務家のための知的財産権判例70選」2016年度版p238-p241掲載。）では，特許発明が被告製品（破袋機）の構造の中心部分に関するものであること，原告が一定のブランド力を有すること，をかんがみて特許発明が被告製品や原告製品に寄与する割合を減ずることはできない（すなわち寄与率100％である）と認定された。さらに，その控訴事件（H28.6.1知財高裁平成27年（ネ）10091）では，被告製品に特許発明の効果以外の特徴や購買者の需要喚起力があるという事情が立証されていないことを理由に挙げて，寄与率なる概念によって損害を減額することはできないと認定され，寄与率に関しては原審判決の認定が維持された。この破袋機事件及びその控訴事件では，上述した報告書の２つのケースのうち①について検討されたものの②については明示的な検討はなく，さらに原告のブランド力や，被告製品における特許発明の需要喚起力の程度などが検討されている。

　これらの事件からもわかるように，上述した報告書の２つのケースは考慮要素の一例にすぎず，他にも種々の考慮要素に基づいて寄与率が判断されている。捉え方によっては，いずれの考慮要素も①又は②のいずれかに分類できるとい

う考え方もあるかもしれないが，寄与率の値を自身に有利な値に近づけるために具体的にどのような考慮要素を根拠として挙げるかは，事件ごとに特許発明や被告製品などの事情に応じて個別に判断が必要である。

　本事件では，原告は上述した報告書の2つのケースのうち①に基づいて寄与率100％を主張している。一方，被告は，特許発明の需要喚起力と，被告製品における特許発明の効果の程度と，に基づいて寄与率を30％として主張した。これに対し，裁判所は本件発明が「屈折計の本質的ないし根幹的技術に関するものであって，その可分的な一部に関するものではない」と判断し，寄与率100％を採用している。裁判所のこのような認定は，上述した報告書の2つのケースのうち①に基づいたものであり，上記の破袋機事件の原審判決と近い認定となっている。上述したように，糖度計において屈折率を測定することはたしかに根幹に関わる部分であるため，①に関する裁判所の認定には抗うことは困難に思える。一方で，②の代替性に関しては明確な主張も認定もなされていない。事後的な分析となってしまうが，屈折率を測定する屈折計の技術は従前から存在しており，被告製品の精度も従前から存在する屈折計と大差はないことから，この点に基づいて代替性について反論することも可能性としてはあったのかもしれない。すなわち，被告製品における特許発明の効果の程度を謳うのではなく，特許発明の効果が明確に被告製品の精度向上に表れていないことに基づいて"代替性"について言及することもできるのかもしれない。

　寄与率が100％であるか10％であるかによって損害額は大幅に変化する。そのため，寄与率に関する考慮要素の検討は，当事者や代理人の腕の見せ所の1つでもあるといえる。上述した過去の裁判例や本事件の他にも，寄与率に関する裁判例は存在する。実際に寄与率に関する主張を行う必要が生じた際には，過去の裁判例で用いられた考慮要素の事例を参考にしつつ，自身に有利な結論を導くのに有益な考慮要素を導き出す必要がある。

【参考文献】
　「平成29年度 特許庁産業財産権制度問題調査研究報告書特許権侵害における損害賠償額の適正な評価に向けて」（特許庁，2018年）p44-p50

（及川　周）

美容器大合議事件

判決のポイント	特102①の趣旨・主張立証責任を明示し,「侵害行為がなければ販売することができた物」,「単位数量当たりの利益の額」,「実施の能力」,「販売することができないとする事情」につき知財高裁特別部の判断を示した。
事件の表示	R2.2.28　知財高裁　平成31年（ネ）10003 （原審　H30.11.29　大阪地裁　平成28年（ワ）5345）
参照条文	特102①
Key Word	損害額の算定方法

1．事実関係

⑴　本件判決は,「美容器」に係る特許第5356625号及び特許第5847904号（それぞれ「特許1」及び「特許2」という。）に係る特許権（それぞれ「特許権1」及び「特許権2」という。）を有する原告Xが,美容器を製造・販売等する被告Yに対して,特許権1及び2を侵害するとして,製造・販売等の差止め等及び損害賠償を求めた原審(H30.11.29大阪地裁平成28年（ワ）5345（「本件第一審判決」という。）)に対してX及びYが控訴した控訴審の判決である。

⑵　本件第一審判決は,Yが製造等する製品（「Y製品」という。）が特許2の技術的範囲に属し,特許法104条の3第1項に基づき権利を行使することができないとすべき理由が認められないとして,Y製品の製造・販売等の差止めを認めるとともに,特許法102条1項によるXの損害額は,Y製品の譲渡数量のうち5割については販売することができないとする事情があるとして控除し,これにXの製品の単位数量当たりの利益額及び特許2の寄与率10%を乗じた額を含むXの損害額1億735万651円の支払をYに命じた。第一審裁判所は,Xが損害賠償の原因として特許2の侵害のみを主張していた等の理由で,特許1に基づく権利行使の可否については判断していない。

⑶　Xが販売する製品（「X製品」という。）は,大手通販業者や百貨店で2万3,800円程度の価格で販売されていた。Y製品は,ディスカウントストアや雑貨店への卸売り販売が中心で,3,000～5,000円程度の価格で販売されていた。搭載されたソーラーパネルにより微弱電流を発生する機構を,X製品は有するがY製品は有しない。

2．争点

Xの損害額が争われた。

3．裁判所の判断

⑴　裁判所は，特許法102条１項の趣旨について，「民法709条に基づき販売数量減少による逸失利益の損害賠償を求める際の損害額の算定方法について定めた規定であり，特許法102条１項本文において，侵害者の譲渡した物の数量に特許権者又は専用実施権者（以下「特許権者等」という。）がその侵害行為がなければ販売することができた物の単位数量当たりの利益額を乗じた額を，特許権者等の実施の能力の限度で損害額とし，同項ただし書において，譲渡数量の全部又は一部に相当する数量を特許権者等が販売することができないとする事情を侵害者が立証したときは，当該事情に相当する数量に応じた額を控除するものと規定して，侵害行為と相当因果関係のある販売減少数量の立証責任の転換を図ることにより，より柔軟な販売減少数量の認定を目的とする規定である。」と判示した。

⑵　裁判所は，特許法102条１項の文言及び趣旨に照らし，「特許権者等が「侵害行為がなければ販売することができた物」とは，侵害行為によってその販売数量に影響を受ける特許権者等の製品，すなわち，侵害品と市場において競合関係に立つ特許権者等の製品であれば足りる」と判示した。

⑶　裁判所は，「「単位数量当たりの利益の額」は，特許権者等の製品の売上高から特許権者等において上記製品を製造販売することによりその製造販売に直接関連して追加的に必要となった経費を控除した額（限界利益の額）であり，その主張立証責任は，特許権者等の実施の能力を含め特許権者側にある」と解釈した。そして，管理部門の人件費や交通・通信費等は製造販売に直接関係しない費用であるから売り上げから控除すべきではなく，Xは，既にX製品を製造販売しているので，そのため必要な機器や設備等の既に支出した費用も売り上げから控除すべきでないと判示した。

⑷　裁判所は，特許２に係る発明（「特許発明２」という。）は，「回転体，支持軸，軸受け部材，ハンドル等の部材から構成される美容器の発明」であり，「軸受け部材と回転体の内周面の形状」に特徴がある（「本件特徴部分」という。）と認定した。また，X製品は，「支持軸に回転可能に支持された一対のローリング部を肌に押し付けて回転させることにより，肌を摘み上げ，肌に対して美容的作用を付与しようとする美容器」であるから，本件特徴部分はX製品の一部分であるにすぎない，と認定した。さらに，本件特徴部分はX製品の販売による利益に相応に貢献しているものといえるが，X製品のうち大きな顧客吸引力を有する部分は，ローリング部の構成であり，ソーラーパネルを備え，微弱電流を発生させていることも顧客吸引力を高めている，と認定した。ここで，裁判所は，「特許発明を実施した特許権者の製品において，特許発明の特徴部分がその一部分にすぎない場合であっても，特許権者の製

品の販売によって得られる限界利益の全額が特許権者の逸失利益となることが事実上推定されるというべきである。」と判示した。そして，本件の事情からすると，「本件特徴部分が原告製品の販売による利益の全てに貢献しているとはいえないから，原告製品の販売によって得られる限界利益の全額を原告の逸失利益と認めるのは相当でなく，したがって，原告製品においては，上記の事実上の推定が一部覆滅されるというべきである。」とし，「本件特徴部分の原告製品における位置付け，原告製品が本件特徴部分以外に備えている特徴やその顧客誘引力など本件に現れた事情を総合考慮すると，同覆滅がされる程度は，全体の約6割であると認めるのが相当である。」と判示した。

(5)　裁判所は，特許法102条1項の「「実施の能力」は，潜在的な能力で足り，生産委託等の方法により，侵害品の販売数量に対応する数量の製品を供給することが可能な場合も実施の能力があるものと解すべきであり，その主張立証責任は特許権者側にある」とし，Xの余剰製品供給能力からXはYが販売したY製品の数量を販売する能力を有していたと判断した。

(6)　裁判所は，特許法102条1項の「「販売することができないとする事情」は，侵害行為と特許権者等の製品の販売減少との相当因果関係を阻害する事情をいい，例えば，①特許権者と侵害者の業務態様や価格等に相違が存在すること（市場の非同一性），②市場における競合品の存在，③侵害者の営業努力（ブランド力，宣伝広告），④侵害品及び特許権者の製品の性能（機能，デザイン等特許発明以外の特徴）に相違が存在することなどの事情がこれに該当するというべきである。」とした。そして，裁判所は，Y製品とX製品との販売価格の差異は，販売できない事情と認め，その価格差は小さいとはいえないから，販売できない事情に相当する数量は小さくないと認定した。また，裁判所は，美容器という商品の性質からすると，X製品が，廉価なY製品の需要者の一定数を取り込むことが可能であるというべきであるから，価格差による販売できない事情に相当する数量がかなりの数量になるとは認められないと判断した。一方で，裁判所は，Y製品とX製品との販売態様の差異は，販売できない事情としては認められないと判断した。そして，裁判所は，上述の事情を考慮して，販売できない事情に相当する数量は全体の約5割であると認めるのが相当であると判示した。

(7)　裁判所は，第一審判決を変更し，Xの損害額は，4億6万円と判断した。

4．実務上の指針

(1)　本件判決は，特許法102条1項の解釈及び主張立証責任並びに同項の本文及びただし書に規定する要件に関する判断基準を示した知的財産高等裁判所の特別部による大合議判決であり，本件判決を前提として今後の実務が進む

ものと考えられることから，各判示事項の意義を理解しておく必要がある。

　特許法102条に関しては，同条２項について，ごみ貯蔵機器事件（H25.2.1知財高裁平成24年（ネ）10015），同条２項及び同条３項について，二酸化炭素含有粘性組成物事件（R1.6.7知財高裁平成30年（ネ）10063）の２件の大合議判決がなされており，同条１項に関する本件判決により，特許法102条に関する知財高裁の判断が，大合議判決として出揃ったことになる。

　また，令和元年には，特許法102条の改正が行われている。同改正では，同条１項が改正前の１項に対応する１号に加えて，１号で控除された数量に応じた実施料相当額に関する２号が設けられている。また，改正前の４項を５項とし，実施料相当額の算定において裁判所が考慮できる事情について規定する新４項を設けている。一連の大合議判決と併せて，権利者の十分な損害の賠償を可能としつつ侵害を防止し，訴訟当事者の予見可能性を向上させるという方向性が明らかになった。

⑵　特許法102条１項の趣旨を，独占権という特許権の法的性質に着目して侵害品と権利者製品との補完関係を擬制した規定であると解する立場から，「侵害行為がなければ販売することができた物」は特許発明の実施品であることを要するとする見解もあったところ，本件判決は，その趣旨を明確にするとともに，侵害品と市場において競合関係に立つ特許権者の製品であれば足りることを示した。

⑶　本件判決は，「単位数量当たりの利益の額」につき，売り上げから控除すべき費用について争いがあったが，限界利益の額であることを明確にした。

⑷　本件判決の「販売することができないとする事情」の解釈及び考慮すべき事情の例示並びにYの主張に対する判断は今後の主張構築の参考となる。

⑸　第一審判決でも寄与率として言及しており，本件訴訟においてX及びYともにその主張において寄与度として言及していた，特許発明が特許権者等の製品の一部分にすぎない場合の評価について，本件判決における控除とは別に，特許発明２がY製品の販売に寄与した割合を考慮して損害額を減額すべきとの趣旨としても，これを認める規定も根拠はないから，そのような減額は認められないと判示しており，特許法102条１項ただし書の事情とする見解もあったところ，本件判決は，同項本文の原告の逸失利益に関する事実上の推定を一部覆減すべき事情として評価することを明確にした。今後，寄与度（率）という文言を用いて主張を構築する場合には注意したい。

（和久田　純一）

磁気記録テープ事件

<table>
<tr><td>判　決　の
ポイント</td><td>(1)　請求項中の物理的性質に係る数値限定に関し，測定方法及び測定条件に関する原告の主張が認められた。
(2)　OEM製品の輸出を伴う取引形態によって被告らが海外で得た利益について，特102②の推定が及ぶとされた。</td></tr>
<tr><td>事件の表示</td><td>H31.3.7　東京地裁　平成28年（ワ）42833（第1事件）
H31.3.7　東京地裁　平成29年（ワ）21803（第2事件）
H31.3.7　東京地裁　平成30年（ワ）27979（第3事件）</td></tr>
<tr><td>参 照 条 文</td><td>特102②　民709</td></tr>
<tr><td>Key Word</td><td>測定方法，測定条件，損害額の推定，推定覆滅事由</td></tr>
</table>

1．事実関係

　原告は，「磁気記録テープ」等の発明に係る特許第4459248号（以下「本件特許1」という。）及び「磁気記録再生システム」等の発明に係る特許第3818581号（以下「本件特許2」という。）の特許権者である。

　原告は，被告ら（以下，各被告を「被告X，被告Y，被告Z」ということがある。）によるデータカートリッジ1（以下「被告自社製品」という。）の製造販売等が原告の上記各特許権を侵害すると主張して，被告らに，損害賠償金及び遅延損害金の支払（民法709条及び特許法102条2項）等を求めた。

　また，原告は，被告らによるデータカートリッジ2（以下「被告OEM製品」といい，被告自社製品と併せて「被告製品」という。）の製造販売等が原告の本件特許1に係る特許権を侵害すると主張して，被告らに，損害賠償金及び遅延損害金の支払（民法709条及び特許法102条2項）等を求めた。

　本件特許1の請求項1に係る発明は，次のように分説される。

（本件特許1の請求項1に係る発明）

1A　非磁性支持体の一方の面に，六方晶フェライト粉末および結合剤を含む磁性層を有し，他方の面にバックコート層を有する磁気記録媒体であって，

1B　磁性層表面の10μmピッチにおけるスペクトル密度は800～10000nm^{3}の範囲であり，

1C　バックコート層表面の10μmピッチにおけるスペクトル密度は20000～80000nm^{3}の範囲であり，

1D　子間力顕微鏡によって測定される磁性層の中心面平均表面粗さRaは0.5～2.5nmの範囲であり，かつ

1E　六方晶フェライト粉末の平均板径は10～40nmの範囲であること

1F　を特徴とする磁気記録テープ

以下においては，本件特許1の請求項1及びその従属項である請求項2に係る発明を，まとめて「本件発明1」という。

なお，本件判決において，本件特許2は，無効審判によって無効とされるものと認定された。よって，以下においては，被告らによる本件特許1に係る特許権の侵害についてのみ言及する。

2．争点

本件における多数の争点中，本稿では，被告製品が本件発明1の技術的範囲に属するか否か（争点3）と損害の有無及び額（争点11）について述べる。

3．裁判所の判断

(1) 被告製品が本件発明1の技術的範囲に属するか否か（争点3）-10μmピッチにおけるスペクトル密度（以下「PSD（10μm）」という。）について-

原告及び被告らは，構成要件1B及び1C中のPSD（10μm）の測定方法や測定条件について，多数の測定結果を示す証拠を提出して争った。裁判所は，それらの証拠を詳細に検討し，原告の主張に基づき次のように判断した。

本件特許1の明細書（以下「本件明細書1」という。）の段落[0013]には，PSD（10μm）は，非接触光学式粗さ測定機（wyko社製HD2000）を用い，測定面積240μm×180μmで媒体の長手方向の表面粗さのプロファイルデータをフーリエ変換処理したものを平均化し周波数分析結果を得，この分析結果から，各波長での強度を算出し10μmピッチにおける強度を求めてこれをPSD（10μm）とする旨の記載がある。

裁判所は，非接触光学式粗さ測定機による粗さ測定において，磁気テープのような反射率が低いサンプルのPSD（10μm）を測定する場合，できる限り倍率の大きな対物レンズを選択すべきであり，測定面積が240μm×180μmであることを考慮すれば，wyko社製HD2000及びNTシリーズの測定機器を使用する場合は50倍の対物レンズを選択すべきであり，測定器のキャリブレーションを行ったうえで対物レンズを調整することが必要であると認められると認定した。また，裁判所は，HD2000の測定ガイド等に対物レンズの調整を行う手順が記載されていることから，専門家が「レンズ調整を要することを知らないものとは認められない。」と認定した。

そして，裁判所は，被告らが提出した証拠に記載されたPSD（10μm）の測定は適切な測定条件によってなされたものとは認められず，一方，原告提出の証拠における測定結果は信用することができるとして，被告製品は構成要件1B及び1Cを充足すると認定した。また，裁判所は，その他の構成要件についても検討し，被告製品は，本件発明1の技術的範囲に属するものと認定した。

⑵　損害の有無及び額（争点11）

　㋐　特許法102条2項の適用の有無（争点11-1）及び推定覆滅事由の存否（争点11-4）について

　　　原告は，被告らが特許権侵害行為により利益を受けていると主張した。一方，被告らは，原告が本件特許発明1を実施していない，及び，本件発明1は被告製品の販売に寄与しておらず，被告製品の販売と原告の損害との間には因果関係はなく，特許権者に，侵害行為がなかったならば利益が得られたであろうという事情が存在しないとして，特許法102条2項の適用否定を主張した。

　　　裁判所は，特許法102条2項の適用は，特許権者が当該特許発明を実施していることを要件とするものではなく，原告は，被告製品と同様の規格に準拠する原告製品（特許発明品ではない）を販売しており，原告製品と被告製品の市場が共通しているから，特許法102条2項の適用は排除されないと認定した。

　　　また，裁判所は，本件明細書1の表1における実施例を比較例と比較すると，本件発明1は発明の課題を解決でき，よって，本件発明1の技術的範囲に属する被告製品は本件発明1の作用効果を奏している，及び，被告製品の顧客の購入動機が単に本件発明1の作用効果に着目していなかったというのでは足りず，購入動機が被告製品の独自の技術や性能に着目したものであったというならば，被告らはそのことを具体的に主張立証する必要があるとして，被告製品の販売等による利益は原告に向かわなかったであろうという事由（推定覆滅事由）の存在を認めなかった。

　㋑　輸出を伴う取引形態における利益の範囲（争点11-2）について

　　　原告は，被告OEM製品の取引形態のうち，被告Yが被告OEM製品を海外に輸出し，海外において被告Y自体の在庫として保有しているものを，被告X又は被告Zを介して海外の顧客に販売する取引形態によって被告らが得た利益について，特許法102条2項の推定が及ぶと主張し，被告はこの主張を否定した。

　　　裁判所は，被告OEM製品は，被告らが本件OEM供給先の発注を受けて製造し，本件OEM供給先に対してのみ販売することが予定されていたから，これらの一連の行為の前提として，被告らと本件OEM供給先とには密接な意思疎通があり，それに基づいて製造や輸出が行われたと推認されるから，上記一連の行為の一部が形式的には被告OEM製品の輸出後に行われていたとしても，意思決定は被告OEM製品が製造される時点で国内で行われていたと評価できるとして，被告らの販売行為による利益は，原告にとっての損害（侵害行為により受けた利益）といえると認定した。

4．実務上の指針

⑴ 物理的性質に係る数値限定を含む発明の技術的範囲について

　特許請求の範囲に，物理的性質に係る数値限定を含む発明は多々存在する。そのような発明の優れた特定の作用効果は，特定の物理的性質が特定の数値範囲内であることによって示される。そのような発明の侵害の有無の争いでは，原告及び被告は実験成績書や専門家の鑑定書を出しあい，その特定の物理的性質の測定方法や測定条件を主張しあうことが多い。

　特許の明細書の例えば実施例に，特定の物理的性質の測定方法及び測定条件が記載されていれば，一義的にはその方法及び条件で被疑侵害品の物理的性質の測定が行われ，侵害の有無が判断されるのは当然である。しかし，明細書における測定方法や測定条件の記載が不十分であると，被疑侵害品における物理的性質の測定結果の信憑性の有無の争いに長時間を要することとなる。また，特許出願から長い期間が経っている等の理由により，実施例に記載された測定装置が市場や研究機関等に存在しない場合には，代替装置での測定結果が実施例における測定結果と同視し得るか否かの争いに長時間を要することになる。

　特許権者は，明細書作成の際に使用した測定装置を，メンテナンスを行って，すなわち，発明をなした際と同様の測定方法及び測定条件で特定の物理的性質を測定できるように，保持しておく必要がある。

⑵ 特許法102条2項の適用について

⑺　被疑侵害品が特許発明の技術的範囲に入る以上，特許発明の作用効果を奏していると判断されるのは必然である。しかし，損害額の算定における特許法102条2項の適用の検討においては，顧客による被疑侵害品の購入動機が特許発明の作用効果以外の点にあれば，それは特許法102条2項の適用を妨げ又は限定させる推定覆滅事由となり得る。そのような推定覆滅事由を主張するのであれば，顧客による被疑侵害品の購入動機が特許発明の作用効果以外の点にあることは，個別具体的に証明する必要がある。

⑻　被疑侵害品が輸出された場合，特許法102条2項は，日本国内における製造から輸出までにかかわった被疑侵害者が得た利益について適用されるのが原則であると思われる。本件においては，被疑侵害品であるOEM製品の輸出業者とその製品の発注業者との間に海外の販売業者（輸出された製品をOEM製品の発注業者に販売する者）が存在した。本件では，OEM製品の発注に係る意思決定が，OEM製品が製造される時点で国内で行われていたと評価できるとして，海外の販売業者による利益にも特許法102条2項の規定が適用された。このような認定となったのは，被疑侵害品がOEM製品であったことを含む，本件の具体的事情に依拠したためであると思われる。

（岡田　希子）

二酸化炭素含有粘性組成物大合議事件

<table>
<tr><td>判 決 の
ポ イ ン ト</td><td>特許法102条2項の限界利益の算出にあたり売上高から控除されるべき
経費及び同項の推定覆滅事由につき判断基準が示された。</td></tr>
<tr><td>事件の表示</td><td>R1.6.7　知財高裁　平成30年（ネ）10063
（原審　H30.6.28　大阪地裁　平成27年（ワ）4292）</td></tr>
<tr><td>参 照 条 文</td><td>特102②　特102③</td></tr>
<tr><td>Key Word</td><td>限界利益，推定覆滅事由，特許発明の実施に対し受けるべき金
銭の額</td></tr>
</table>

1．事実関係

　被控訴人（原審の原告。以下「原告」という。）は，発明の名称をいずれも「二酸化炭素含有粘性組成物」とする特許第4659980号及び特許第4912492号（以下，合わせて「本件特許」という。）の特許権者である。なお，本件特許の内容については割愛する。

　原判決では，原告が，原審の被告である控訴人7社（以下，まとめて「被告ら」とする。）に対し，被告各製品の差止め及び廃棄並びに損害賠償を求めたところ，差止め及び廃棄請求が認容され，損害賠償請求の一部が認容された。これを不服として被告らが控訴したのが本件である。なお，本件では，原告は被告らに対する差止め及び廃棄請求は取り下げている。

2．争点

　原審と同様，技術的範囲の属否（争点1，争点2），無効理由（争点3），過失の有無（争点4），共同不法行為の成否（争点5）及び原告の損害額（争点6）が争われた。

3．裁判所の判断

　争点1～5については，原審判決に対し若干の補足及び訂正を行いつつ，原審の判断が維持されたので割愛する。争点6についても結論としては原審を支持しているが，本件で補足された判断については以下のとおりである。

(1)　特許法102条2項の適用

　裁判所は，特許法102条2項の適用を認めたうえで，同項の趣旨にかんがみて「同項所定の侵害行為により侵害者が受けた利益の額とは，原則として，侵害者が得た利益全額であると解するのが相当であって，このような利益全額について同項による推定が及ぶと解すべきである。」と利益の額についての原則を示しつつ，「もっとも，上記規定は推定規定であるから，侵害者の側で，侵害者が

得た利益の一部又は全部について，特許権者が受けた損害との相当因果関係が欠けることを主張立証した場合には，その限度で上記推定は覆滅されるものということができる。」として，推定覆滅事由の立証責任は侵害者側にあることを示した。

(2) 侵害行為により侵害者が受けた利益の額

裁判所は，「特許法102条2項所定の侵害行為により侵害者が受けた利益の額は，侵害者の侵害品の売上高から，侵害者において侵害品を製造販売することによりその製造販売に直接関連して追加的に必要となった経費を控除した限界利益の額であり，その主張立証責任は特許権者側にあるものと解すべきである。」としたうえで，当事者間に争いがない被告各製品に係る被告らの売上高から控除すべき経費の判断基準を「控除すべき経費は，侵害品の製造販売に直接関連して追加的に必要となったものをいい，例えば，侵害品についての原材料費，仕入費用，運送費等がこれに当たる。これに対し，例えば，管理部門の人件費や交通・通信費等は，通常，侵害品の製造販売に直接関連して追加的に必要となった経費には当たらない。」と示した。そして，当事者間に争いのない経費のほか，被告らが控除すべきと主張する経費については，被告各製品に関連するものが明らかであるかどうかに基づき，個別に控除の是非を判断した。

(3) 推定覆滅事由

裁判所は，特許法102条2項における推定の覆滅の事情について，同条1項ただし書の事情と同様に，侵害者が主張立証責任を負うものであるとし，「侵害者が得た利益と特許権者が受けた損害との相当因果関係を阻害する事情がこれに当たると解される」とした。そしてその例として「①特許権者と侵害者の業務態様等に相違が存在すること（市場の非同一性），②市場における競合品の存在，③侵害者の営業努力（ブランド力，宣伝広告），④侵害品の性能（機能，デザイン等特許発明以外の特徴）」を挙げた。また，「特許発明が侵害品の部分のみに実施されている場合においても，推定覆滅の事情として考慮することができるが，特許発明が侵害品の部分のみに実施されていることから直ちに上記推定の覆滅が認められるのではなく，特許発明が実施されている部分の侵害品中における位置付け，当該特許発明の顧客誘引力等の事情を総合的に考慮してこれを決するのが相当である。」とした。

上記を前提に，裁判所は，「事業者は，製品の製造，販売に当たり，製品の利便性について工夫し，営業努力を行うのが通常であるから，通常の範囲の工夫や営業努力をしたとしても，推定覆滅事由に当たるとはいえないところ，本件において，控訴人らが通常の範囲を超える格別の工夫や営業努力をしたことを認めるに足りる的確な証拠はない。」と判断し，また，「侵害品が特許権者の製品に比べて優れた効能を有するとしても，そのことから直ちに推定の覆滅が認

められるのではなく，当該優れた効能が侵害者の売上げに貢献しているといった事情がなければならないというべきである。」と判断し，結論として被告らの主張する推定覆滅事由は認めなかった。

⑷　特許法102条3項の適用

特許法102条3項所定の「その特許発明の実施に対し受けるべき金銭の額に相当する額」については，裁判所は，平成10年の特許法改正において改正前の「その特許発明の実施に対し通常受けるべき金銭の額に相当する額」から「通常」の部分が削除された経緯に触れて，「特許発明の実施許諾契約においては，技術的範囲への属否や当該特許が無効にされるべきものか否かが明らかではない段階で，被許諾者が最低保証額を支払い，当該特許が無効にされた場合であっても支払済みの実施料の返還を求めることができないなどさまざまな契約上の制約を受けるのが通常である状況の下で事前に実施料率が決定されるのに対し，技術的範囲に属し当該特許が無効にされるべきものとはいえないとして特許権侵害に当たるとされた場合には，侵害者が上記のような契約上の制約を負わない。そして，上記のような特許法改正の経緯に照らせば，同項に基づく損害の算定に当たっては，必ずしも当該特許権についての実施許諾契約における実施料率に基づかなければならない必然性はなく，特許権侵害をした者に対して事後的に定められるべき，実施に対し受けるべき料率は，むしろ，通常の実施料率に比べて自ずと高額になるであろうことを考慮すべきである。したがって，実施に対し受けるべき料率は，①当該特許発明の実際の実施許諾契約における実施料率や，それが明らかでない場合には業界における実施料の相場等も考慮に入れつつ，②当該特許発明自体の価値すなわち特許発明の技術内容や重要性，他のものによる代替可能性，③当該特許発明を当該製品に用いた場合の売上げ及び利益への貢献や侵害の態様，④特許権者と侵害者との競業関係や特許権者の営業方針等訴訟に現れた諸事情を総合考慮して，合理的な料率を定めるべきである。」とした。

上記を踏まえて，裁判所は，上記①の実施料率としては原告の保有する本件特許と同分野の別件特許の特許権侵害事件における訴訟外の和解の解決金を売上高の10％とした事例があることを指摘し，また上記②，③及び④の事情の存在も認めたうえで，「本件訴訟に現れた事情を考慮すると，特許権侵害をした者に対して事後的に定められるべき，本件での実施に対し受けるべき料率は10％を下らないものと認めるのが相当である。」とした。

4．実務上の指針

⑴　本件判決は，特許法102条1項ただし書の事情を，同条2項の推定を覆滅する事情として同様に適用できること，また，その事情の主張立証責任が侵害

者にあること，さらに，その事情の具体例を明らかにした点で大きな意義がある。ただし，そのような事情の具体例については主張立証のハードルが高いことも本件判決は示唆している。例えば，被告各製品の優れた利便性とか，被告各製品の販売についての被告らの企画力・営業努力といった主張については，「通常の範囲を超える格別の工夫や営業努力をしたことを認めるに足りる的確な証拠はない」と退けられている。また，被告各製品の顕著に優れた効能についても，「当該優れた効能が侵害者の売上げに貢献しているといった事情がなければならないというべきである」とこれも退けられている。結果として，本件判決では被告らの主張する推定の覆滅はすべて退けられている。実際には，このような「的確な証拠」を見出すことは容易ではないと思われる。

(2)　本件判決では，特許法102条2項でいう「利益の額」としての限界利益を算出する際に，売上高から控除されるべき経費についての基準も明確に示された。一般に固定費とされる人件費等については，「通常，侵害品の製造販売に直接関連して追加的に必要となった経費には当たらない。」と説示され，判決でも被告各製品の「製造販売に関する従事状況は明らかではない」との理由で経費としての控除が認められていない。しかしながら，人件費であっても，その従業員の侵害品に対する「製造販売に関する従事状況」が明らかにできれば，経費として認められる余地があることが「通常」の文言に込められていると考えられる。実際，本件判決でも，外注の試験研究費や広告宣伝費について，被告各製品の販売に直接関連して追加的に必要となったと認められたものについては控除すべき経費として認められているので，侵害論に立たされる被告の立場としては十分参考にすべきと思われる。

(3)　本件判決では，特許法102条3項の「その特許発明の実施に対し受けるべき金銭の額」について，通常の実施許諾契約で定められる実施料率よりも高額となることを明確に容認している。今後の侵害訴訟では，技術分野による個別の事情は当然あると思われるが，本件判決で示された「10％」という数字が一つの基準になっていくものと思われる。

(4)　なお，上記で割愛した本件特許の内容及び原審の判断については「実務家のための知的財産権判例70選」2019年度版p184-p187で取り上げているので参照されたい。

（北口　智英）

美容器控訴事件

判決の ポイント	無効審判請求の審決に対して，審決取消訴訟を提起せず確定し，侵害訴訟において特許無効の抗弁を行ったが一事不再理として認められなかった。損害額の認定に特許権者が販売することができないとする事情が考量された。
事件の表示	R1.6.26　知財高裁　平成31年（ネ）10001，10021 （原審　H30.11.29　大阪地裁　平成28年（ワ）4356）
参照条文	特167　特102
Key Word	一事不再理，損害額の推定における販売することができないとする事情

1．事実関係

(1)　手続の経緯

　被控訴人（一審原告）は，本件特許１（特許第5791844号）及び本件特許２（特許第5791845号）の特許権者である。

　原告（被控訴人）は，平成28年５月９日，被告（控訴人）に対し，被告の製品が訂正前の本件発明１及び２の技術的範囲に属し原告の特許権を侵害するとして訴訟を提起し，被告は，特許権侵害を争うとともに，訂正前の本件発明１及び２には無効理由が存在すると主張した。被告は，同年８月２日，本件特許１及び２につき無効審判（無効2016-800094，無効2016-800095）を請求し，原告は，同手続において，同年10月17日，本件特許１及び２の各特許請求の範囲及び明細書につき訂正請求を行ったところ，平成29年５月15日，上記各無効審判請求についていずれも本件訂正請求を認め，無効審判請求は成り立たない旨の審判がなされたが，被告はこれに対し出訴せず，それぞれ確定登録がなされた。原判決は，被控訴人（原告）の各請求のうち，差止請求を全部認容し，損害賠償請求の一部を認容したうえで，その余をいずれも棄却した。

　控訴人は，原判決中その敗訴部分を不服として控訴し，被控訴人の請求の全部棄却を求めた。これに対し，被控訴人は，原判決中損害賠償請求を棄却した部分の一部を不服として，所定の遅延損害金を支払うよう求めて，附帯控訴した。

(2)　本件特許発明１の内容（特許発明２については省略）

　４本の支持軸と，これら４本の支持軸の先端部に回転可能に支持されたマッサージ用の４個のローラと，これらローラを同一水平面上に載置した状態で，上方から見た平面視において，各前記ローラの一部分に重なるように形成されたハンドルと，を備えており，

　4個のローラは基端側にのみ穴を有し，各ローラはその内部に前記支持軸の先端が位置する非貫通状態であり，4本の前記支持軸は，一方向からの側面投影において，二対が先広がり傾斜状であるとともに，90度異なる他方からの側面投影において他の組み合わせの二対が先広がり傾斜状に延びており，4個の前記ローラを肌に押し当てて隣接する一対の前記ローラの配列方向と交差する方向に沿って移動させると，先行する隣接状態の一対の前記ローラ間で肌を押圧し，後行する隣接状態の一対の前記ローラ間で肌を摘み上げ，かつ，4個の前記ローラを肌に押し当てて前記隣接する一対の前記ローラと交差して隣接する一対の前記ローラの配列方向と交差する方向に沿って移動させると，先行する隣接状態の一対の前記ローラ間で肌を押圧し，後行する隣接状態の一対の前記ローラ間で肌を摘み上げることを特徴とする美容器。

２．争点

　被告製品は本件特許発明１，２の技術的範囲に属するか，本件特許発明１に無効理由があるか，損害額の認定等が争点となった。

３．裁判所の判断

⑴　被告製品は本件特許発明１，２の技術的範囲に属する。

⑵　本件特許発明１の無効理由については，「・・・本件において乙17の１及び乙18の１を主引例として無効を主張できるか。・・・特許法167条が同一当事者間における同一の事実及び同一の証拠に基づく再度の無効審判請求を許さないものとした趣旨は，同一の当事者間では紛争の一回的解決を実現させる点にあるものと解されるところ，その趣旨は，無効審判請求手続の内部においてのみ適用されるものではない。そうすると，侵害訴訟の被告が無効審判請求を行い，審決取消訴訟を提起せずに無効不成立の審決を確定させた場合には，同一当事者間の侵害訴訟において同一の事実及び同一の証拠に基づく無効理由を同法104条の３第１項による特許無効の抗弁として主張することは，特段の事情がない限り，訴訟上の信義則に反するものであり，民事訴訟法２条の趣旨に照らし許されないものと解すべきである。」とし，一事不再理により，無効理由を認めなかった。

⑶　損害賠償額については，「原告製品は，本件発明１及び２の実施品であって（甲16,17），被告製品は，本件発明１及び２の技術的範囲に属するものであり，いずれも４個のローラで構成されたマッサージ用の美容器である。４個のローラで構成されたマッサージ用の美容器の需要者を想定すると，両者が市場において競合することは明らかである。・・・しかしながら，前記イにみた各事情に照らすと，被告製品の販売がない場合に，その需要の全てが，原

告製品に向かうものではないと認められる。・・・このように原告製品と被告製品との市場が競合しつつも完全に重なりあうものではないことについては，前記ウにみた各事実の存在からも裏付けられているといえるのであって，これに反する被控訴人の主張を採用することはできない。・・・以上の事情を総合考慮すると，被告製品の譲渡数量のうち５割については，被控訴人においてこれを「販売することができないとする事情」があったというべきである。」とし，特許法102条１項に基づく損害額を，被告製品の譲渡数量から５割を控除し，原告製品の単位数量当たりの利益額を乗じて算定した。

４．実務上の指針

(1) 本件は，美容器の特許を有する被控訴人に対して，１審判決を不服とした控訴人が控訴し，被控訴人が附帯控訴したものであり，多数の争点があるが，一事不再理と，損害賠償額の認定を取り上げる。

(2) 控訴人は，本件特許発明１に対して無効審判を請求したが，無効審判請求は成り立たない旨の審決を受けた。これに対して控訴人は審決取消訴訟を提起せず，審決が確定した。控訴人は，控訴審において，この無効審判で用いた証拠を用いて，特許無効の抗弁（特104の３）を行ったが，一事不再理（特167）として認めらなかった。

特許法167条は，「特許無効審判・・・の審決が確定したときは，当事者及び参加人は，同一の事実及び同一の証拠に基づいて審判を請求することができない。」と規定する。同一の事実及び同一の証拠については，「例えば，同じ主引例に対して周知技術を適用する進歩性欠如の主張につき，同じ周知技術の立証のために提出した証拠が異なったとしても，紛争の蒸し返しと判断される場合は，実質的に「同一の証拠」と判断される場合もあると考えられる。」（中山信弘，小泉直樹編著「新・注解特許法」（青林書院，第２版，下巻，2017年）p2824）とある。また，「・・・主引用発明が同一で，これに組み合わせる公知技術あるいは周知技術が異なる場合も・・・「同一の事実及び同一の証拠」に基づく審判請求ということはできない。」とした判例（H27.8.26知財高裁平成26年（行ケ）10235）もある。

先の無効審判で主引例A，周知例B１であり，後の無効審判で主引例A，周知例B２の場合，多くの場合は同一の事実，証拠とされると思われるが，そうでないと判断される可能性もあり，その周知例の証拠としての意味合いに左右されるのではないかとか思料する。

実務上の対策としては，先の審判とは別の引例を探すことができれば，後の無効審判請求が一事不再理と判断される可能性を回避できるが，別の引例を探すことができない場合，周知例等を追加して，無効審判の理論構成をう

まく変えることによって，一事不再理を避けることができる場合もあると考える。

　なお，特許法167条は，同一の事実，証拠に基づいて無効審判を請求することができないとしているが，無効の抗弁（特104条の3）にも，同条は適用され，本件でもそのように判断されていることに留意する必要がある。

(3)　本件では，損害額の認定に当たり，特許法102条1項括弧書きの「販売することができないとする事情」として，被告製品の譲渡数量のうち5割について，被控訴人（特許権者）が販売することができないとする事情があるとした。

　特許法102条は，損害額の推定について規定しているが，侵害者が侵害品を譲渡したときは，侵害行為がなければ，特許権者が販売することができた物の単位数量当たりの利益の額に，侵害者が譲渡した物の数量のうち特許権者の実施の能力に応じた数量を「超えない部分」を，乗じた額を損害額と推定する。そして「超えない部分」について特権者権者が販売することができないとする事情があるときは，当該事情に相当する数量を控除する。

　例えば，侵害者が1,000個売ったとしても，それには，侵害者独自の営業努力等があり，特許権はその数量を販売することができなかったであろう事情があれば，それを考慮するものである。

　本件では，原告製品と被告製品との市場が競合しつつも完全に重なりあうものではないとして，特許権者の販売することができないとする事情として，侵害者の販売数量の5割を控除するとした。なお，5割の根拠については触れられていない。具体的に何割が控除されるかを数値的に根拠付けて算定することは難しく，裁判官の裁量によることはやむを得ないと思われる。

　損害額の認定に際して，特102条の「販売することができないとする事情」が考慮されて，損害額が認定されることに留意しておくべきである。

【参考文献】
　中山信弘，小泉直樹編著「新・注解特許法　第2版〔下巻〕」（青林書院，2017年）p2824

（井上　誠一）

システム作動方法控訴事件

判 決 の ポイント	本件公知発明において，相違点に係る本件特許発明の構成を採用すると，本件公知発明を実現できなくなるから，採用の動機付けがなく，阻害要因があり，容易想到性を欠く。
事件の表示	R1.9.11　知財高裁　平成30年（ネ）10006 （原審　H29.12.14　大阪地裁　平成26年（ワ）6163）
参 照 条 文	特104の3①　特123①二　特29②
Key Word	公知発明に基づく進歩性，技術思想，阻害要因

1．事実関係

(1) 本件訴訟は，「システム作動方法」に係る特許第3350773号（「本件特許」という。本件特許に係る特許権を「本件特許権」という。）他1件を有するXが，Yがゲームソフトを製造したことは請求項1に係る発明（請求項2，3については省略する。）についての本件特許権の間接侵害に当たるとして損害賠償等を求めた一審訴訟における，特許無効審判により無効にされるべきものであるとする請求棄却判決（H29.12.14大阪地裁平成26年（ワ）6163，他1件に関するXの請求は認容された。）に対する控訴審である。

(2) 本件特許につき請求された無効2015-800110（「本件無効審判」という。）において，訂正を認める請求棄却審決がなされ，当該審決の取消請求訴訟（「本件審決取消訴訟」という。）に対する請求棄却判決（H30.3.29知財高裁平成29年（行ケ）10097）が本件訴訟の口頭弁論終結前に確定している。

(3) 訂正後の本件特許の請求項1に係る発明（「本件発明1」という。）は，「ゲームプログラムおよび／またはデータを記憶するとともに所定のゲーム装置の作動中に入れ換え可能な記憶媒体（ただし，セーブデータを記憶可能な記憶媒体を除く。）を上記ゲーム装置に装填してゲームシステムを作動させる方法であって，上記記憶媒体は，少なくとも，所定のゲームプログラムおよび／またはデータと，所定のキーとを包含する第1の記憶媒体と，所定の標準ゲームプログラムおよび／またはデータに加えて所定の拡張ゲームプログラムおよび／またはデータを包含する第2の記憶媒体とが準備されており，上記拡張ゲームプログラムおよび／またはデータは，上記標準ゲームプログラムおよび／またはデータに加えて，ゲームキャラクタの増加および／またはゲームキャラクタのもつ機能の豊富化および／または場面の拡張および／または音響の豊富化を達成するためのゲームプログラムおよび／またはデータであり，上記第2の記憶媒体が上記ゲーム装置に装填されるとき，上記ゲーム装置が上記所定のキーを読み込んでいる場合には，上記標準ゲームプログラ

ラムおよび／またはデータと上記拡張ゲームプログラムおよび／またはデータの双方によってゲーム装置を作動させ，上記所定のキーを読み込んでいない場合には，上記標準ゲームプログラムおよび／またはデータのみによってゲーム装置を作動させることを特徴とする，ゲームシステム作動方法。」である。

2．争点
本件特許は特許無効審判により無効にされるべきものか，が争われた。

3．裁判所の判断
⑴　家庭用ゲーム機等を用いたゲームシステム（「本件ゲームシステム」という。）に基づいて裁判所が認定した，本件特許の出願前に公然知られていた発明（「本件公知発明」という。）は，概略，以下に示すものである。

　家庭用ゲーム機（「ゲーム機」と略す。）とディスクシステムとテレビとから構成され，ディスクを用いてゲームを行うゲームシステムにおいて，セーブデータ等を記憶可能で，ゲームプログラム及び／又はデータ（「ゲームプログラム等」と略す。）を記憶するゲームシステムの動作中に入れ換え可能なディスクをディスクシステムに挿入して，ゲームシステムを作動させる方法であって，上記ディスクは，RWM（読み書き可能メモリ）であって，第1のゲームプログラム等と，第1のゲームにセーブされたキャラクタのレベルが21であることを示す情報とを包含する第1のディスクDDⅠ（「DDⅠ」と略す。）と，標準ゲーム機能部分を実行する標準ゲームプログラム等に加えて，DDⅠから転送されたキャラクタの第1のゲームにおけるレベルが16以上であるときには，そのキャラクタの第2のゲームにおけるレベルが最初から2となり，神殿で祈ると特定のメッセージが表示され，特定のアイテムが1つ増えるという動作機能を実行する拡張ゲームプログラム等を包含する第2のディスクDDⅡ（「DDⅡ」と略す。）とが準備されており，拡張ゲームプログラム等は，標準ゲームプログラム等に対して，キャラクタのレベルの増加，又はキャラクタのためのアイテムの増加を達成するように形成されたものであり，DDⅡがディスクシステムに挿入されるとき，ゲーム機が，DDⅠから，キャラクタのレベルが21，すなわち16以上であることを示す情報を読み込んでいる場合には，標準ゲームプログラム等と拡張ゲームプログラム等の双方によってゲーム機を作動させ，ゲーム機が，DDⅠから，キャラクタのレベルが16以上であることを示す情報を読み込んでいない場合には，標準ゲーム機能部分を実行する標準ゲームプログラム等のみによってゲーム機を作動させる，ゲームシステム作動方法。

(2)　裁判所は，本件発明1と本件公知発明の相違点として，一の記憶媒体，二の記憶媒体が，本件発明1は，「記憶媒体（ただし，セーブデータを記憶可能な記憶媒体を除く。）」であるのに対し，本件公知発明は「セーブデータなどを記憶可能なディスク」である点（相違点1），本件発明1の「所定のキー」はセーブデータを含まないのに対し，本件公知発明では，DDⅠに包含される「所定のキー」が，DDⅠに記憶されたセーブデータであって，キャラクタのレベルが21であることを示す情報である点（相違点2）を認定した。

(3)　裁判所は，本件公知発明は，「前作と後作との間でストーリーに連続性を持たせた上，後作のゲームにおいても，前作のゲームのキャラクタでプレイしたり，前作のゲームのプレイ実績により，後作のゲームのプレイを有利にしたりすることによって，前作のゲームをプレイしたユーザに対して，続編である後作のゲームもプレイしたいという欲求を喚起し，これにより後作のゲームの購入を促すという技術思想を有する」と認定した。

(4)　裁判所は，以下に要約するように，相違点1に係る本件発明1の構成とすることは当業者が容易に想到し得たものであるとは認められないと判断した。

　　本件公知発明は，キャラクタでプレイするゲームで，前作において，ゲームをプレイ途中でセーブするとともに，ゲームをある程度達成したという実績があることが，後作においてプレイを有利にするための必須の条件であり，「キャラクタ」，「プレイ実績」を示す情報を前作の記憶媒体にセーブできることが本件公知発明の前提であって，これらの情報をセーブできない記憶媒体を採用すると，前作のゲームにおける「キャラクタ」等の情報が記憶媒体に記憶されず，本件公知発明を実現できなくなる。

　　したがって，仮に，Yの主張するとおり，ゲームプログラム等を記憶する媒体としてCD-ROMを用いることが本件出願前に周知技術であり，また，同一タイトルのゲームをCD-ROMやROMカセットに移植することが一般的に行われている事項であったとしても，本件公知発明において，記憶媒体を，ゲームのキャラクタやプレイ実績をセーブできない「記憶媒体（ただし，セーブデータを記憶可能な記憶媒体を除く。）」に変更する動機付けはなく，そのような記憶媒体を採用することには，阻害要因がある。

(5)　裁判所は，同様の理由から，本件公知発明において，相違点2に係る本件発明1の構成を採用することは，動機付けを欠き，阻害要因があるから，容易想到性を欠くと判断し，本件発明1は，当業者が本件公知発明に基づき容易に発明をすることができたものとは認められないと判断した。

４．実務上の指針

(1)　公知発明に基づく進歩性については，先行技術文献に基づく場合と異なり，課題や技術思想の認定に困難が伴う。本件判決における阻害要因の存在の認定には，本件公知発明の技術思想が重要な役割を果たしている。したがって，一審を含め関連する審判・訴訟における技術思想の認定の検討は，公知発明に基づく進歩性に関する主張構築に有益な示唆を与える。

(2)　本件無効審判の審決は，本件公知発明が，「前作のキャラクタのレベルが16以上であると，後作において拡張ゲームプログラムが楽しめるようにしてゲームを面白くするという発明」であると認定しており，本件審決取消訴訟判決では，本件公知発明につき本件判決と同じ技術思想を認定している。

(3)　一審判決において，裁判所は，連作もののゲームソフトにおいて，前編のゲームソフトを有しているユーザであれば，それに記録されたキー・データを用いて続編のゲームソフトの拡張ゲーム機能を楽しめるようにするという技術は，セーブ機能がないROMカセットの時代から当業者間で周知であったと認定した（「上記周知技術」という。）。そして，ゲームソフトの大容量化を進める状況下で，大容量のCD-ROMについても，既に公知発明等において採用されていた上記周知技術を採用していくことに，当業者には十分な動機付けがあったと認められると判断した。さらに，公知発明における所定のキーである「キャラクタのレベルが21，すなわち16以上であることを示す情報」とは，①DDⅠが装填されたことを示すデータ情報及び②キャラクタのレベルが16以上(21)であるセーブデータであり，上記周知技術をCD-ROMに適用するという動機付けに基づき，公知発明の所定のキーを上記①のデータのみに変更し，セーブデータを含まないものとすることは，適宜選択可能な設計変更にすぎず，かかる変更に阻害事由はないと判断した。

(4)　本件判決，本件無効審判の審決及び本件審決取消訴訟判決では，本件公知発明において，前編のゲームソフトにおいてユーザが一定程度のプレイ実績を有することが，続編のゲームソフトの拡張機能を楽しむための必須要件であると捉えているのに対し，本件発明１の進歩性を否定した一審判決では，所定のキーの意義の認定に基づき，これを設計事項と捉えている。一審判決は，本件ゲームシステムの作動方法の録画映像のキャプチャ画面に基づいて，所定のキーの意義を認定している。本件審決取消訴訟判決では，技術思想認定の根拠として，ゲームソフトの付属解説書，攻略本，愛好家のウェブページも摘示している。ゲームの興趣を主とするプレイヤーの視点からの記載も踏まえた技術思想の認定に対して，より技術的な観点から主張を構築するには，公知発明一般に比して，有効な証拠方法の検討が一層重要である。

（和久田　純一）

薬剤分包用ロールペーパ控訴事件

判 決 の ポ イ ン ト	「・・・に用いられ，」の「用いられ」は「用いることが可能」の意味であるとされ，請求人と同視し得る立場の者が確定した無効審判と同一の理由に基づき特許無効を主張することは訴訟上の信義則に反して許されないとされた。
事件の表示	R1.6.27　知財高裁　平成31年（ネ）10009 （原審　H30.12.18　大阪地裁　平成29年（ワ）6494）
参 照 条 文	特167　特104の3①　民訴2
Key Word	サブコンビネーション，確定した審決，請求人と同視し得る立場

1．事実関係

(1)　手続の経緯

　被控訴人は，特許第4194737号，発明の名称「薬剤分包用ロールペーパ」の特許権者である。控訴人X1，X2，X3が業として販売する薬剤分包用シート（以下「被告製品」）が当該特許権を侵害するとして，控訴人が得た利益に相当する額を損害賠償金として請求する訴訟（原審）を大阪地裁に提起した（H30.12.18大阪地裁平成28年（ワ）6494）。

　控訴人は，明確性違反，乙22あるいは乙23を引例とする進歩性欠如，サポート要件違反等の無効理由があるとして，訴訟において無効の抗弁を主張した。

　また，控訴人のうちX1は単独で，明確性違反，乙22あるいは乙23を引例とする進歩性欠如等を主張して無効審判を請求した（無効2017-800089）。特許庁は，平成30年6月26日に請求は成り立たないとの審決をした。その後，X1は審決取消訴訟を提起することなく，審決は確定した。

　一方，大阪地裁は，平成30年12月18日に，無効の抗弁は成り立たないとするとともに，被告製品は本件特許権を侵害するものとみなすべきで，被控訴人の請求額の一部について支払を命ずる判決をした。

　そこで，控訴人が原審の敗訴部分の取消しを求めて控訴したのが，本訴訟である。

(2)　本件発明

　本件発明は，無効審判における訂正後の請求項1に記載の発明であり，下記のとおり分説される。

A　非回転に支持された支持軸の周りに回転自在に中空軸を設け，中空軸にはモータブレーキを係合させ，中空軸に着脱自在に装着されるロールペーパのシートを送りローラで送り出す給紙部と，2つ折りされたシートの間にホッパから薬剤を投入し，薬剤を投入されたシートを所定間隔で幅方向と両側縁

部とを帯状にヒートシールする加熱ローラを有する分包部とを備え，ロール
ペーパの回転角度を検出するために支持軸の片端に角度センサを設け，上記
中空軸と上記支持軸の固定支持板間で上記中空軸のずれを検出するずれ検出
センサを設け，分包部へのシート送り経路上でシート送り長さを測定する測
長センサを設け，ロールペーパを上記中空軸に着脱自在に固定してその固定
時に両者を一体に回転させる手段をロールペーパと中空軸が接する端に設
け，角度センサ及び測長センサの信号に基づいてシート張力をロールペーパ
径に応じて調整しながら薬剤を分包するようにし，さらに角度センサの信号
とずれ検出センサの信号との不一致により上記中空軸に着脱自在に装着され
たロールペーパと上記中空軸とのずれを検出するようにした薬剤分包装置に
用いられ，

B　中空芯管とその上に薬剤分包用シートをロール状に巻いたロールペーパと
から成り，

C　ロールペーパのシートの巻量に応じたシート張力を中空軸に付与するため
に，支持軸に設けた角度センサによる回転角度の検出信号と測長センサの検
出信号とからシートの巻量が算出可能であって，その角度センサによる検出
が可能な位置に複数の磁石を配置し，

D　その磁石をロールペーパと共に回転するように配設して成る

E　薬剤分包用ロールペーパ。

２．争点

⑴　被告製品は，構成要件Aの「用いられ」を充足するか，

⑵　確定した無効審判の請求人であるＸ１並びにＸ１と密接な関係にあるＸ２，
Ｘ３とが，実質的に同一の事実及び同一の証拠に基づいて無効の抗弁を主張
することは，訴訟上の信義則に反して許されないか，

について争われた。

３．裁判所の判断

⑴　本件発明は，構成要件AないしDの構成からなる「薬剤分包用ロールペー
パ」（構成要件E）の物の発明であり，構成要件Aにおいて，薬剤分包用ロール
ペーパが薬剤分包装置に「用いられ」るものとして記載される。そして，構
成要件Aにおける「用いられ」という助動詞は，受け身とともに可能を示す
ものであり，物の発明での請求項の記載は物の構造，特性等を特定するもの
として解釈すべきであることにかんがみると，「用いることが可能な」を意味
すると解するのが自然である。明細書中には，「用いられ」の用語を定義する
記載はなく，上記解釈に抵触する記載もないので，構成要件Aの「用いられ」

とは，「用いることが可能な」を意味すると解するのが相当である。よって，被告製品が構成要件Aによって特定される薬剤分包装置に実際に使用されるか否かは，本件発明の技術的範囲に属するか否かの判断に影響を及ぼすものでない，とされた。

(2)　特許法167条は，特許無効審判の審決が確定したときは，当事者及び参加人は，同一の事実及び同一の証拠に基づいてその審判を請求することができないと規定している。この規定の趣旨は，紛争の蒸し返しを防止し，紛争の一回的解決を実現させることにあるものと解される。このような一回的解決の要請は，無効審判手続においてのみ妥当するものではなく，侵害訴訟の被告が無効の抗弁を主張するのと併せて，無効の抗弁と同一の無効理由による無効審判請求をし，特許の有効性について侵害訴訟手続と無効審判手続のダブルトラックで審理される場合においても妥当するというべきである。そうすると，無効審判請求の不成立審決が確定したときは，侵害訴訟において同一の無効理由による無効の抗弁を主張することは，訴訟上に信義則に反するものであり，民事訴訟法2条の趣旨に照らし許されないと解するのが相当である。

　　X1は，無効審判を請求し，請求は成り立たないとの審決に対する審決取消訴訟を提起せず，審決は原審の判決言渡し前に前に確定しており，同一の無効理由による無効の抗弁を主張することは，訴訟上に信義則に反するものであり，民事訴訟法2条の趣旨に照らし許されない。

　　X2とX3は，無効審判の請求人又は参加人のいずれでもないが，X1，X2，X3の3者間には，X2はX3に対し，X3はX1に対し被告製品を販売するという継続的な取引関係があり，無効審判に関する利害は3者間で一致している。X2とX3は，原審において，X1と同一の無効の抗弁を主張し，X1とともに無効審判の審判請求書及び口頭審理陳述要領書を書証として提出していることから，無効審判の内容及び経緯について十分に認識していた。したがって，X2とX3は，無効審判の請求人X1と同視し得る立場にあると認めるのが相当であるから，確定した審判で排斥された無効理由と同一の無効理由によるX2とX3の無効の抗弁の主張を認めることは，紛争の蒸し返しができるとすることにほかならない。したがって，X2とX3においても，同一の無効理由による無効の抗弁を主張することは，訴訟上の信義則に反するものであり，民事訴訟法2条の趣旨に照らし許されない。

4．実務上の指針
(1)　請求項に記載の「用いられ」

　　裁判所は，構成要件Aについて，いわゆるサブコンビネーションの発明の「他のサブコンビネーション」（特許・実用新案審査基準第Ⅱ部第2章第3節4.2参

照）として解釈した。なお，サブコンビネーションの発明とは，二以上の装置を組み合わせてなる全体装置の発明（コンビネーション）に対し，組み合わされる各装置の発明をいう。すなわち，構成要件Aは，構成要件B-Eの構成を特定するのに用いられ，例えば「ロールペーパの回転速度を検出するために支持軸に角度センサを設け」との記載は，本件ロールペーパ等の「複数の磁石」につき支持軸の片端に設けられた「角度センサ」による「検出が可能な位置」（構成要件C）に配置されることを特定する。請求項中の記載の「用いられ」あるいは「～用」が，サブコンビネーションとして用いられる場合と，用途発明として用いられる場合とでは，その意味するところが大きく異なる。明細書の記載において，また，請求項を解釈する場合において，「用いられ」がサブコンビネーションとして記載されているのか，あるいは，用途発明の用途として記載されているのかを意識することが必要である。

(2)　確定した審決の効力

　特許法167条は，確定した特許無効審判又は延長登録無効審判の審決について当事者及び参加人が同一の事実及び証拠に基づいて同じ審判請求をすることを禁ずる規定であるが，無効審判手続だけではなく，侵害訴訟の被告が無効の抗弁を主張するのと併せて，無効の抗弁と同一の無効理由による無効審判請求をした場合においても妥当するという判断は，定着してきている（例えば，参考文献）。本訴訟の場合，一の控訴人だけが無効審判請求をしていた点が新しい。しかし，他の控訴人についても，無効審判による利益が共通し，また，無効審判における書面を本訴訟の書証として提出していたので内容を熟知していたものと判断されて，無効審判の請求人と同視し得る立場にあると認定された。すなわち，無効審判の請求人ではない控訴人にまで特許法167条の適用範囲が広められ，同一の無効理由による無効の抗弁を主張することは，訴訟上の信義則に反するものであり，民事訴訟法2条の趣旨に照らし許されないとされた。ただし，無効審判の書面を書証として提出するなど，無効審判の内容を熟知していたことが認定の前提となっており，無効審判を外形的にでも知らないとされ得る控訴人に対しては，異なる結果となる可能性はある。いずれにせよ，自らにとって不利な審決を確定させてしまうことは避けるべきであることを認識させられる。

【参考文献】
一般社団法人弁理士クラブ知的財産実務研究所編「実務家のための知的財産権判例70選2019年度版」（発明推進協会，2019年）p156-p159

（内藤　忠雄）

グループリーダーの付言　　　　　　　　永井　義久

特許・実用新案侵害訴訟（機械）グループリーダー
弁理士　永井　義久（ながい　よしひさ）

特許業務法人　永井国際特許事務所　所長
1977年弁理士登録
弁理士クラブ知的財産実務研究所の設立に関わる。
特許権侵害訴訟，特許無効審判，特許無効審判の審決取消訴訟等
を数多く経験している。

　機械系の特許侵害訴訟事件は，イ号物件が特許発明に技術的範囲に属するか
についてのいわゆる侵害論を経て，裁判体が侵害が認められるとの心証を得た
場合には損害論の審理に移行する。

　特許法102条は，不法行為による損害賠償についての民法709条の特別規定で
ある。特許権侵害の場合における損害額算定の困難性にかんがみ定められたも
のである。

　特許法102条についての解釈及び適用に関し，現在まで多数の裁判例及び学
説が存在し，これをフォローするには実務家にとっても多大な負担であるもの
の，避けて通れない道程でもある。

　「美容器大合議事件」（p202）は，知的高等裁判所の特別部による102条1項に
関する判決である。「侵害行為がなければ販売することができた物」は，侵害品
と市場において競合関係に立つ特許権者の製品であれば足りることを示し，「単
位数量当たりの利益の額」につき限界利益の額であることを明確にし，「販売す
ることができないとする事情」の解釈及び考慮すべき事情の例示するなど実務
家が精読すべき判決である。

　他方，「美容器事件」（p174）は，102条2項における損害額の算定について，
製品の価格差及び購買層の相違（「業務態様の相違」）を理由とする推定覆滅を
認めた判決である。

　特許侵害における損害賠償は，特許法の目的を達成するための，特にインセ
ンティブを担保するためのきわめて重要な骨格をなしている。令和元年改正に
より102条1項及び2項においてライセンス料相当額を含めた損害額算定が可
能であることが規定された。

　故意侵害に対する懲罰的賠償制度は，現在，米国，台湾，韓国，中国で採用
されているが，EUでは採用されていない。特許庁の調査（令和2年5月29日
産業構造審議会第39回特許制度小委員会配布資料）によれば，日本の産業界で
は懲罰的賠償制度採用の賛否が均衡傾向にあるが，利益吐き出し型賠償制度の
導入については賛成が多数占めている。こうした傾向がやがて次の法改正につ
ながるのか関心をもちながら，損害賠償に関する裁判例の変化をみておくのが
必要であろうと思われる。

グループリーダーの付言　　　　　　　濱田　百合子

特許・実用新案侵害訴訟（化学）グループリーダー
弁理士　濱田 百合子（はまだ ゆりこ）

（特定侵害訴訟代理付記登録）
特許業務法人栄光特許事務所　代表（実務経験30年超）
化学系分野を中心とした特許実務に長年携わり，2006年から3年
間東京地方裁判所の知財調査官に任官し，化学系の特許侵害訴訟
を担当する。2014年から産業構造審議会特許制度小委員会審査基
準専門委員会WGの委員を務め，その他，知財関連の研究・講演等
を継続的に行っている。

　本年度は，技術分野に限らず，損害論に関する特許侵害訴訟判決が目立ったように思う。侵害化学においても，今回は損害額の算定や契約上の争点に関する判決を多く取り上げた。なお，「磁気記録テープ事件」（p206）は，2020年に判決文が公表されたことから，例外的に本年度の判例70選に掲載した。

　特に本年度は，高部知財高裁所長のもと，2つの大合議判決，すなわち，「二酸化炭素含有粘性組成物大合議事件」（p210）により特許法102条2項，3項に関して，「美容器大合議事件」（p202）により特許法102条1項に関して，従来から見解が分かれていた種々の論点について，知財高裁において一定の法的見解が示され，実務家にとって非常に大きな意義があったといえる。この2つの大合議判決により，特許法102条1項から3項までの損害額の算定に関するすべての規定について，それぞれの法の趣旨や各規定における文言解釈に加えて，各当事者は何を具体的に主張立証していけばよいのかの指針も提示されたといえよう。今回の判示内容は，改正特許法（令和元年5月17日法律第3号）で改正された特許法102条の規定（権利者の生産・販売能力等を超える部分の損害の認定，実施料相当額の増額）とも合致する。

　「磁気記録テープ事件」（p206）や「非水系毛髪化粧料および毛髪処理方法事件」（p194）では，限界利益や覆滅理由等について，特許法102条2項に関する実務的な判断が示されており，「テフリルトリオン除草剤控訴事件」（p182）では，原告特許の技術的範囲に属する選択発明に相当する被告実施についての実施料率の考え方が示された。また，「磁気記録テープ事件」（p206）では，OEM製品の輸出を伴う取引形態における利益の考え方や，「養殖魚介類への栄養補給体及びその製造方法控訴事件」（p190）では，共有に係る特許権の実施に関する判断が示されている。さらに，「特許専用実施権許諾契約違反控訴事件」（p306）では，専用実施権者が特許発明を実施する義務を負う旨の黙示の合意があるとされており，それぞれ興味深い。

　一方，クレーム解釈に関しても，特に機能的表現に関する興味深い判決がいくつかなされた。「タンパク質を抽出する混合液事件」（p186）のほかに，「第IX因子／第IXa因子の抗体および抗体誘導体控訴事件」（R1.10.3知財高裁平成30年（ネ）10043）等で，明細書等の記載を参酌して機能的クレームがクレーム解釈された。また，一審と同様の判断がなされたため今回は取り上げなかったが，機能的表現が広く認められた「PCSK9に対する抗原結合タンパク質事件」（R1.10.30知財高裁平成31年（ネ）10014）は，上告受理申立てされたが，令和2年4月24日に不受理となった。

第2編　民事訴訟編
第1部　侵害訴訟

第2章

意　　　匠

そうめん流し器事件

判 決 の ポイント	意匠権侵害における類否判断において，意匠の各構成要素それぞれは公知の態様であるとしても，それら要素の組み合わせ方に新規性が認められれば意匠の要部足り得，意匠権侵害が成立することが示された。
事件の表示	R1.8.29　大阪地裁　平成29年（ワ）8272
参 照 条 文	意3①3
Key Word	類否判断，公知意匠の組み合わせ，要部

1．事実関係

　原告は，意匠に係る物品を「そうめん流し器」とする全体意匠について平成27年8月28日に意匠登録出願をし，平成28年5月13日に意匠登録（登録第1551624号）を受けた。原告は当該意匠に係る原告商品の販売をしている。一方，被告は，被告商品「そうめん流し器」を，遅くとも平成29年3月3日以降より製造販売等している。本件は，原告が，被告の被告商品販売行為等に関し，本件意匠権侵害等を理由として，被告商品の販売等の差止め及び損害賠償金支払等を請求したものである。

本件意匠

被告意匠

2．争点

　被告意匠は本件意匠と類似するか等について争われた。

3．裁判所の判断

　裁判所は，両意匠は要部を共通にし，類似の意匠であると判断した。以下にその理由を説明する。理解の便宜のため，判決内で使用される各部の名称を以下に示す（本件意匠「参考図」より）。

　まず，本件意匠の要部の認定にあたり，裁判所は，本件意匠の出願前に公知

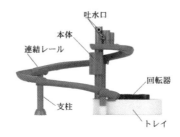

のそうめん流し器の態様は大きく分けて2種類あることを前提とした。具体的には，本件意匠のように吐水口から水を流下させて連結レール上を流れるそうめん又はトレイ内に落ちて回転するそうめんをすくい取って食する「ウォータースライダー型」と，連結レールを有さず，上面が開口したトレイ部の中央に，そうめんを回転させるための回転器を配置することによりプール部分を形成している「流水プール型」の2つである。理解の便宜のため，本件で示された流水プール型の公知例（乙11）と思料される意匠（登録第1351076号）を以下に示す。

　ここで，ウォータースライダー型のそうめん流し器のトレイ内には，流水プール型に存在するような回転器が存在する公知意匠は認められなかった。

　裁判所は，上記のような流水プール型のそうめん流し器は本件意匠の出願前から公知であるとしつつも，それ自体で意匠として完成しており，連結レールを備えたものはそれまで無かったと判断した。本件意匠は，流しそうめんを楽しむことができる構成として，ウォータースライダー型及び流水プール型の構成を組み合わせた点に特徴があり，これは，公知意匠には見られない新規な特徴であるとした。その理由として，本件意匠に接する需要者は，そうめんの流れ方やすくい取りやすさに関心を持つ以上，水路部である連結レール（ここをそうめんが流れていく）のみならず，回転器を有するトレイ（この中でそうめんが回転する）とが結合して成る形状に注目するからであるとした。その結果，両意匠は要部（ウォータースライダー型と流水プール型を組み合わせた態様）が共通するため需要者に共通の印象を与え，両意匠は類似するから，被告商品の販売等行為は本件意匠権を侵害すると認定した。

4．実務上の指針

　本判決は意匠の各構成要素自体は公知であるが，それらを組み合わせた態様が新規かつ，需要者の目を惹く要部であるから，当該要部が共通する両意匠は類似するとした事例である。このような類否判断の手法で思い出されるのは，例えば増幅器付スピーカ事件（H19.4.18東京地裁平成18年（ワ）19650）であろう。当該判決では，略横長三角柱状の本体部を持つスピーカの意匠の中央部に半球状に突出したドック部（音楽情報等が格納された各種電子機器を装着する部位）が組み合わされた態様を持つ公知意匠は原告意匠の出願前に存在しなかったことを理由として，当該組み合わせの態様に要部が認定されたものである。参考に当該判決の原告意匠権（登録第1276011号）の態様を挙げておく。

　この増幅器付スピーカ事件では，三角柱状の本体部の中央に上面が水平な半円筒形状（上記のような半「球」状ではなく）のドック部を有する公知意匠までは原告意匠権の出願前に存在することが明らかとなったが，原告意匠権のように半球状のドック部を三角柱状の本体部と組み合わせた態様は原告意匠権の出願前に存在しなかったことが意匠の要部判断の決め手となっている（と筆者は思う）。増幅器付スピーカ事件や本判決から実務者の指針となるのは，意匠の類否の決め手となる要部判断においては，仮に各構成要素自体は公知であるとしても，それらを組み合わせた態様が新規かつ，需要者の目を惹く場合は，組み合わせた態様自体に要部が成立する場合があることである。なお，増幅器付スピーカ事件は，多機能物品の類否（「増幅器付スピーカ」と「増幅器」は類似するのか）についても争われた点でも有名な判決であるため興味のある方は是非ご一読されたい。実務上の指針としては以上の次第なのであるが，本判決には筆者として気になる点が１つあるのでその点についても記載する。本判決でも両意匠の要部を認定するにあたり両者の共通点と差異点を対比している。一般的に言って，共通点が需要者に与える印象が差異点のそれを凌駕すれば両意匠は類似と判断されるわけであるが，裁判所が差異点として認定した部分の１つに吐水口部分の形状（竹筒型か山水型か）があった。当該形状において両意匠は明らかに異なるが，裁判所は「そうめんを流すための水が吐出される部分であり，そうめんを流す際に必然的に需要者が目にする部分ではある」としつつも，「当該部分が意匠全体に対して物理的に占める割合は必ずしも大きくはなく，また，需要者がそうめん流しを楽しむに当たって吐水口部分の形状に

強い関心を持つとも思われない」から，当該差異点は，全体の印象に大きな影響を与えないと一蹴している（つまり，当該差異は要部足りえないから両意匠を非類似とする根拠とされなかった）。しかしながら，そうめん流しを楽しむ際に最初にそうめんを置く吐水口付近の形態は本物品の用途や機能から考えても需要者が注視する極めて重要な部分と思われ，その形態が竹筒型か山水型ほどに異なれば要部でないとするのは不自然である。これを「物理的に占める割合」の大きさで片付けてしまのであれば，各構成要素の全体的な組み合わせに要部を認めた本件の判断手法としてはどうも違和感を禁じ得ない。実際，本件と同時に争われ，先に結審した本件意匠の無効審判（無効2018-880004　請求人は被告）では，本件意匠の出願前に知られていた原告意匠（旧モデル　甲第4号証）に基づき，本件意匠の無効理由（意匠法3条1項3号）が争点となっている。旧モデルと本件意匠の吐水口形状は同様の竹筒型構成であったため，この点の要部性についても争われ，審決では吐水口部分は「そうめんを流し始める部分にも近い当該部位は需要者の目に付きやすい部分であるから意匠の類否判断に影響を与えるものである」と判断している（ただ，要部と判断しつつも審決では無効性が否定された）。筆者としては，本判決でも当該吐水口部分の差異についてもっと要部性を争ってほしかったと思う。参考までに旧モデルと本件意匠を再掲しておく。

旧モデル

本件意匠（再掲）

（茅野　直勝）

侵害訴訟（意匠）

食品包装用容器事件

判決の ポイント	原告の取引先に納入した被告製品が原告の意匠権を侵害すると判断された。
事件の表示	R1.11.14　大阪地裁　平成30年（ワ）2439
参照条文	意3①3　意3②　意23　意24　意39
Key Word	意匠の類否，創作容易性，黙示の実施許諾，損害賠償

１．事実関係
⑴　事案の概要
　原告は，意匠に係る物品を「食品包装用容器」とする意匠について，平成18年6月23日に意匠登録出願をし，平成19年2月23日に意匠登録された（登録第1297087号）。原告は，被告A及び被告Bが製造及び販売する被告意匠が原告の意匠権に係る意匠と類似するので，民法709条及び意匠法39条2項に基づく損害賠償を求めた。

　原告は，訴外の食品会社Cへ本件意匠に係る「食品包装用容器（以下「原告製品」という。）」を納入していた。被告Aは，訴外Cから原告製品と同様の製品の見積もりを求められたことから，容器の製造を被告Bに依頼するとともに，原告製品よりも安い単価を訴外Cに提示し，試作品を作成した。訴外Cは，原告の知的財産権があることから被告らに底部の形状の変更を求めていたものの，被告らは，原告の特許のみを把握し，意匠権の存在については確知していなかった。被告Aが訴外Cへ製品の納入を開始したところ，原告は，原告製品の販売個数が減少し，最終的に0となった。

⑵　本件意匠
　本件意匠に係る物品である「食品包装用容器」は，包装された例えば餃子や焼売などの食品をそのまま加熱できる樹脂トレーである。

　本件意匠は，食品包装用容器の底部の形状に関する部分意匠である。本件意匠に係る物品は，上方及び斜め上方から観察されることから，底部の突条を含む凹凸形状が注目される。これにより，本件意匠の要部は次のように認定されている。

　各収容部の底部の中心に，X字状の突条が設けられている。
　各収容部の底部の四隅に，突条の先端を囲うポケット部が設けられている。
　各収容部の底部の四辺の中心に凸部が設けられている。
　突条，ポケット部，凸部に囲まれた部分に段部が設けられている。
　6個（3列×2段）の収容部が形成されている。

(3) **被告意匠**

被告意匠は，本件意匠に対してそれぞれ次のような相違点がある。

各収容部の底部に設けられている突条は，交差することなく，中央部に段部と同じ高さで一体となった，突条の4分の1程度の直径の空間がある。

容器の長辺側に位置する収容部の辺に凸部が形成されておらず，その余の3辺に1つずつ形成されており，凸部が形成されていない辺側の2つのポケット部と突条とに囲まれた部分は，段部よりも底面側に凹み，かつポケット部よりも浅く形成された段差となっている。

段部が中央部で一体となっており，容器の長辺側に位置する収容部の辺側には段部ではなく段差がある。

8個（4列×2段）の収容部が形成されている。

2．争点

本件では，本件意匠と被告意匠との類否（争点1），本件意匠の無効理由の有無（争点2），被告の実施に対する原告による黙示の実施許諾の有無（争点3），権利濫用及び信義則違反の有無（争点4），被告の過失の有無（争点5），被告らの共同不法行為の成立の有無（争点6），並びに損害の額（争点7）が争点となった。

本件意匠

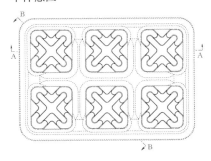

被告意匠

3．裁判所の判断

(1) 意匠の類否（争点1）

突条の形状の差異について，裁判所は，「意匠を全体的として観察した際に，美感に決定的な影響を与える差異であるということはできない。」とした。また，凸部の数や段部の形状について，裁判所は，「本件意匠と被告意匠における突条及びポケット部を除いた部分（略）の印象が大きく異なるとまでいうことはできない。」とした。収容部の数についても，裁判所は，「容器全体の縦横比

（収容部1列分）の違いにより美感に著しい違いが生じるということもできない。」とした。

　これらの結果，裁判所は，意匠の類否について，「本件意匠と被告意匠との差異点は，いずれも要部に関するものではあるが，その差異が共通点を凌駕するものではなく，本件意匠と被告意匠は，全体として需要者に一致した印象を与えるものであり，美感を共通にするというべきであるから，被告意匠は，本件意匠に類似すると認められる。」と結論付けた。

(2)　無効理由（争点2）

　裁判所は，創作容易性（意3条②）の無効理由について，「乙1意匠と本件意匠とでは，美感や意匠によって表象される機能が大きく異なるというべきであるから，・・・本件意匠権に，意匠法3条2項の無効理由があるとは認められない。」として，被告らの主張を退けた。

(3)　黙示の実施許諾（争点3）

　原告から被告に対する黙示的な実施許諾の有無について，裁判所は，原告が，被告ら及び訴外Cに対し，本件意匠権につき実施許諾をしたと認めることはできない，とした。

(4)　権利濫用・信義則違反，被告Bの過失（争点4，争点5）

　裁判所は，争点4及び争点5について，被告らの主張をいずれも退けた。

(5)　共同不法行為について（争点6）

　裁判所は，本件意匠権の侵害行為について，被告Bと被告Aとの共同不法行為（民法719条1項前段）の成立を認めた。

(6)　損害の発生及び額について（争点7）

　裁判所は，意匠法39条1項の推定に基づいて，被告らによる本件意匠権の侵害行為により原告が被った損害額として，「合計5348万7589円（税込。税抜4952万5545円。）となる。」とした。また，裁判所は，「被告意匠は，被告製品において，・・・被告意匠としての面積比が製品全体に対して約50％であるからといって，寄与度を50％としたり，50％の推定覆滅を認めるべきことにはならない。」と判示している。

4．実務上の指針

(1)　意匠の類否について

　本件意匠は，食品包装用容器の底部の形状に関する部分意匠である。本件意匠のような形状を採用することにより，意匠としての美感の向上とともに，幅広の突条によって商品となる食品を支え，食品から流出した不要な脂分や水分が段部を通してポケット部に溜まることにより商品のべたつきなどを低減するという機能も有している。被告意匠は図示されていないが，本判決における類

否の判断において，要部において美感が異なる差異があると認定されている。また，この他にも，凸部の数，段部の形状及び収容部の数などについても，登録意匠と被告意匠との間には要部において差異があると認定されている。しかし，本件判決では，要部に関する差異点であっても，その差異が共通点を凌駕するものではない限り，需要者に一致した印象を与えることとなり，意匠が類似するとしている。

　日頃，実務において，意匠の要部を抽出し，この要部を対比して差異がある場合，意匠全体として非類似であると判断しがちな面もあると思われる。本判決は，意匠の類否の判断において，要部の差異を評価する際の指針になるものと思われる。

(2)　無効理由について

　無効理由の証拠とされている乙1意匠は，収容部に載せた商品を蒸すとき，収容部の底部に設けられた突条やスリットがその重みで開くことにより蒸気の通路を形成するという機能を有している。一方，本件意匠は，食品から出た不要な脂分や水分を逃がす機能を有している。そのため，本件判決では，本件意匠は，乙1意匠から表象される機能と異なることから，当業者が乙1意匠から本件意匠を容易に創作できないと判断している。

　このように，本件判決は，意匠法3条2項の創作容易性について，対比する意匠の両者の間に意匠から表象される機能に相違がある場合，創作容易でないと判断される可能性があることを示唆している。つまり，創作容易性の判断においては，意匠から得られる機能についても考慮することが必要であろう。

(3)　原告と被告との関係について

　本件は，原告と競合関係にある被告が，原告の製品に基づいて改良品を製造し，これを原告の顧客に納品したことから原告の売上が減少したという事例である。判決では，原告と被告との間で第三者も含めて行われたやりとりが克明に示されている。そして，原告と被告との間で交わされたやりとりが実施の黙示的な同意といえるかどうか，第三者を通して被告へ伝えられた原告の知的財産の存在とその対応，さらに原告から被告への知的財産の侵害に対する警告など，実務上，当事者及び代理人にとって直面する諸事情が明らかにされている。原告側の立場として知的財産権の侵害を防止するために取るべき行動，一方の被告の立場として競合関係にある先行者から市場を獲得するために取るべき行動として，参考になる事例が多分に含まれている。結果として，本判決では，原告の主張が認められ，意匠権侵害としては比較的高額の損害賠償が認められた点においても注目すべきであろう。

（南島　昇）

第2編　民事訴訟編
第1部　侵害訴訟

第3章

商　　　標

MMPI 性格検査事件

判 決 の ポ イ ン ト	被告各標章は，いずれも本件商標の指定役務である心理検査又はこれに類似する役務ないし商品の「質」を普通に用いられる方法で表示するものということができるから，商標法26条1項3号に該当し本件商標権の効力が及ばない。
事件の表示	R1.10.2　東京地裁　平成29年（ワ）38481
参 照 条 文	商26①三　商46
Key Word	商標権の侵害，役務の質表示，商標権の効力が及ばない範囲

1．事実関係

(1)　事案の概要

　本件は，原告が，被告は，原告が商標権を有する登録商標に類似する標章を指定役務に使用して上記商標権を侵害しているなどと主張して，別紙目録記載の各商品の譲渡等の差止めと，同各商品の廃棄を求める事案である（判決文には根拠条文として商標法38条1項及び2項が挙げられているが，正しくは商標法36条1項及び2項である。）。

(2)　前提事実

① 　原告は，以下の登録商標（登録第5665842号，出願日平成25年7月18日，登録日平成26年4月25日，登録商標：MMPI（標準文字），指定商品又は指定役務並びに商品及び役務の区分：第44類 心理検査，以下「本件商標」という。）に係る商標権（以下「本件商標権」という。）を有している。

② 　「MMPI」は，「Minnesota Multiphasic Personality Inventory」（ミネソタ多面的人格目録）の略称であり，質問紙法検査に基づいて性格傾向を把握する心理検査の名称である。

③ 　原告は，昭和38年に，本件心理検査の日本語版である原告版の質問用紙を出版し，それ以降，独自の採点盤，回答用紙，質問カードなどを開発，販売し，昭和48年4月からは，コンピュータを利用した採点サービスも行ってきたが，その際，「MMPI」との標章を用いてきた。

④ 　被告は，平成29年4月1日から，心理テスト質問用紙，回答用紙及び自動診断システム並びにハンドブックの出版・販売等行っている。

⑤ 　被告が使用する標章は，明朝体様の大きめのフォントで「MMPI－1性格検査」，ゴシック体様で「MMPI－1回答用紙」等と記載されたものである。なお，「MMPI-1」は，原告版とは異なる翻訳・標準化を行った，原告版とは別の本件心理検査の日本語版の名称である。

⑥　被告は，平成30年3月2日，特許庁に対し，商標法3条1項3号，同項1号又は2号，同項6号に該当することを無効理由として，原告を被請求人とする本件商標登録の無効審判請求をし，現在も係属中である。

2．争点
　被告の行為のみなし侵害行為該当性（争点2），本件商標権の効力が被告標章に及ぶか（争点3），及び，商標法26条1項3号（普通名称又は役務の質表示）該当性（争点3-1）について争われた。

3．裁判所の判断
⑴　争点2（被告の行為のみなし侵害行為該当性）について
①　裁判所は，被験者がパソコン画面を見ながら回答する場合，心理検査の役務を提供するのは被告ソフトの購入者であり，被告ソフトは，同役務の提供を受ける者（被験者）の利用に供する物に当たるところ，被告ソフトのパッケージにはそれぞれ本件商標と類似する被告標章が付されており，被告は購入者をして同役務の提供をさせるために被告ソフトを販売しているのであるから，かかる被告の行為は，商標法37条4号のみなし侵害行為に当たると判断した。

②　裁判所は，購入者が被告質問用紙等及び被告ソフトを使用する場合，被告は上記購入者をして同役務の提供をさせるために被告質問用紙等を販売しているのであるから，商標法37条4号のみなし侵害行為に当たると判断した。

③　裁判所は，被告が被告サービスに基づいて委託者に交付する被告診断結果書に本件商標に類似する被告標章を付する行為は，「役務の提供に当たりその提供を受ける者の利用に供する物に標章を付したものを用いて役務を提供する行為」（商標法2条3項4号）に該当するから，商標法37条1号のみなし侵害行為に該当すると判断した。

④　裁判所は，被告ウェブサイト上の広告に被告標章を掲載する行為は，役務に関する広告を内容とする情報に標章を付して電磁的方法により提供する行為（商標法2条3項8号）に該当するから，商標法37条1号のみなし侵害行為に該当すると判断した。

⑵　争点3-1（商標法26条1項3号（普通名称又は役務の質表示）該当性）
　裁判所は，①「法26条1項3号にいう役務の「質」とは，その語義からして，役務の内容，中身，価値，性質などを意味するものと解されるところ，「MMPI」は」，「質問紙法検査に基づいて性格傾向を把握する心理検査の名称である「Minnesota Multiphasic Personality Inventory」（ミネソタ多面的人格目録）の略称であり，本件商標の指定役務である心理検査の需要者，取引者において，

心理検査の一手法である本件心理検査又はその略称を示すものとして周知であると認められるから，心理検査の内容，すなわち「質」を表すものということができる。」，②「被告各標章は，いずれも，明朝体様やゴシック体様といったありふれた書体で構成されているものである。」と認定した上で，「「MMPI」を含む被告各標章は，いずれも本件商標の指定役務である心理検査又はこれに類似する役務ないし商品の「質」を，普通に用いられる方法で表示するものということができるから，被告各標章は，法26条1項3号に該当し，本件商標権の効力は及ばない。」と判断した。

なお，原告の主張（「MMPI」は，役務の普通名称又は質を表示するものではなく，原告が長年にわたり独占的に提供してきた心理検査等役務を表すものとして識別力を獲得していたものであって，被告は，自他を識別する態様で本件商標に類似する被告各標章を使用している）に対して，裁判所は，「原告作成に係る質問票，回答用紙，カタログ及びマニュアル並びに広告や専門書における「MMPI」の使用は，いずれもこれが心理検査の種類・方法としての本件心理検査を表示するものにすぎず，他に「MMPI」が，原告が提供する心理検査等役務を表すものとして識別力を獲得したと認めるに足りる証拠はない。」と認定し，「被告各標章は，いずれも本件商標の指定役務である心理検査又はこれに類似する役務ないし商品の「質」を，普通に用いられる方法で表示するものということができるから，法26条1項3号に該当し，本件商標権の効力が及ばない。」と判断して，侵害を否定した。

4．実務上の指針

(1) 裁判所は，本件商標と被告標章とは類似し（争点1），被告の行為が商標法37条4号のみなし侵害行為に当たる（争点2）として形式的侵害の成立を認定した上で，被告標章はいずれも本件商標の指定役務又はこれに類似する役務ないし商品の「質」を普通に用いられる方法で表示するものということができるから商標法26条1項3号に該当すると認定し，被告行為には本件商標権の効力が及ばないと判断して実質的侵害を否定した。裁判所は，「心理テスト質問用紙（以下「被告質問用紙」という。）」「回答用紙（マークカード）（以下「被告回答用紙」という。）」「自動診断システム（パソコン用ソフトウェア）（以下「被告ソフト」といい，同目録記載の各商品を併せて「被告各商品」という。）」「「MMPI－1」等の性格検査の解説書であるハンドブック（以下「被告ハンドブック」という。）」「心理テスト質問用紙，回答用紙（マークカード），及び，自動診断システム（パソコン用ソフトウェア）」等の証拠（何れも原告が提出した証拠）から，「被告回答用紙は，・・・ゴシック体様で「MMPI－1回答用紙」と記載され」ていること，「被告ソフトのパッケージ

の表紙・・・には,「MMPI－1性格検査」と少し大きめの明朝体様の記載」
があること,「被告が顧客に提供する診断結果書・・・には,他の部分より少
し大きめのゴシック体様で「MMPI－1自動診断システム」と記載されてい
る」こと,「被告のウェブサイト上の被告各商品や被告サービス等の広告（以
下「被告広告」という。）の中には,・・・ゴシック体様で「MMPI－1性格
検査」との記載がある」こと等を認定した。そして,これらの認定から,裁
判所は,「「MMPI」は・・・,心理検査の内容,すなわち「質」を表すものと
いうことができる」こと,及び,「被告各標章は,いずれも,明朝体様やゴシッ
ク体様といったありふれた書体で構成されているものである」との認定を導
き出し,上記のように,被告標章は商標法26条1項3号に該当すると判断し
た。本判決から,何らかの役務・商品の「質」の略称からなる商標を普通に
用いられる方法で表示する標章の使用には,商標権の効力が及ばないことが
確認的に判断されたといえる。したがって,侵害の判断時点において,何ら
かの役務・商品の「質」の略称からなる標準文字からなる商標権の場合,当
該登録商標と同一商標の使用は,とりもなおさず,当該役務・商品の「質」
を普通に用いられる方法で表示する使用に該当するため,商標権の効力が及
ぶことがないと考えられる（商26①三）。また,仮に原告において当該商標の
使用により識別力が生じていたとしても,市場の機能に対する配慮から商標
権侵害を否定すべき場合を列挙した商標法26条の趣旨を考慮すれば,役務な
いし商品の「質」を普通に用いられる方法で表示する被告標章について商標
権侵害を肯定すべきではないと考えられる。

(2)　登録査定時においても役務ないし商品の「質」を普通に用いられる方法で
表示するものに該当する場合は,商標法3条1項各号を理由に無効審判を請
求できる点に留意すべきである（商46）。商標権が遡及消滅すれば侵害訴訟
の請求は棄却される。被告は本件商標権に対し無効審判を請求（無効
2018-890014）しており,本件訴訟の判決後の令和2年4月23日に全部無効の
審決がなされたが,原告は当該審決に対して審決取消訴訟を提起し,本稿脱
稿時において審決は確定していない。

(3)　以上のように,侵害の判断時点で役務・商品の「質」を普通に用いられる
方法で表示する使用については,商標権の効力が及ばない範囲の使用（商26
①三）が成立するとともに,当該標章について取得した商標権には無効理由
（商46,商3①各号）が存在する可能性があることに留意すべきである。

【参考文献】
田村善之著「商標法概説第2版」（有斐閣,2001年）P203

（川口　眞輝）

2 ちゃんねる事件

判 決 の ポイント	電子掲示板「2ちゃんねる」を開設し管理人と呼ばれた原告が，「2ちゃんねる」や「2ch.net」の使用について商標権侵害訴訟を提起したが，当該電子掲示板に係る役務を自己の業務として提供していた訴外A社から事業を承継した被告は先使用権の地位を有すると判断された。
事件の表示	R1.12.24　東京地裁　平成29年（ワ）3428
参 照 条 文	商32①
Key Word	先使用権，先使用権の承継

1．事実関係

(1) 平成11年頃に電子掲示板「2ちゃんねる」（以下「本件電子掲示板」という。）を開設し管理人と呼ばれた原告は，「電子掲示板による通信及びこれに関する情報の提供」等を指定役務として「2ちゃんねる」（原告商標1：平成25年1月25日出願）及び「2ch」（原告商標2：平成26年3月27日出願）に係る商標権を有している（いずれも平成28年登録）。

　一方，被告は平成24年5月3日に本件ドメイン名を取得し，遅くとも平成26年2月19日から本件電子掲示板のトップページ等に「2ちゃんねる」（被告標章1）及び「2ch.net」（被告標章2）を表示して使用していた。

　原告は被告に対し，被告の行為がこれらの商標権を侵害するものとして，被告標章1及び2の使用の差止め等を請求した。

(2) 原告は，平成11年，訴外A社（平成10年に設立され，主としてサーバの管理・運営を業務内容とする米国法人）の代表者Bにサーバの提供を依頼した。訴外A社は，サーバの提供・管理といった業務を行い，平成14年頃には，本件電子掲示板の古いスレッドを閲覧できるなどの利点を有するビューアソフトを開発した。平成14年当時，本件電子掲示板から発生する広告費等の売上は訴外C社（原告が代表取締役）が受領し，訴外C社は訴外A社に，少なくとも当面は月額2万ドルを支払うことになっていた。訴外A社は，訴外C社から上記の金額を受け取っていたことに加え，ビューアソフトの売上を自ら取得し，その売上げが月額10万ドル程度であり利益を得ていた。

　被告は，平成14年にB（訴外A社の代表者）の出資により設立されたフィリピン法人であり，平成16年頃より，本件電子掲示板の管理に直接携わるソフトウェアのプログラミング等の業務を担うようになった。訴外A社は，被告に対し，ビューアソフトの売上げから本件電子掲示板の管理費用を支払っていた。

　　訴外Ａ社は，平成26年２月19日，訴外Ｃ社及び原告が本件電子掲示板のサー
バにアクセスできないようにした。その結果，訴外Ｃ社は，同年３月以降，本
件電子掲示板の広告費の売上を受領できなくなり，訴外Ａ社が同収入を得る
ようになった。

　　平成26年３月５日当時の本件電子掲示板のトップページには，ページ中央
上部に「２ちゃんねる」の縦書きのデザイン文字が大きく配置され，一番下
に被告の会社名や所在地などが掲載されていた。

２．争点

　　被告が被告標章１及び２について商標法32条１項に基づく先使用権を有する
か否かが争われた。

３．裁判所の判断

⑴　裁判所は，争点に関し，以下のとおり判断した。

　　「商標法32条の先使用権は，識別性を備えるに至った商標の先使用者によ
る使用状態を保護し，もって，先使用者が当該商標に蓄積した信用を同人に
おいて享受することを可能にするものである。前記先使用権の趣旨に照らせ
ば，当該商標を主体的に自己の業務として提供する役務を表示するものとし
て使用してその商標の持つ出所，品質等について信用を蓄積した者やその者
から当該事業の承継を受けた者は，先使用権の他の要件を満たせば先使用権
を有するといえる。

　　被告標章１及び２は，遅くとも平成14年頃以降は，少なくとも，訴外Ａ社
において主体的に自己の業務として提供していたといえる本件電子掲示板に
係る役務を表示するものとして使用され，遅くとも平成18年頃には周知性を
獲得し，その後も，訴外Ａ社は被告標章１及び２を表示して同役務の提供を
継続したため，上記周知性が維持・継続されたといえる。被告は，遅くとも
平成24年５月３日頃に，訴外Ａ社から本件電子掲示板の運営に係る事業の承
継を受けるなどしてその地位を承継し，本件商標１及び２の登録出願当時」，
「継続して被告標章１及び２を使用して本件電子掲示板に係る役務を自己の
業務として提供していたから，被告標章１及び２は，上記時点において，被
告の業務である本件電子掲示板に係る役務を表示するものとして周知であっ
たと認められる。また，被告は，平成29年９月30日まで，自己の業務を行う
意図で被告標章１及び２を表示した本件電子掲示板に係る役務を提供したと
認めることが相当である。」

⑵　「不正競争の目的なくある特定の標章を表示する役務を複数の者が共同し
て提供していた場合，その複数の者の間で紛争が生じた後であっても，少な

くとも，主体的に自己の役務として自ら役務を提供して当該表示の持つ出所，品質等について信用を蓄積するために果たした役割が主要といえる者が，紛争後も提供した当該役務が従前と同様のものであった場合，その者による当該標章の使用は，前記の先使用権の制度趣旨に照らし，不正競争の目的なくされているとするのが相当である。そして，前記に照らせば，訴外A社は，不正競争の目的なく本件電子掲示板に係る役務を主体的に自らの役務として提供して，当該表示の持つ出所，品質等について信用を蓄積するために主要な役割を果たしたといえる。平成26年2月19日にはそれまで本件電子掲示板に関与していた訴外C社及び原告が本件電子版のサーバにアクセスできなくなったところ，訴外C社及び原告の同時点までの本件電子掲示板への関与の内容には不明な部分もあるが，訴外A社と共に上記提供を行ったか，訴外A社から本件電子掲示板に係る事業の承継を受けるなどしてその地位を承継した被告は，平成26年2月19日以降も本件電子掲示板に係る役務をそれまでと同様に提供していたことがうかがえ，訴外A社の果たした上記の役割に照らせば，同日以降平成29年9月30日までの間，被告標章1及び2を本件電子掲示板に係る役務を表示するものとして，不正競争の目的なく使用したと認めることが相当である。」

(3) 「以上によれば，平成26年2月19日から平成29年9月30日までの間，被告は，本件商標1及び2を本件電子掲示板に係る役務を表示するものとして使用することについて，先使用権を主張することができる。」

(4) なお，裁判所は，原告の主張に対し，特定人である被告又は訴外A社の名称が需要者に認識されていなくとも，このことは先使用権の認定に際し左右されないと判断した。

4．実務上の指針

他人の商標登録出願前から，日本国内において，不正競争の目的でなく，その商標登録出願にかかる指定商品若しくは指定役務又はこれらに類似する商品若しくは役務について，その商標又はこれに類似する商標の使用をしていた結果，その商標登録出願の際，現にその商標が自己の業務にかかる商品又は役務を表示するものとして，需要者の間に広く認識されているときは，その者は，継続してその商品又は役務についてその商標を使用する場合は，その商品又は役務についてその商標の使用する権利を有する（商標法32条1項前段）。これを商標の「先使用権」という。また，「先使用権」は，その性質上，業務と切り離して「先使用権」のみを移転することは認められず，業務を承継した者のみが承継することができる（商標法32条1項後段）。

まず，本件においては，被告が原告の本件電子掲示板のサーバへのアクセス

をできないようにした行為をもって，「不正競争の目的」が認められるか否かが問題となった。

この点，元々，不正競争の目的なく原告及び訴外A社ら複数の者が共同して役務を提供していた中において，被告が原告のサーバへのアクセスをできないようにした事実があっても，このような紛争の前から役務を提供していた者（訴外A社）から事業の承継を受け，それまでと変わらぬ役務を提供していれば，「不正競争の目的はない」と裁判所は判断した。先に使用していた者がその商標に蓄積した信用を既得権として保護することが「先使用権」の趣旨であるから，この判断は妥当であるし，また，変わらぬ役務が提供されることは，需要者の利益保護にもつながり，法目的（商標法１条）にかなう。

実務家としては，「先使用権」の趣旨に立ち返り，どのような行為が「不正競争の目的をもった行為」であるのかを常に意識しておく必要がある。

次に，「２ちゃんねる」の生みの親であり「管理人」と呼ばれた原告は，「本件電子掲示板で用いられる原告商標１及び２は，原告の業務に係る商標として著名，周知であ」り，「被告標章１及び２が被告の業務に係る役務を表示するものとして需要者の間に広く認識されていた事実はない」と主張し，「先使用権」の認定要件である「周知性」を否定した。

しかし，それについても，裁判所は，「特定人である被告又は訴外A社の名称が需要者に認識されていなくても，左右されないと解される」として退けている。このことは，主体的に自己の業務として役務を提供していた実質的な運営者を保護することにつながるのだから，妥当な判断といえる。

すなわち，先使用権者の業務にかかる商標が需要者に広く認識されることが大事なのであって，先使用権者の名称（法人名）自身が認識されることは必ずしも必須ではないことを意識しておくことが重要である。尚，「先使用権」の立証にあたり，実際にどの程度の周知性を獲得している必要があるかについては，周知性が認められた裁判例・認められなかった裁判例等が具体的に記されている「実務家のための知的財産権判例70選」2014年度版p242-p245を参照されたい。

最後に，「先使用権」の問題というのは，結局のところ，当事者の一方が「商標権」を取得していなかったことに起因して生じるのだから，事業を行うにあたって，事前に商標権を取得しておくことが最も基本的で重要なリスク管理になることを忘れてはならない。

（黒瀬　勇人）

ブロマガ事件

判　決　の ポイント	「ブロマガ」の称呼を生じる標章を使用し，当該標章について，異なる指定役務で商標権を有する商標権者F社とD社が，各々の商標権が他方によって侵害されているとして訴訟を提起し，いずれの主張も一定範囲で認められた。
事件の表示	R1.5.23　東京地裁　平成28年（ワ）23327（第1事件） R1.5.23　東京地裁　平成28年（ワ）38566（第2事件）
参照条文	商32①　民709
Key Word	ブロマガ，ブログ，メールマガジン，メタタグ

1．事実関係

第1事件は，甲商標1ないし4の商標権者であるF社が，D社による乙標章の使用が商標権侵害に当たると主張して乙標章の使用の差止めと損害賠償の請求を求めたものである。

F社の甲商標の商標権は，D社によって請求された不使用を理由とする登録取消審判によって，第42類「インターネットにおけるブログのためのサーバーの記憶領域の貸与，ウェブログ上の電子掲示板用サーバ記憶領域の貸与及びこれに関する情報の提供」等について消滅が確定した。

D社が「ブロマガ」の名称で提供しているサービスは，ウェブサイト上にブログ記事を投稿するためのプラットフォームを提供し，ユーザーがウェブサイト上にブログを開設して，ウェブページの入力フォームを使用してブログ記事

を作成することで，このブログ記事をメールマガジン又は電子書籍形式の記事コンテンツとして投稿，配信することができ，また，ユーザーがブログの記事コンテンツをウェブサイトで閲覧し，又はその配信を受けることができるものである。

第2事件は，乙商標の商標権者であるD社が，F社による甲標章の使用が商標権侵害に当たると主張して甲標章の使用の差止め等を求めたものである。

D社は，乙商標に係る商標権を有している。

F社は，「ブロマガ」の名称で，ユーザーが作成したブログ記事に一定の設定がされた場合，当該記事に対する購読料を支払った者が当該ブログ記事を閲覧することができる機能を提供しており，F社は当該機能の表示として，甲標章を使用している。

なお，第1事件について乙標章が甲商標と類似すること及び第2事件について甲標章が乙商標と類似することは，当事者間に争いがない。

2．争点
(1) 第1事件では，D社が提供する役務が甲商標の指定役務と同一又は類似か否か，D社の標章の使用は甲商標の商標権を侵害する態様での使用か，D社の商標権に基づく正当な権利行使の抗弁等について争われた。
(2) 第2事件では，F社が提供する役務が乙商標の指定役務と同一又は類似か否か，F社の商標権に基づく正当な権利行使の抗弁等について争われた。

3．裁判所の判断
(1) D社が提供する役務が甲商標の指定役務と同一又は類似か否か
裁判所は，D社が提供するサービスにおいて，ユーザーが自らのブログ記事を作成してウェブサイトにアップロードした際には，D社が設置管理するサーバーの記憶領域にブログ記事のデータを保存しているため，D社はユーザーに対し，ブログを開設し，ブログ記事を作成し，投稿するために必要となるサーバーの記憶領域を提供しているといえ，D社のサービスは甲商標の指定役務に類似すると判断した。
(2) D社の標章の使用は甲商標の商標権を侵害する態様での使用か
裁判所は，D社のウェブページでの使用について，ブログを開設し，ブログ記事を作成して投稿するために「ブロマガ」の項目をクリックしてブログ開設用のウェブページを開き，そのブログ記事の閲覧用のウェブページでも「ブロマガ」の表示が使用されていることから，乙標章は，ユーザーによるブログ開設及びブログ記事作成，投稿機能をD社が提供するに当たって，役務の出所識別機能を果たす態様で映像面に表示されていると判断した。

　また裁判所は，D社のメタタグでの使用について，D社が乙標章をウェブサイトのHTMLファイルにメタタグとして記載した結果，検索エンジンの検索結果において，ウェブサイトの内容の説明文ないし概要やホームページタイトルとして表示され，これらがD社のウェブサイトにおける，ブログの開設及び記事作成，投稿機能を含む各種サービスの出所等を表示し，顧客がD社のウェブサイトにアクセスするように誘引するため，D社による乙標章の使用は，役務の出所識別機能を果たす態様で使用されていると判断した。

(3) D社の商標権の正当な権利行使の抗弁

　D社は「電子出版物の提供」を指定役務に含む乙商標に係る商標権を有しており，D社が提供するブログ記事配信サービスは「電子出版物の提供」に該当する正当な権利行使であってF社の商標権を侵害しないと主張した。

　これに対して裁判所は，D社のサービスには，ユーザーがブログの開設及びブログ記事の作成・投稿をすることができる機能があって独立の役務といえ，ブログを作成するユーザーに対するこの役務は，その内容から電子出版物の提供に該当しないと判断した。

(4) F社が提供する役務が乙商標の指定役務と同一又は類似か否か

　裁判所は，ユーザーはF社のサービスを利用することによって，第三者が作成したまとまりのある文書・図面を閲覧等することができるようになり，F社のサービスは，乙商標の指定役務である，電子出版物の提供又は通信ネットワークを利用した電子書籍及び電子定期刊行物の提供に，少なくとも類似した役務であると判断した。

(5) F社の商標権の正当な権利行使の抗弁

　F社は「インターネットにおけるブログのためのサーバーの記憶領域の貸与」等を指定役務に含む甲商標に係る商標権を有しており，F社が提供するブログサービスは，甲商標に係る商標権に基づいて甲標章をブログサービスに使用する正当な権利行使であってD社の商標権を侵害しないと主張した。

　これに対して裁判所は，F社のサービスにおいて，ユーザーは記事を購入することができ，購入後にF社のウェブページにおいて，購入した記事を閲覧することができ，また，購入した記事の更新の都度，F社からHTML形式のメールの配信を受けることなどができるが，これらの役務は，甲商標のいずれの指定役務にも該当しないと判断した。

4．実務上の指針

(1) 出願時の指定役務の決定

　一般に，商品商標は，その商品が持つ特徴が比較的に明確であり，例えばラジオ受信機付時計のような商品の場合に，指定商品を単一とするか，防衛的な

意図で複数の商品を指定して権利化を進めるかの判断をすべきか否かが分かりやすい場合が多いと思われる。

しかし，役務商標であって，特に役務がオンライン上で提供される場合は，事業担当者が想定しているサービスは一つであっても，指定役務の観点では，その一つのサービス中に，商標法上の複数の役務が含まれる場合がありうる。

また，オンライン上のサービスは，ソフトウェアのアップデートによって機能の追加や改変を行うことが可能であるため，出願時に指定役務を充分に検討した場合であっても，その後のサービスの機能の追加や改変等に伴って，対応する指定役務について追加の出願が必要となる場合もありうる。

実務家においては，オンライン上のサービスを指定役務とする商標出願については，役務の指定漏れが生じないように留意すべきである。

(2) 第三者の先行商標に対する対応

本事案では，F社の甲商標1の出願日が平成24年9月13日，D社の乙商標の出願日が平成24年9月27日であり，両者の出願日には2週間の差しかない。このため，後願であるD社が，商標出願前に先行商標調査を行い，出願時にF社の商標出願の存在を把握していたか否かは明らかではない。

一般に，先行する商標出願の存在を商標調査によって把握した場合は，先行する商標出願が登録されたか否かを監視し，登録された場合は第三者の権利侵害を回避するために，第三者の登録商標と非類似の標章を使用し，又は，登録された役務と非類似の役務を使用することを考慮する必要がある。

本事案では，後願であるD社は，F社の甲商標と同一の称呼が生じる標章について，F社の指定役務とは異なる役務を指定して権利化を進めており，その指定役務の範囲内で使用する限りであれば，F社の商標権侵害の問題が生じることはなかった。

また，D社は，自らの出願によって，D社の指定役務における乙標章の使用を確保するとともに，F社に対して権利行使し得る指定役務を範囲とする商標権を取得することに成功している。結果論ではあるものの，F社から権利行使を受けた後に，自らの商標権に基づいて対抗することができており，D社の権利形成は効果的であったともいえる。

実務家においては，将来起こりうる第三者との紛争を可能な限り想定して，権利化を進めるべきであることに留意すべきである。

なお，第1事件及び第2事件のいずれも控訴され，控訴審は第2事件の損害額の変更を認めたものの，その他の請求を棄却した。

（伊達　浩）

商標グループリーダー
弁理士　小林　恵美子（こばやし　えみこ）

特許業務法人樹之下知的財産事務所　商標・不正競争防止法・著作権担当として勤務　平成11年より商標実務に携わる。平成31年度及び令和２年度弁理士試験委員（商標）。平成29年度より中央大学法学部通信教育課程インストラクター（知的財産法）。

　　　　　　　　　時代が進むにつれ，商取引の変化や技術革新等により，新たな商品や役務が生まれる。本年度，「ブロマガ事件」（p248）では，同一称呼の標章について，異なる指定役務での商標権者が互いに商標権侵害訴訟を提起し，いずれの主張も一定範囲で認められた。特にオンライン上の役務について，出願時及び新たな役務の提供開始時に「指定役務の選定」が充分であるのか，注意を喚起される事件である。

　また，不使用取消審判の審決取消訴訟では，「MUSUBI事件」（p134）において，ギフトカタログに掲載された贈答商品の譲渡が，前払式支払い手段の発行に当たるとしても，いわゆる小売等役務に該当すると判断された。実務上，商標の使用が，必ずしも一つの指定商品・指定役務の使用だけに該当するとは限らないことに充分に留意したい。

　侵害事件では，「MMPI性格検査事件」（p240）において，心理検査の質を表すとして，商標権の効力が及ばないと判断された。「２ちゃんねる事件」（p244）は，事業を継承した被告に一定期間，先使用権の地位が認められた事件として参考になる。

　識別力の判断においては，いかに有力な証拠を提出できるかが鍵となる。図案化されていない欧文字２文字の商標の登録が認められることは稀であるが，「EQ事件」（p114）では，使用による識別力が認められた。また，「リブ―ター事件」（p110）では，識別力の欠如及び商品の品質の誤認を生ずるおそれが認められ，無効審判における維持審決が取り消されている。

　結合商標の類否判断では，「SIGNATURE事件」（p122）及び「エンパイア・ステーキハウス事件」（p126）において，いずれも結合商標の要部が抽出されて，引用商標と類似すると判断され，登録が認められなかった。結合商標の要部が抽出される場合の論理構成パターンを知るうえで参考になるであろう。

　「KENKIKUCHI」事件（p118）では，図形の中にローマ字表記を含む商標が，４条１項８号の「他人の氏名を含む商標」に該当するとして，登録が認められなかった。氏名を認識する文字を含む商標の登録の可否について参考になる。

　「AROMA ZONE事件」（p130）では，不使用取消審判の審決取消訴訟において，「国外での商品の譲受人」による日本の消費者向けのオンラインショップでの商標の使用が，商標権者の日本国内での使用と評価され，商品を譲渡した事実が「推認」されており，現代の国際的な取引実情が背景にあった判断と思われる。

第4章

不正競争防止法

携帯用ディスポーザブル低圧持続吸引器
控訴事件

判 決 の ポイント	不正競争防止法 2 条 1 項 1 号の特別顕著性，周知性，誤認混同のおそれが認められた。
事件の表示	R1.8.29　知財高裁　平成31年（ネ）10002 （原審　H30.12.26　東京地裁　平成30年（ワ）13381）
参 照 条 文	不競法 2 ①一
Key Word	特別顕著性，周知性，誤認混同のおそれ

1．事実関係

　本件は，原告の販売する医療機器である携帯用ディスポーザブル低圧持続吸引器（以下左の写真参照。以下「原告商品」という。）の形態は原告の商品等表示として広く認識されており，被告の販売する同様の医療機器（以下右の写真参照。以下「被告商品」という。）の形態が原告商品の形態と類似し，被告による被告商品の製造販売が原告商品と混同を生じさせる行為であって，不正競争防止法 2 条 1 項 1 号の不正競争に当たる旨を主張して，被告に対し，同法 3 条 1 項及び 2 項に基づき，被告製品の製造，輸入，譲渡，引渡し，又は譲渡若しくは引渡しのための展示の差止め並びに被告商品の廃棄を求めた事案の控訴審である。

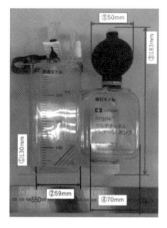

2．争点

　本件では，①原告商品の形態に特別顕著性が認められるか，②原告商品が周

知な商品等表示といえるか，③原告商品と被告商品に誤認混同のおそれがあるか，が争われた。

3．裁判所の判断

①特別顕著性について，「携帯用ディスポーザブル低圧持続吸引器には，吸引方法が異なる様々な形態のものが存在する中で，主たる構成として2つの透明のボトルから構成される形態は，控訴人が昭和59年に「SBバック」として原告商品の販売を開始してから被控訴人が平成30年1月頃に被告商品の販売を開始するまでの間，「SBバック」以外の他の同種の商品には見られない形態であったことが認められる。」また，バルーン吸引の方法を用いたドレナージ吸引装置には，原告商品及び被告商品のほかに，訴外Xが製造販売する「A」（乙4）があるが，同商品の形態は，2つの透明のボトルから構成されるものではなく，個々の構成態様も原告商品の形態とは，大きく異なることが認められる（甲11,25の1，2）。そうすると，原告商品の形態は，控訴人が昭和59年に「SBバック」の販売を開始した当時から被告商品の販売が開始された平成30年1月頃の時点まで，他の同種の商品と識別し得る独自の特徴を有していたものと認められる，との具体的判断を示した。

また，②周知性について，原判決が考慮した要素に，「⑤医療機関が医療機器を新規に購入する場合，医師，看護師等の医療従事者が，医療機器メーカー又は販売代理店の販売担当者から，商品説明会等で当該医療機器の特色，機能，使用方法等に関する説明を受けた後，臨床現場で当該医療機器を試行的に使用し，使い勝手，機能性等の評価を経た上で新規採用を決定し，医療機器メーカー又は販売代理店に対して当該医療機器を発注することが一般的であり，そのような取引のプロセス及び臨床現場における原告商品の実際の使用を通じて，医療従事者においては原告商品の形態を目にし，記憶にとどめる機会があったものと認められること」を加え，周知性が認められるとの具体的判断を示した。

さらに，③誤認混同のおそれについて，原判決が「多くの医療機関においては，医療機器の使用について，医療機関が医療機器を採用するに当たっては，同種の医療機器については，一種類のみを採用するという原則的な取扱いであるいわゆる一増一減のルールが採用されている」点を重視して誤認混同のおそれを否定したのに対し，「④医療機関においては，用途が同じであり，容量等が同様の医療機器については，一種類のみを採用し，新たな医療機器を一つ導入する際には同種同効の医療機器を一つ減らすという「一増一減ルール」が存在するが，「一増一減ルール」は，主に大学病院，総合病院等の大規模な医療機関において採用されており，小規模の医療機関においては，各医師がそれぞれ使いやすい医療機器を使用する傾向が強いため，そもそも「一増一減ルール」が

採用されていない場合があり，また，「一増一減ルール」を採用している医療機関においても，徹底されずに，医師の治療方針から特定の医師が別の医療機器を指定して使用したり，新規の医療機器が採用された後も旧医療機器が併存する期間があるなど，同種同効の医療機器が複数同時に並行して使用される場合があり得ること」を認定して，誤認混同のおそれを肯定した。

4．実務上の指針

(1) はじめに

　昨年の地裁判決についての説明でも述べたが（「実務家のための知的財産権判例70選」2019年度版p276-p279掲載。），不正競争防止法2条1項1号は，特許事務所や法律事務所に所属する弁理士・弁護士にとって，商品開発にあたって知的財産権を取得していなかったクライアントが，商品を「パクられた」として相談に来る際に検討する，比較的登板機会の多い条文である。本件は，原告側代理人の立場からすれば，①-ⅰ特別顕著性については，どのような特徴を括りだして特別顕著性を主張するのかの参考になり，①-ⅱ周知性については，どのように周知性立証を行うかの参考になる。

　また，本判決では，類似であるとしながら誤認混同のおそれを否定した地裁判決の判断が覆り，誤認混同のおそれが認められた。

(2) 特別顕著性について

　本件のように，ロゴなどではなく商品の形態が商品等表示となっている場合，原告側で訴状作成をする際，どう主張を組み立てるのか難しいのが特別顕著性である。本判決が「しかしながら，原告商品を構成する直方体の排液ボトルの形状，略立方体の吸引ボトル及びその上部に取り付けられた球体のゴム球それぞれの形態が個々の形態としてはありふれた形状であったとしても，それぞれのパーツごとに様々な形状の選択肢がある中で，原告商品の形態は，これらを組み合わせて一体化したものであり，しかも，前記ア認定のとおり，主たる構成として2つの透明のボトルから構成される原告商品の形態は，他の同種の商品には見られない形態であったのであるから，原告商品の形態は全体としてありふれた形態であるということはできない。」としているとおり，商品形態で特別顕著性を主張する場合には原告商品の特徴的な部分を複数抽出し，その組み合わせによって特別顕著性を主張することになる。その際には，類似性・誤認混同のおそれの議論との兼ね合いに注意が必要である。被告商品と類似している特徴の組み合わせによって特別顕著性を獲得していると主張しないと，特別顕著性が認められても，類似性・誤認混同のおそれの要件で切られてしまうからである。

(3) 周知性について

　周知性を認めた理由について，本判決は，原判決に「⑤医療機関が医療機器を新規に購入する場合，医師，看護師等の医療従事者が，医療機器メーカー又は販売代理店の販売担当者から，商品説明会等で当該医療機器の特色，機能，使用方法等に関する説明を受けた後，臨床現場で当該医療機器を試行的に使用し，使い勝手，機能性等の評価を経た上で新規採用を決定し，医療機器メーカー又は販売代理店に対して当該医療機器を発注することが一般的であり，そのような取引のプロセス及び臨床現場における原告商品の実際の使用を通じて，医療従事者においては原告商品の形態を目にし，記憶にとどめる機会があったものと認められること」を加えている。需要者の間で周知であるということは，需要者に覚えられているということである。いくら宣伝広告をしたとしても，それが需要者の記憶に残っていないのでは，周知性を獲得できない。本判決は，周知性立証にあたっては，単に広告宣伝をしたかというだけではなく，どれだけ需要者の記憶に残っているかという観点からの主張立証が重要であることを認識させてくれるものである。

(4) 誤認混同のおそれ

　不正競争防止法2条1項1号の議論では，類似性が肯定されれば混同のおそれは推定され，特段の事情として被告側で誤認混同のおそれが生じない根拠を主張立証しなければならないとされている（小野昌延編著「新・注解不正競争防止法　第3版」（青林書院，2012年）316pや金井重彦ほか編著「不正競争防止法コンメンタール　改訂版」（レクシスネクシス，2014年））。

　本件においては，原判決が「多くの医療機関においては，・・・「一増一減のルール」が採用されている」として，特段の事情を認めたのに対し，本判決は，そもそも一増一減ルールが採用されていない場合も多いこと，一増一減ルールが採用されている場合でも実際には適用されていないことを具体的に認定してこれを覆し，誤認混同のおそれを肯定している。

　原判決よりも一増一減ルールについての認定が詳細となっており，被告側がこの点の立証に注力したことが，原判決と本判決の結論を分けたと考えられる。

【参考文献】
1．小野昌延編著「新・注解不正競争防止法　第3版」（青林書院，2012年）
2．金井重彦ほか編著「不正競争防止法コンメンタール　改訂版」（レクシスネクシス，2014年）

（河部　康弘）

殺菌料製剤事件

<table>
<tr><td>判決の
ポイント</td><td>原告のグループで使用して周知化したが，原告は使用を止めた商品表示
をグループから独立した被告が使用したことが，周知性を持続させ，周
知表示混同惹起行為とされた。</td></tr>
<tr><td>事件の表示</td><td>R1.5.27　大阪地裁　平成29年（ワ）1897　本訴
R1.5.27　大阪地裁　平成29年（ワ）6434　反訴</td></tr>
<tr><td>参照条文</td><td>不競法2①一　不競法2①二十　不競法3　不競法4　不競法5②</td></tr>
<tr><td>Key Word</td><td>商品表示，品質表示，周知性，誤認混同，出所表示</td></tr>
</table>

1．事実関係

　X（本訴原告，反訴被告）は，品質表示Xa「成分　●主剤／高度サラシ粉
12.00％」，商品表示Xa「PERFECT・PA／パーフェクト・ピュアーエース」の
食品添加物（商品Xa）を製造販売していた。この食品添加物は，水産物等の殺
菌料製剤であり，その主剤「高度サラシ粉」の主成分は亜塩素酸塩であった。
Y1（本訴被告，反訴原告）は，Xのグループに参画し，Xから商品Xaを仕入れ，
グループの一員として，販売していた。

　食品添加物公定書が改訂され，亜塩素酸塩を主成分とする薬剤を高度サラシ
粉と表示することが食品衛生法上不適切となった。このため，Xは，商品Xaを
適法な商品Xb（品質表示Xb「成分＜主剤＞高度さらし粉　7.50％」，商品表示
Xb「ネオクリーンPA　S」）に切り替えた。

　Y1が切り替えに反対したため，商品Xaの在庫販売は，Xは行わず，Y1及び
Y2（Y1のグループ会社，本訴被告，反訴原告）が行なった。Y1らは，Xのグ
ループから独立し，XはY1らへの商品Xaの在庫販売を終了した。

　Y2は，商品Xaと同等成分の商品Yaを商品Xaと同じ品質表示Xa，商品表示
Xaで製造販売した（食品衛生法に適合しない品質誤認表示）。その後，Y2は，
品質表示Ya，商品表示Yaはそのままで，食品衛生法に適合する商品Ybの販売
を開始した。

　Xは，Y1らによる商品Ya，Ybの販売等が品質誤認表示行為及び周知表示混
同惹起行為に該当するとして，販売等の差止め，商品等の廃棄，損害賠償を求
めて提訴した。一方，Y1らは，Xの商品Xbの販売等が品質誤認表示行為に該当
するとして，販売等の差止めを求めて反訴した。

2．争点

　争点は多いが，主に以下について記載する。

(1)　商品表示Xaの周知性及び商品Xaと商品Ya，Ybの誤認混同のおそれの有無

(2)　商品表示Xa及び品質表示Xaの使用許諾の有無
(3)　Xの損害の有無及び額

3．裁判所の判断

　裁判所は，次のように，Yによる商品Yaの販売等が周知表示混同惹起行為に該当するとして，商品表示Yaの使用等の差止め，損害賠償等を認めた。

⑴　商品表示Xaの周知性及び商品の誤認混同のおそれの有無

　Xは，日本食品微生物学会の講演要旨集に商品Xaの広告を掲載するなど広告宣伝活動をしていた。数の子処理加工業界における商品Xaのシェア率は，約49％であり，商品Xaは，塩干・塩蔵品製造業者及び冷凍水産物製造業者（1141社）の約46.6％（532社）に販売されていた。

　以上によれば，商品Xa及び商品表示Xaは，遅くとも，Xが商品Xaの製造を終了させた時点で，X又はそのグループの商品及び商品表示として，殺菌料製剤（食品添加物）の需要者間で高い周知性を有していた。

　Xが製造中止をホームページでアナウンスした後も，Y1らを通じて商品Xaの在庫販売が継続され，Y1らは，自ら製造した商品Yaも商品Xaとして販売していたから，商品表示Xaの周知性は継続した。

　Y1らは，Xが商品表示Xaの使用を中止してから長期間が経過したことで，その周知性は消滅したと主張する。

　しかし，Y1らは，従前，Xのグループの一員として商品Xaを販売しおり，Y1らが出所と認められるためには，その旨を明確に周知する必要がある。しかし，商品Yaは，商品の外観及び広告上，商品Yaの商品主体がXのグループでなくなったとは認め難い。

　商品表示XaのXないしそのグループの出所表示としての周知性はなお維持されている。

　商品表示Xaと商品表示Yaが同一であり，商品「高度サラシ粉製剤（液剤）」も同一であるから，商品Xaと商品Yaの出所が同一との誤認混同のおそれがある。Y1らは，数の子処理加工業者が商品Xaと商品Yaの出所が同一とは誤認していないと主張する。しかし，その証拠はなく，その上，「混同を生じさせる行為」にはそのおそれのある行為も含むと解され，数の子処理加工業者が誤認混同していないとしても，結論に変わりはない。

⑵　商品表示及び品質表示の使用許諾の有無

　Y1らは，Xとの間で，殺菌料製剤への商品表示Xaの使用を合意してはいない。Xは，周知性を犠牲にしても，商品Xaの販売の終了を図ったが，Y1が強く反対し，販売継続を希望したことから，在庫品に限り販売を許容した。Xは，Y1らの製造が疑われる殺菌料製剤が商品Xaとして販売されていることを把握する

や，これを問題視し，追及している。XがY1らに商品Xaの製造販売を継承させ，商品表示Xaの商品の製造販売を許諾するとは考え難い。

⑶ Xの損害の有無及び額

商品Xb及び商品Ya以外にも，高度サラシ粉製剤は多数存在するが，競合品は8商品に留まり，商品表示Yaがされなかった場合，商品Yaに代えて商品Xbを購入する者がおり，Xが利益を得られたと考えられる。

商品Yaには「低塩素臭及び低刺激性」の特徴があり，宣伝広告でも強調されている。商品Xbを除けば，他の高度サラシ粉製剤（液剤）ではこの特徴がうたわれてはおらず，商品Yaの選択に寄与したと考えられる。また，品質表示Yaも，他の高度サラシ粉製剤（液剤）と競争する上で重要な寄与をしたと考えられる。

以上から，商品Yaに品質表示Ya及び商品表示Yaが使用されない場合，商品Yaが吸収した需要は商品Yaに留まると考え難く，同様の特徴をうたう商品Xbが吸収した可能性が高い。ただし，商品Xbの実質的な価格は商品Yaの2倍以上であるから，商品Xbを選択せず，他の競合品を選択する需要者が一定程度存在し，推定覆滅の割合は3割と認められる。一方，商品Ybについての推定覆滅の割合は5割と認められる。

商品Ya，Ybの利益と推定覆滅の割合からXの逸失利益の合計は7,500万6,268円となる。

4．実務上の指針

不正競争防止法では，他人の商品等表示として需要者の間に広く認識されているものと同一若しくは類似の商品等表示を使用等して，他人の商品又は営業と混同を生じさせる行為を周知表示混同惹起行為としている（不競法2①一）。

周知表示混同惹起行為とされるには，商品表示性・営業表示性（商品の形態が，商品又は営業の目印として機能すること），周知性（自己の商品等表示が需要者の間で広く認識されている），類似性（相手方の商品等表示が自己の商品等表示と類似する），混同のおそれ（需要者が両者の商品の間で混同を起こすおそれがあること）が必要となる。本件では，特に周知性が問われた。

⑴ 周知性の認定

周知性の認定資料としては，販売実績（販売額，販売数量など），営業規模（会社規模，従業員数など），宣伝実態，アンケート結果，用語辞典への掲載などが参考とされる。本件では，学会での宣伝，シェア率，販売先の占める割合をもとに周知性を認定しており参考となる。

⑵ 周知性の継続性

本件では，原告自身は製造販売を停止したことから，その後も周知性が維持

されているかが問題となった。この点，裁判所は被告による商品Xaの在庫販売の継続及び被告の製造した商品Yaの商品Xaとしての販売をもって，周知性の継続を認めた。ある意味，周知表示混同惹起行為が原告の商品表示の周知性の維持に寄与する皮肉な結果となった。

周知な商品表示は，他人が使用することでも周知性が維持される可能性があることに留意すべきである。

(3)　グループでの出所表示

本件では，被告も原告のグループに属し，商品表示はそのグループでの出所表示として機能していた。被告は原告のグループから独立したが，独自の出所とすると認識されるためには，明確な周知が必要である点が参考になる。

被告は，「案内文書を代理店に配布して製造販売主体の変更を告知した」とするが，「パーフェクトPA」を継承し，被告の専売品として販売を継続して参りますとの記載にとどまり，被告らがグループから完全に独立したことが明確にされてはいないとされた。このようにグループでの使用によって周知化した商品はグループとの結びつきが非常に強く，出所をグループから切り離すのは容易でないことに留意すべきである。

(4)　推定覆滅事由

競合品による利益の推定の覆滅を考える上でも本件は参考となる。

判決では，商品の特徴（食品用，濃度調整の容易性，低塩素臭及び低刺激性）に着目して，競合する商品を絞り込み，価格の相違も考量して，価格の安さから競合品を選択する者も存在するとして，推定覆滅の割合を決めている。

なお，本件は控訴され，判決は維持されている（R2.1.10大阪高裁令和元年（ネ）1620）。

（川原　行雄）

電磁鋼板事件

判決の ポイント	被告による電磁鋼板に係る技術情報の開示行為が不正競争防止法2条1 項7号の不正競争に該当するとして，被告個人に対して，10億円を超え る損害賠償の請求を認めた。
事件の表示	H31.4.24　東京地裁　平成29年（ワ）29604
参照条文	不競法2①七　不競法2⑥　不競法4　不競法5③三
Key Word	営業秘密，損害額

1．事実関係

⑴　原告は，鉄鋼材の製造販売や粗鋼の生産等の製鉄事業等を中心に世界的に事業を展開する鉄鋼メーカーである。原告は，平成24年4月19日，韓国の鉄鋼メーカーであるAらによる営業秘密侵害行為等を理由として，Aらを被告として損害賠償等を求める訴訟を東京地方裁判所に提起した（以下「前件訴訟」という。）。その後，平成27年9月，原告とAらとの間において，Aが原告に300億円の和解金を支払うことなどを内容とする和解が成立し，同和解金が支払われるとともに前件訴訟に係る訴えは取り下げられている。

⑵　本件訴訟の被告は，昭和35年4月1日に原告に入社し，平成6年12月31日，原告の子会社に転籍するために原告を退職した。被告は，平成7年1月1日に同子会社に入社し，平成13年に同子会社を定年退職したが，その後も同子会社の嘱託社員となり，最終的に平成18年1月31日に同社を退職した。被告は，原告に在職していた約35年間，原告の研究職の従業員として，電磁鋼板の技術開発に従事した。また，少なくとも，同子会社を定年退職した平成13年までは，原告在職時と同様に，電磁鋼板の技術開発等に従事した。

⑶　本件は，原告が，被告において，平成17年8月頃から平成19年5月頃までの間に，原告の独自技術である電磁鋼板に係る技術情報を不正に取得し，これをAに対して開示したとし，この行為は，不正競争防止法2条1項4号又は7号の不正競争に当たる旨を主張して，被告に対し，損害賠償金10億2,300万円の支払等を求めた事案である。

2．争点

本件技術情報が不正競争防止法2条6項の「営業秘密」に該当するかが争われた（争点1）。また，被告による不正競争が認められるかが争われた（争点2）。また，損害の発生の有無及びその額が争われた（争点3）。また，弁済の抗弁が認められるかが争われた（争点4）。さらに，消滅時効の抗弁が認められるかが

争われた（争点5）。以下，争点1及び争点3について紹介する。

3．裁判所の判断

⑴　争点1（本件技術情報が不正競争防止法2条6項の「営業秘密」に該当するか）について

　裁判所は，以下のとおり3要件を満たすことから，本件技術情報は，不正競争防止法2条6項の「営業秘密」に該当すると認めた。

ア．有用性について

　「本件技術情報の内容は，・・・いずれも電磁鋼板の製造技術・ノウハウに関する原告の技術情報であるから，原告の電磁鋼板の品質の優位性を保持する目的等に有用なものとして，事業活動に有用な技術上の情報であると認められる」と判断した。

イ．秘密管理性について

　被告は「退職したOBが会社を訪れ，資料を閲覧したいと言って同保管室に入室するケースも散見されていた」，「過去の役職が上位であったOBが来社した際には，技術的な議論を行うとともに，在籍している従業員に指示した上で，資料の閲覧やコピーを行っていた」，「在籍している従業員も，自宅で作業を行う際には，電磁鋼板に係る資料を持ち帰ることがしばしばあり，厳格な管理等が行われておらず，一般的な社内情報と同等の取扱いがなされるにすぎなかった」等と主張したが，証拠は何ら提出されていなかったことから，被告の主張は採用されず，原告の主張どおり秘密管理性が認められた。

ウ．非公知性について

　「本件技術情報は，その内容からして，原告の管理下以外では一般的に入手できない状態にある情報であるから，公然と知られていない技術情報であると認められる」と判断した。

⑵　争点3（損害の発生の有無及びその額）について

　裁判所は，被告の本件技術情報の開示時期，鉄鋼・非鉄金属のライセンス料率の平均値等を参酌した上で，平成19年から平成28年までの10年間において，本件技術情報のライセンス料相当額を少なくとも，41億0,400万円を下回ることはないと認めた。これにより裁判所は，「被告は原告に対して，不競法4条に基づき，少なくとも損害賠償金9億3000万円及び弁護士費用相当額9300万円の合計額である10億2300万円及びこれに対する不正競争後の日である平成24年4月30日から支払済みまで民法所定の年5分の割合による遅延損害金の支払義務を負う」と認めた。

4．実務上の指針

　本事件は，原告の元従業員の不正競争行為に対して，10億円を超える賠償が認められた事件である。以下，営業秘密の漏洩に関する損害賠償額の近年の動向とともに，賠償額の算定に係る指針を紹介したい。

(1)　損害額の動向について

　経済産業省が公表している「平成26年度産業経済研究委託事業（営業秘密保護制度に関する調査研究）報告書」によれば，平成16年から平成25年までの営業秘密侵害事案と特許権侵害事案における損害賠償の請求額（年平均，年最大）の比較結果が下図にように紹介されている。

図表１　損害賠償請求額の比較（地方裁判所）

判決年	営業秘密侵害の損害賠償請求額 [円]		特許権侵害の損害賠償請求額 [円]	
	年平均額	年最大額	年平均額	年最大額
平成16年	8,150,000	8,150,000	247,526,800	1,196,890,000
平成17年	10,000,000	10,000,000	408,405,778	1,649,000,000
平成18年	－	－	76,764,500	290,325,000
平成19年	9,379,104	9,379,104	295,059,833	1,980,000,000
平成20年	19,103,924	22,357,848	216,468,931	2,000,000,000
平成21年			516,536,694	1,272,116,250
平成22年	297,000,000	297,000,000	1,912,813,678	5,677,862,000
平成23年	122,369,026	297,000,000	169,994,557	500,000,000
平成24年	－	－	368,289,780	817,080,000
平成25年	107,420,000	150,000,000	1,015,423,096	10,000,000,000

※平成26年度産業経済研究委託事業（営業秘密保護制度に関する調査研究）
　報告書より引用

　上図のとおり，特許権侵害の請求額は，最大では10億円を超えており，平均額でもほとんどの年が億単位に達している。これに対し営業秘密侵害の方は，請求額は最大でも３億円弱に留まっており，平成22年になって平均額が１億円を超えてきた。

　一方，平成24年４月に提起された前件訴訟では986億円が請求された（上述のとおり300億円で和解）。また，同年に発生したNAND型フラッシュメモリに係る営業秘密漏洩事件では，その後の訴訟において約1,100億円が請求されている（平成26年12月に約330億円で和解）。両事件では従来に比べて極めて高額な1,000億円前後の賠償額が請求されている。また，両事件において漏洩された営業秘密は共に基幹技術に関する情報であるという点で共通する。

(2)　損害額の減額について

　上記のように高額な賠償額が請求されている状況において，被告の立場から損害額の減額が可能かどうかを検討する。ここでは，営業秘密である技術情報の当該技術情報により製造された製品に対する寄与率（寄与度）の観点から検討する。

　本件事件では，電磁鋼板に係る技術情報が基幹技術に係るため，寄与率は一

切，考慮されていない。一方，DVDのコピーガード技術に係る営業秘密の使用行為に対して寄与率を認めた例がある（H25.2.13東京地裁平成21年（ワ）32104）。この例では，被告の使用態様ごとに10分の9，7分の6，3分の3，10分の8，7分の6，3分の2，10分の3，3分の3，10分の2，3分の2と，細かく寄与率を認定している。

　また，技術情報ではないが，顧客情報が営業秘密である場合において，顧客情報の販売に対する80％の寄与率を認めた例（H25.10.17東京地裁平成23年（ワ）22277），及び3割の寄与率を認めた例（H25.4.11大阪地裁平成22年（ワ）7025「実務家のための知的財産権判例70選」2014年度版p260-p263掲載）がある。

　以上を踏まえると，被告の立場からは，特許権侵害訴訟と同様に寄与率を賠償額の減額事由として主張することを検討してはどうかと思う。合わせて，営業秘密である技術情報が基幹技術ではない旨の主張が可能であると考える。

(3) 損害額の算定基準について

　令和2年6月3日に開催された産業構造審議会知的財産分科会不正競争防止小委員会では，不正競争防止法5条の損害賠償額の推定規定の見直しについて，議論された。これは，令和元年特許法等改正に伴い，同法改正内容を不正競争防止法に導入するか否かの議論である。

　特許法では，102条1項等の改正により，覆滅等部分（実施相応数量を超える部分，特定数量に係る部分）について，別途ライセンス料相当額を推定できるように見直され，新設された102条4項によって，相当ライセンス料額算定にあたり，特許権侵害を前提として交渉した場合に決まるであろう額を考慮可能となるように見直された。今般，不正競争防止法においても，特許法等と同様の見直しを行うことの要否について検討されたが，「今後の不競法侵害事案における損害賠償額推定規定に関する事案の状況等を注視しつつ，適切なタイミングで特許法等と同様の改正を検討することが適切」と結論付けられ，法改正は見送られている。ただし，損害賠償額の推定規定について，従前，改正時期について多少のずれがあるものの，不正競争防止法においては特許法改正にあわせて同様の改正を実施しており，いずれ同様の改正が行われると考える。

【参考文献】
1．株式会社エヌ・ティ・ティ・データ経営研究所「平成26年度産業経済研究委託事業（営業秘密保護制度に関する調査研究）報告書」（2015年3月）
2．経済産業省知的財産政策室「営業秘密の保護・活用について」（2017年6月）
3．経済産業省知的財産政策室「不正競争防止法に関する中長期的な制度課題について」（2020年6月3日）

（石田　理）

イヤーパッド控訴事件

判 決 の ポ イ ン ト	被控訴人（1審原告）の行為が控訴人（1審被告）の有する特許等に抵触する旨を，控訴人のウェブサイトに掲載すること，控訴人が被控訴人の取引先に通知すること，がいずれも被控訴人の営業上の利益を侵害したと判断して，控訴を棄却した。
事件の表示	R1.8.28　知財高裁　平成31年（ネ）10023 （原審　H31.2.20　東京地裁　平成30年（ワ）6962）
参 照 条 文	不競法2①十五（平成30年改正後の不競法2①二十一）
Key Word	実施許諾，販売による消尽

1．事実関係

⑴　被控訴人（以下被告という）は，下記の特許権等を有している。
　　特許1　　特許第3894828号（権利継続）
　　特許2　　特許第4781850号（平成28年7月15日消滅）
　　意匠1　　意匠登録第1176264号（平成29年4月18日消滅）

⑵　被告は，A社を通してイヤホンに用いるイヤーパッド（以下「被告製品」という。）を販売していた。A社は，平成22年頃，被告から控訴人（以下「原告」という。）に売られ，原告の子会社となった。

　　A社が原告の子会社となった後である，平成22年4月16日に，A社と被告とは，被告の有する特許権を，被告がA社の帳簿閲覧権を有するとの条件で，A社に対して有償で実施許諾契約を締結した。

　　A社と被告とは，前記実施許諾契約に従って行った事業が成功しなかったので，平成28年3月22日に，被告の有する特許権を，A社に対して無償で実施許諾する覚書を締結した。その覚書には，A社が被告製品事業を第三者に譲渡する際，被告は異議を申し立てず，無償での実施許諾を継続することが記載されていた。

⑶　原告は，当初A社を通じて原告製品を購入していたが，平成28年11月15日にA社から原告製品の製造等に関する事業を譲り受けた。

⑷　被告は，平成29年4月30日以降現在に至るまで，被告の解説するウエブサイトに「原告製品は弊社の特許・意匠等に抵触している可能性があります。」との記事を掲載している。

　　被告は，原告の取引先であるB社に，平成29年6月14日付けの内容証明郵便で「原告製品は被告の有する知的所有権を侵害する模造品である」旨を告知し，原告製品の販売の中止を求めた。

２．争点

⑴　控訴人の告知し又は流布する事実は虚偽であるか（原審の争点２）

　　ア　本件知的財産権の実施に係る許諾の有無（原審の争点２－１）

　　イ　本件知的財産権に係る消尽の成否（原審の争点２－２）

⑵　差止請求の可否（原審の争点３）

３．裁判所の判断

⑴　原審の争点２－１について

以下のとおり判示された。

「⑴　前記１⑶のとおり，控訴人は，本件覚書により，本件子会社との間で，(ｱ)本件子会社に対し，控訴人の保有するインコア及びイヤーパッドに係る一切の特許の使用を許諾し（第５条前段），その許諾に係る対価を請求せず（同条後段），(ｲ)本件子会社に対し，控訴人のイヤーパッドを使用した商品の開発及び販売を許諾し，イヤーパッドの供給に協力する（第６条）旨合意したことが認められる。

　また，前記１⑷のとおり，原告製品は，控訴人の供給するイヤーパッドを使用して本件子会社において開発された商品であるものと認められる。

　そして，被控訴人は，前記１⑸のとおり，平成28年11月15日付けで原告製品の製造，販売に係る事業を本件子会社から譲り受け，同事業を継続したというのであり，このことは，本件覚書第９条において控訴人によりあらかじめ承諾されたものである。

　そうすると，被控訴人は，本件覚書においてされた本件特許権１に係る特許発明の実施の許諾に基づいて原告製品を製造し販売していたものと認められる。

　また，上記の実施許諾の趣旨が原告製品の製造販売にあることに照らせば，本件特許権１に係る特許発明の実施許諾の際に，本件意匠権についても黙示に許諾があったものと推認される。

　以上によれば，被控訴人の原告製品の製造販売は，控訴人の許諾の範囲であり，控訴人の本件知的財産権を侵害していないというべきである。」

⑵　原審の争点２－２について

「⑴特許権者が我が国の国内において特許製品を譲渡した場合には，当該特許製品については特許権はその目的を達成したものとして消尽し，もはや特許権の効力は，当該特許製品を使用し，譲渡し，又は貸し渡す行為等には及ばず，特許権者は，当該製品について特許権を行使することは許されないものと解される（最高裁平成７年（オ）第1988号同９年７月１日第三小法廷判決・民集51巻６号2299頁，最高裁平成18年（受）第826号同19年11月８日第一

小法廷判決・民集61巻8号2989頁参照）。このように解するのは，特許製品について譲渡を行う都度特許権者の許諾を要するとすると，市場における特許製品の円滑な流通が妨げられ，かえって特許権者自身の利益を害し，ひいては特許法1条所定の特許法の目的にも反することになる一方，特許権者は，特許発明の公開の代償を確保する機会が既に保障されているものということができ，特許権者から譲渡された特許製品について，特許権者がその流通過程において二重に利得を得ることを認める必要性は存在しないためである。そして，この趣旨は，意匠権についても当てはまるから，意匠権の消尽についてもこれと同様に解するのが相当である。

(2) 前記1(6)のとおり，被控訴人は，本件知的財産権を有する控訴人から，本件知的財産権の実施品である被告製品（イヤーパッド）を購入し，これを，原告製品であるイヤホン，無線機本体，原告製品を媒介するコネクターケーブル及びPTTスイッチボックスと併せて，それぞれ別個のチャック付ポリ袋に入れ，原告製品の保証書及び取扱説明書とともに一つの紙箱の中に封かんした上で販売しているというのである。

　このような事実関係に照らすと，被控訴人は，原告製品に被告製品を付属させて販売していたものであり，被告製品と同一性を欠く特許製品が新たに製造されたものとはいえず，控訴人から被控訴人に対する被告製品の譲渡によって，被告製品については本件知的財産権は消尽するものと解される。そうすると，控訴人においては，もはや被控訴人に対して本件知的財産権を行使することは許されないから，被控訴人において原告製品を製造等する行為は，控訴人の有する本件知的財産権を侵害するものではないというべきである。」

(3) **原審の争点3について（原審での判断）**

「本件行為は原告の営業上の信用を害する虚偽の事実を告知し，流布するものであり，弁論の全趣旨によれば，原告の取引先であるB社は，被告による本件行為を受けて原告製品の販売を停止したことが認められ，被告は現在もウェブサイト上で前記第2の2の前提事実(4)アの行為を継続していることを考慮すると，被告の不正競争によって原告の営業上の利益が侵害され，又は侵害されるおそれがあることが認められる。」と判示された

4．実務上の指針

(1) 実施許諾について

　ここでは，実施許諾契約と覚書が存在し，いずれの契約を適用するのかということが問題であった。

　しかしながら，実施許諾契約のもとで行った事業が成功しなかったため，そ

の後あらためて覚書を締結したことにかんがみて，覚書を適用した。

　このような争いも，実施許諾契約の後に締結した覚書に，実施許諾契約を破棄する旨を書き込むことによって，未然に防止できたはずである。

　契約とは，当事者間が良い関係なので締結できるのであるから，この良い関係を長引かせるための事項を加えるべきである。

　すなわち，契約締結時に想定できる事項については，契約に含めておくことで，将来の紛争を未然に防止できる。

　権利者を甲，実施希望者を乙とした場合について説明する。

　契約締結前から乙が実施していた場合には，契約日とは別に，「乙の実施開始日に遡って実施を認める」とすることで，先々甲乙間がギクシャクしても，契約締結前の実施に関する紛争は生じないこととできる。

　また，権利範囲に入るか否かで争いがあるような場合には，「実施を許諾する」とすると将来権利範囲に入らないことが判明した場合に紛争が生じることが考えられるので，「実施について異議を申し立てない」にして，権利範囲に入るか否かの問題が生じないようにしたい。

(2) 販売による消尽について

　判決では，「特許製品について譲渡を行う都度特許権者の許諾を要するとすると，市場における特許製品の円滑な流通が妨げられ，かえって特許権者自身の利益を害し，ひいては特許法1条所定の特許法の目的にも反する」としている。この事実関係の中では，正しい判断であると思われる。

　しかし，今回のコロナ騒動での「マスク」の購入後の高価な転売についても同様に考えられるのであろうか。例えば，特許の実施品であるマスクを販売する場合を想定する。特許権者は，1枚40円で販売しているものの，特許権者から購入した者が包装もそのままで1枚100円で販売したとすると，特許権者のマスクは高いとの世評をかってしまう。

　これは，特許権者にとって，望ましくないはずである。

　さらに，購入後の販売に関しては，商標権の問題もある。

　前記マスクで説明すると，特許権者（商標権者でもある）が「○×マスク」との表示のみを施して販売している。これを購入した者（中売購入者）が，そのまま「○×マスク」の表示を残したままで一般の人（小売購入者）に小売したとする。すると，小売購入者は，「○×マスク」は中売購入者の商品であると受け取ってしまうことが考えられる。

　これでは，商標の出所表示機能が発揮できないことも考えられる。このような使用が許されるのであろうか。

　販売に伴う消尽は，特許と商標とで区別すべきものであると思われる。

（黒田　博道）

グループリーダーの付言　　　　　　　　　　　　石田　理

不正競争グループリーダー
弁理士　石田　理（いしだ　おさむ）

（特定侵害訴訟代理登録）
特許業務法人太陽国際特許事務所　勤務。
特許等の権利化業務に加え，不正競争防止法，景品表示法等に関する講演や，侵害訴訟案件を担当している。

　　　　　　　　　　「電磁鋼板事件」（p262）で触れたが，令和2年6月3日に開催された産業構造審議会知的財産分科会不正競争防止小委員会において，不競法の中長期的な制度課題に関する報告があったので，紹介したい。報告をまとめた制度研究会では，令和元年特許法等改正を踏まえ，不競法における，①査証制度導入の要否，②損害賠償額算定方法の在り方，③空間デザイン・画像デザインの保護の要否について，検討している。

　上記①について，特許法にのみ査証制度が導入されたことを受け，同制度の不競法（営業秘密侵害類型）への導入の要否について，検討が行われた。その結果，不競法への査証制度の導入については，今後の特許法における査証制度の運用を注視しつつ，不競法5条の2の適用範囲・対象のあり方の検討とあわせて，引き続き，検討を行っていくことが適切，と結論付けられている。

　上記②について，特許法等における見直し（特許法102条1項・4項）を受け，不競法においても同様の見直しを行うべきか，検討が行われた。結論については，令和元年改正で導入された損害賠償額推定の見直し規定の不競法への導入に関しては，今後の不競法侵害事案における損害賠償額推定規定に関する事案の状況等を注視しつつ，適切なタイミングで特許法等と同様の改正を検討することが適切とされた。

　上記③について，令和元年意匠法改正により，「意匠」の定義に，(1)建築物の形状等，(2)画像が追加されたことを受け，不競法2条1項3号における空間デザイン・画像デザインの保護の要否について，検討が行われた。その結果，商品ではない「空間デザイン」については，不競法2条1項1号及び2号による保護の可能性があり，現状では，同項3号での保護を検討する必要性は高くないと結論付けられた。また，商品ではない「画像デザイン」については，不競法2条1項1号及び同項2号，並びに著作権法による保護の可能性があるため，現状では，同項3号での保護を検討する必要性は高くないと結論付けられた。

　不競法は特許法，意匠法等の産業財産権と補完関係にある。そのため，上記①～③の各制度は，いずれ不競法に導入されると考えるが，しばらくは，令和元年改正法で導入された各制度についての運用状況について注視していきたい。

第5章

著　作　権

ペンギン写真控訴事件

<table>
<tr><td>判 決 の
ポ イ ン ト</td><td>1枚の写真に撮影された2羽のペンギンを1羽ずつ複製及び公衆送信した各行為について，独立した2つの著作権侵害行為と認定された上で，損害額の算定では1個の著作物を1回利用したものと評価できるとされた。</td></tr>
<tr><td>事件の表示</td><td>R1.12.26　知財高裁　令和元年（ネ）10048
（原審　R1.5.31 東京地裁　平成30年（ワ）32055）</td></tr>
<tr><td>参 照 条 文</td><td>著2①9の5イ　著19　著20　著21　著114③</td></tr>
<tr><td>Key Word</td><td>写真の著作物の一部利用，1個の著作物を1回利用</td></tr>
</table>

1．事実関係

　本件は，1審原告が，1審被告が1審原告の著作物である「本件写真」の画像データを一部改変の上，オンライン・カラオケサービス「本件サービス」のアカウントの自己のプロフィール画像等としてアップロードした行為が1審原告の著作権（複製権及び公衆送信権）及び著作者人格権（氏名表示権及び同一性保持権）の侵害行為に当たる旨主張して，1審被告に対し，著作権侵害及び著作者人格権侵害の不法行為に基づく損害賠償等の支払を求めた事案である。

　原判決は，1審原告の請求を一定の限度で認容し，その余の請求を棄却したため，1審原告は，1審原告の敗訴部分のうち，76万6,000円及びこれに対する遅延損害金の支払請求を棄却した部分を不服として控訴を提起し，1審被告は，敗訴部分全部を不服として控訴を提起した。

2．争点

　本件写真の著作権（複製権及び公衆送信権）及び著作者人格権（氏名表示権及び同一性保持権）の侵害の成否（争点1），及び，1審原告の損害額（争点2）が争点とされた。

3．裁判所の判断

　裁判所は，本件写真の著作物性と侵害の成否については，概ね原審の判断を踏襲し，損害額については，原審の判断による損害賠償額の一部を減額した。

⑴　争点1について（本件写真の著作権（複製権及び公衆送信権）及び著作者人格権（氏名表示権及び同一性保持権）の成否）

（A）著作物性について

　　本件写真は2羽のペンギンが前後に並んで歩いている様子を撮影したものであり，1審被告は，それぞれのペンギンの部分を切り出して利用していた。

そこで，裁判所は，「著作物の複製（著作権法21条，2条1項15号）とは，著作物に依拠して，その表現上の本質的な特徴を直接感得することのできるものを有形的に再製する行為をいい，著作物の全部ではなく，その一部を有形的に再製する場合であっても，当該部分に創作的な表現が含まれており，独立した著作物性が認められるのであれば，複製に該当するものと解される。」としたうえで，本件写真及び左右のペンギンについて，次のように判断した。

（本件写真）

本件写真は，「1審原告が2羽のペンギンが前後（写真上は左右）に並んで歩いている様子を構図，陰影，画角及び焦点位置等に工夫を凝らし，シャッターチャンスを捉えて撮影したものであり，1審原告の個性が表現されているものと認められるから，創作性があり，1審原告を著作者とする写真の著作物（同法10条1項8号）に当たるものと認められる。」

（右側のペンギン及び左側のペンギン）

裁判所は，「本件写真の2羽のペンギンのうち，右側のペンギンのみを被写体とする部分は，著作物である本件写真の一部であるが，当該部分にも構図，陰影，画角及び焦点位置等の点において，1審原告の個性が表現されているものと認められるから，創作性があり，独立した著作物性があるものと認められる。」とし，左側のペンギンについても同様の判断を行った。

(B) 侵害行為の成否について

1審被告は，右側のペンギンのみを切り出すトリミング処理をしたうえで，その画像データを本件サービスの被告アカウントのプロフィール画像として使用するためにアップロードを行った（行為1）。その後，1審原告の求めにより，訴外S社が当該画像と被告アカウントとのインラインリンクを切断する措置を講じると，左側のペンギンのみを切り出すトリミング処理をしたうえで，同様の行為（行為2）を行っていた。

そこで，裁判所は，「これらのアップロードにより，被告各画像の画像データは，URLが付された状態で」訴外S社が「使用する米国のサーバ内に格納されて，本件写真の一部が有形的に再製され，送信可能化されたものと認められるから，1審被告の上記各行為（行為1及び2）は，それぞれが，1審原告の有する本件写真の複製権及び公衆送信権の侵害に当たるとともに，1審原告の氏名表示権及び同一性保持権の侵害に当たるものと認められる。そして，被告は，インターネット上に存在していた原告画像が自由に利用し得るものであるか否かの確認をせずにこれを利用したのであるから，上記著作権及び著作者人格権侵害につき，少なくとも過失がある。」とし，「1審被告の行為1及び2は，それぞれが，1審原告の有する本件写真に係る著作権（複

製権及び公衆送信権）及び著作者人格権（氏名表示権及び同一性保持権）の侵害行為に当たるものであって，その侵害について，1審被告には少なくとも過失があったものと認められるから，1審被告は，1審原告に対し，民法709条に基づき，上記各行為により1審原告が被った損害を賠償する責任を負う」と判断した。

(2) 争点2について（1審原告の損害額について）

　裁判所では，「1審被告の行為1及び2は，独立した行為ではあるが，それぞれ，1個の著作物である本件写真の一部である右側のペンギンのみを被写体とする部分（右側部分）及び左側のペンギンのみを被写体とする部分（左側部分）を複製及び公衆送信化したものであるから，全体としてみれば1個の著作物を1回利用したものと評価することができる。」として，利用料相当額については原審の判断を踏襲した。

　その一方，本件では，1審被告各画像の画像データが，訴外S社が使用する米国のサーバ内に格納されていたことから，米国法人を相手方とするプロバイダ責任制限法4条1項に基づく発信者情報開示仮処分申立てが行われ，関連して翻訳文の作成費用が掛かっていた。そのため，1審原告はその翻訳料も1審被告に請求していたが，裁判所では，かかる翻訳料は，債権者である1審原告の申立てが認容されたことにより，債務者である訴外S社が負担すべきである等として，損害賠償額が原判決よりも減額された。

4．実務上の指針

　本件では，創作物の一部に対する著作物性が認められて複製権の侵害が認定された点と，2つの侵害行為が認定された一方，損害額の判断については，1つの侵害として評価された点が参考となり得る。

(1) 創作物の一部に対する著作物性とその複製権侵害の判断に関しては，本件とは事案を異にするが，例えば，原告が作成した甲設計図と被告が作成した乙設計図との関係が判断された冷蔵倉庫設計図事件（S54.2.23大阪地裁昭51年（ワ）2991（「判例タイムズ」No.387 p145～p151参照））がある。

　そして，冷蔵倉庫設計図事件は，「前記部分複製の主張の当否について検討するに，一般に一個の著作物の部分引用は，当該引用部分が原著作物の本質的な部分であってそれだけでも独創性または個性的特徴を具有している部分についてはこれを引用するものは部分複製をしたものとして著作権侵害を認めるべきである。ただ，この場合に当該部分が本質的であるか否は具体的または有形的な表現形式自体についての独創性または個性的特徴の存否によって決すべき」とし，また，「部分検討にさいしては単にある部分とある部分とを比較するのではなく，当該部分が一個の著作物全体の表現との関係でその

全体に対して果している役割をも考慮すべきである」と判示している。

　本件写真は2羽のペンギンを撮影したものであり，完成した1個の著作物全体としての本質的部分の判断では，2羽のペンギンが一緒に歩いている点が重視されるべきと思われるが，1審原告の主張によれば，1審被告がトリミング等を行う事により，「2羽のペンギンが仲睦まじくほとんど同じポーズで歩いている愛くるしさという本件写真の作品としての枢要部を損壊し，その侵害態様は苛烈である」とされている。そのため，本件写真の左右のペンギンを個別に用いることで，完成した1個の著作物全体としての本質的特徴は有形的に再生されていないと考えることも可能である。

　しかし，著作権法2条1項は，著作物性の判断について，完成した1個の著作物全体の複製かどうかは問題としていないため，本件では，本件写真の一部分である個々のペンギンの画像そのものの本質的特徴について判断し，それぞれについて著作物性と侵害とを認めている。

(2)　また，本件では，2つの侵害行為が認定された一方，損害額の判断については，1つの侵害として評価している。これについて1審原告は，「1審被告は，行為1及び2により，現に平成28年1月7日及び同年2月18日の2度にわたり侵害行為を行っているうえ，行為1と行為2の間隔は1か月以上開いており，社会通念上一連の行為と評価できるだけの時間的近接性は認められない。特に行為2は，行為1による不法行為が完結した後に，」訴外S社の「インラインリンク切断措置によって，意図せず，必要になった追加的不法行為であって必然性は認められないから，行為1と行為2による独立の2回の不法行為が行われたと評価されるべきである。」と主張しているが，裁判所では上述の様に判断されて認められなかった。

　裁判所では，著作物性の判断の局面では，完成した1個の著作物全体としての本件写真の複製ではなく，本件写真の一部分である左右のペンギンの個別の画像に基づいて複製権侵害等を判断しているが，損害賠償の局面では，完成した1個の著作物全体としての本件写真の使用料を認定している。

　個別の部分についての著作権侵害を認容しつつ，全体としてみれば（複製権侵害の際に本質的特徴が失われていると思われる1つの写真作品としての）1個の著作物の1回利用，と認定した裁判所の判断には，多少違和感を覚えるが，インターネットを介した著作権侵害が増加している昨今，今後の同種事案には参考になると思われる。なお，本件事案の性質上，例えば，複数の対象（例えば芸能人）の写った1枚の写真から各対象を取り出して個別に複製等したとしても，元の写真1枚分の使用料を支払えば済む，という先例には必ずしもならない事には注意が必要であろう。

（菅野　好章）

飲食店用プログラム著作権事件

判 決 の ポイント	原告が，自作のプログラムをベースに，被告と協議しながら仕様を決定して，作成した飲食店向けの注文・管理プログラムの著作物性が否定された。
事件の表示	R1.5.21　大阪地裁　平成28年（ワ）11067
参 照 条 文	著2①十の二　著15②　著112①　著112②
Key Word	著作物性，職務著作

1．事実関係

　原告Xは，インターネットを介してデータ連携を行うPOSシステムのプログラム（レジアプリケーション）を開発した。被告代表者Yは，携帯電話を用いて飲食店で注文できるモバイルオーダー事業を提案していた。

　Xは，起業の相談のため，以前の同僚であったYと連絡を取った。話し合いの結果，Xのレジアプリケーションにモバイルオーダー機能を追加することとなり，XはYと協議しながら仕様を決定し，モバイルオーダー事業に使う原告プログラム（以下「プログラムA」という。）を作成した。この間，雇用関係や給与の支払は発生せず，Xは主として自宅でプログラムを作成した。被告Z（Yが設立した企業）は，プログラムAを飲食店に頒布し利用料金を取るようになった。その後，Xは，Zと雇用関係となり，プログラムAの改良等を行っていたが，他の従業員との感情的あつれき等から退職した。

　Zは，Xの退職後も，プログラムAをネット上で広告し，飲食店向けに導入を勧誘，頒布し，売上に連動した利用料金を徴収していた。

　Xは，Zが頒布しているプログラムA（被告プログラム）の複製，販売，頒布の差止め等を求めて提訴した。

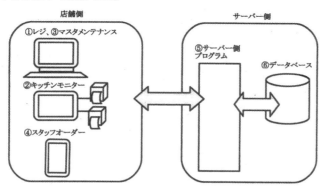

被告プログラムは，上のシステム概要図に示すように，店舗側，サーバー側に区分され，店舗側には①レジ（清算処理用），②キッチンモニター（厨房での注文印刷用），③マスタメンテナンス（商品名や価格等の登録・変更用），及び④スタッフオーダー（スタッフの端末からの注文入力用）が，サーバー側には⑤サーバー側プログラム（店舗側とサーバー側でのデータのやり取り用），及び⑥データベース（データ格納用）がある。原告プログラムにあった⑦モバイルオーダー機能（顧客の携帯電話からの注文受け付け用）は，被告プログラムでは使用されていない。

2．争点
原告プログラムの著作物性等が争われた。

3．裁判所の判断
裁判所は，原告プログラムに著作物性を認める証拠はなく，著作権に基づいて被告プログラムに権利を行使する理由はないと判断した。

(1)　プログラムに著作物性を認めるには，指令の表現，その組み合わせ，順序に選択の幅があり，ありふれた表現ではなく，作成者の個性，すなわち表現上の創作性が表われていることを要する（H24.1.25知財高裁平成21年（ネ）10024）。

原告プログラムは，顧客の携帯電話から注文できる点，店舗の入力情報を店舗側でなくサーバー側に保持する点等，従来と異なる新規なものと推測できる。そのソースコードは，1万頁を超え，複雑なものと推測できる。

原告プログラムは，⑥データベースでの正規化されたデータの格納方法や，注文テーブル及び注文明細テーブルにすべてのアプリケーションからの注文情報を集約するための記述等に，創作性がある可能性もある。

しかし，前述のように，著作物性が認められるには，プログラムの機能を実現するための指令の表現等に選択の幅があり，ありふれた表現ではないことを示す必要がある。この主張立証がなければ，プログラムの機能が新規又は複雑であっても，直ちに作成者の個性の発現とは認められない。

コンピュータへの指令（命令文）において，定型の指令や特定の処理用の定型の指令の組み合わせは，一般書籍やインターネット上に見出せる。また，ある程度プログラミングの知識と経験を有する者であれば，特定の処理のためのプログラムが似通った表現となることも多い。

創作性が認められるには，定型の指令やありふれた指令の組み合わせを超えた，独創性あるプログラムの構造や処理手順，構成が，プログラムのどこにあるかを示す必要がある。

原告は，④スタッフオーダー等によって入力された情報を，⑤サーバー側プログラムを経由して飲食店用に最適化された⑥データベースにおいて一括管理し，レジやキッチンに出力する機能が一体となる点に創作性が認められる旨主張する。

しかし，これは，プログラムの機能が新規，複雑であることをいうにとどまり，それだけで創作性が認められることはない。

原告は，具体的にどの指令の組み合わせに選択の幅があり，いかなる記述が原告の個性の発現であるかを，具体的に主張立証しない。

むしろ，原告プログラムの①レジ，②キッチンモニター及び③マスタメンテナンスのソースコードの多くは，以前から一般的に使用され，変数や条件等の文字列の場所が決まっているため独創的な表現の余地がなく，インターネット上に公開されているものも多い。

(2) また，プログラムAは，段階的に改良，修正され，原告も開発，修正に従事し，原告プログラムと被告プログラムには相当の差異がある。原告プログラムの一部に，創作性が認められたとしても，それと同一又は類似の内容が被告プログラムに存する証拠はない。

4．実務上の指針

本判決では，原告プログラムの著作物性が否定され，著作権によるプログラム保護の限界を考えるうえで大いに参考となる。

(1) 著作物性

プログラムは，著作権法上，著作物の例として挙げられている（著10①九）。しかし，著作物は「思想又は感情を創作的に表現したもの」（著2①一）であり，プログラムが常に著作権で保護されるわけではない。すなわち，著作権法は，表現を保護するものであり，アイデアやプログラムの機能は保護されない。

このように，表現上の創作性が乏しいプログラムは，機能に特徴があっても著作物性がないとして，著作権による保護は受けられない。

(2) プログラムの機能と表現

著作物性に関し，プログラムの表現に特徴があることを主張すべきである。すなわち，定型の指令やありふれた指令の組み合わせを超えた，独創性のあるプログラム全体の構造や処理手順，構成が，プログラムに存在することを主張，立証する必要がある。

得てして，著作権者側の主張が，プログラムの機能に集中しがちなので留意すべきである。本件原告の主張「④スタッフオーダー等によって入力された情報を，⑤サーバー側プログラムを経由して飲食店用に最適化された⑥データベースにおいて一括管理し，レジやキッチンに出力する機能が一体となる点に

創作性が認められる」も機能面のみの主張とされた。

(3)　プログラムの性格

　プログラムの性格によって，著作物性の強弱が相違し得ることも留意すべきである。例えば，ゲームのプロブラムは，ストーリ，キャラクタ，その動き等表現上の特徴を出すのが容易で，著作物性が認められ易いと考えられる。これに対して，本件のようなビジネス系のプログラムは，その機能に特徴があることが多く，表現上の特徴を比較的に出しにくいと考えられる。すなわち，ビジネス系のプログラムは概ね機能重視であり，その機能を実現する手法は定型的な手法の組み合わせであることが多い。凝った，複雑なソースコードは，バグを含んだ信頼性が低いものとなり易く，できる限り簡潔な構成であることが好ましいからである。

(4)　プログラムの開発の経緯

　本件では，原告プログラムの開発の経緯もあって，原告プログラムの著作物性が厳しく判断されたように見える。

　原告プログラムは，原告が独自に開発したレジアプリケーションを被告側と協議しながら手を入れて作成された。すなわち，原告プログラムは，原告，被告の共同作業によって作成された部分を多く含むと思われる。被告プログラムが当初のレジアプリケーションと同様の部分を多く含めば，レジアプリケーション自体の著作権を主張できたであろうが，原告はこの主張を断念したと思われる。

　共同作業で作成された部分では，原告のオリジナリティが弱くならざるを得ない。本件では，コーディングは原告のみが行っていたが，仕様には被告側の意見が入っていたと考えられ，原告は，仕様を実現するうえでのソースコードの独自性を示すべきであったと考えられる。

　さらに，雇用関係の下で，原告が原告プログラムの改良等を行ったこと（被告プログラムの開発）が，原告プログラムから被告プログラムを異ならせ，原告の権利行使をより一層困難とした。

(5)　契約

　本件では，原告プログラムの作成前（共同開発の開始前）において，契約を締結し，原告のレジアプリケーションの位置付け等を明確にしておいた方が好ましかったと考えられる。共同開発を行う場合，契約を締結しておかないと，共同開発の成果の帰属等を巡って争いになる可能性があることに留意すべきである。

（川原　行雄）

Linect事件

判 決 の ポ イ ン ト	アプリケーションの著作権の侵害の有無が問題となった事案で，侵害の有無を判断する前提として，本件アプリケーションが編集著作物に該当するか否かが争われ，編集著作物に該当しないとの判断が示された。
事件の表示	R2.3.19　東京地裁　平成30年（ワ）33203
参 照 条 文	著12①一
Key Word	編集著作物，素材の選択又は配列

1．事実関係

　本件は，インターネットを利用した各種サービス等を提供する原告が，同様にインターネットを利用した各種サービス等を提供する被告に対し，被告が原告に無断でアプリケーション（以下「被告商品」という。）を製作し，インターネットを通じて顧客に提供した行為が，原告商品について原告が有する著作権（複製権，送信可能化権，公衆送信権）を侵害すると主張して，①著作権法112条1項に基づき，被告商品の複製，送信可能化又は公衆送信の差止め，②同条2項に基づき，被告商品及びその複製物の廃棄，③被告会社に対し，民法709条に基づき，損害賠償金及び遅延損害金の支払を求めた事案である。

　原告商品も被告商品も，著名なソーシャル・ネットワーキング・サービス（SNS）のビジネス版を利用する企業向けに，集客，マーケティングを支援するためのアプリケーションである。同様のアプリケーションは，複数の会社から販売されている。

　原告商品は原告が疎外会社Aに開発委託したものであり，疎外会社Aは疎外会社Bに開発を委託し，平成30年2月28日，疎外会社Aは疎外会社Bから納品された原告商品を原告に納品した。しかし，原告商品の販売が開始される前に被告商品の販売が開始され，原告商品は販売されていない。

　被告商品は被告が疎外会社Cに開発委託したものであり，平成30年7月25日，被告会社は被告商品の販売を開始した。

　原告商品のパソコン等における表示画面は4段階の階層構造（「親カテゴリー」，「大カテゴリー」，「中カテゴリー」及び「小カテゴリー」という。）となっており，被告商品のパソコン等における表示画面も4段階の階層構造（「親カテゴリー」，「大カテゴリー」，「中カテゴリー」及び「小カテゴリー」という。）となっている。

２．争点

　本書では，原告商品の編集著作物（著12①）の該当性（争点１），被告商品の依拠性・類似性（争点２），被告会社の故意・過失の有無（争点３），被告甲の悪意・重過失による任務懈怠の有無（争点４），損害の有無及び額（争点５）の５つの争点のうち，裁判所の判断が示された争点１について取り上げる。

(1)　原告の主張

　原告商品は一画面当たりの機能を一つに絞り，機能表示を階層化したり，入力作業を少なくしたり，一画面当たりの表示要素を小さくしたりするという編集方針のもと，原告は，複数の選択肢の中から各カテゴリー名を選択し，各カテゴリーの配列についても，何段階に階層化するか，各階層を何個に細分化するかについては多数の選択肢の中から選択した。原告商品における「素材」の選択にも，配列にも原告の個性が現れている。

(2)　被告らの主張

　著作権法12条１項の「素材」とは，当該編集物の目的や性質等に照らして，当該編集物の本質的な特徴をなす選択，配列的な要素をいい，当該編集物にとって付随的，派生的な要素は編集著作物にいう素材とはならない。原告商品の各カテゴリー名は，原告商品の本質的特徴をなす要素とはいえず，「素材」たり得ない。また，原告商品と他社商品とでカテゴリー名の選択又は配列一部において完全に一致しているほか，類似している点も多い。原告商品における「素材」の選択又は配列は，同種の機能を有する上記他社商品のそれを模倣したにすぎず，原告商品の「素材」の選択又は配列には創作性は認められないから，原告商品は編集著作物には該当しない。

３．裁判所の判断

　裁判所は，以下のとおり原告商品は編集著作物に該当しないと判断し，その他の争点について判断することなく，原告の訴えを棄却した。

　原告商品とそこにおけるカテゴリー名の使用の態様に照らせば，「カテゴリー名」は，原告商品の異なる画面において，他にも多くの記載がある画面の表示の一部として表示されるものであって，原告商品をもって，「カテゴリー名」を「素材」として構成される編集物であるとはいえない。

　原告商品における各カテゴリー名と各画面の表示との関係は，何らかの素材をカテゴリー名やその階層構造に基づいて選択，配列したというものではなく，カテゴリー名に対応する機能を実現するための画面の表示があるといえるものである。

　原告商品のカテゴリーの名称やその階層構造は，ありふれたものであり，それら自体に著作権法上の創作性があるともいえない。

　原告商品の性質上，各カテゴリーに付す名称は，各カテゴリーが果たす機能を一般化・抽象化し，ユーザーにとって容易に理解可能なものとする必要があるため，その選択の幅は自ずと限定される。現に，原告商品の各カテゴリー名と同一ないし類似したカテゴリー名が他社商品においても用いられている。原告商品における各カテゴリーの名称は，各カテゴリーが果たす機能を実現するものとしてはありふれたものといえる。

　各カテゴリー名の配列についてみても，他社商品に比して複雑な階層構造が採用されており，各カテゴリー名の配列について一定程度の工夫はされていると認められる。しかし，これらの工夫は通常の手法であり，原告商品の各カテゴリー名の配列は，複数の選択肢の中から選択されたものではあるものの，ありふれたものというべきである。

　原告商品はカテゴリー名を素材とする編集著作物であるとは認められないし，原告が主張するカテゴリーの名称やその配列についてその選択又は配列に著作権法上の創作性があるとは認められない。

４．実務上の指針

⑴　本件裁判は，被告商品（アプリケーション）が原告商品（アプリケーション）の著作権を侵害しているとして提訴されたものだが，そもそも原告商品に著作権は発生していないとして，裁判所はその他の争点について判断せず，請求は棄却された。著作権が問題となる場合，似ている，侵害ではないかと話が進む前に，そもそも著作権が発生しているかどうかを検討する必要がある。

　　著作権法ではアイディアは保護されず，表現物が著作物の要件を満たせば保護されるところ，原告商品が表示画面を４段階の階層構造にしたというアイディアは保護されず，そのアイディアの具体的表現である表示画面が著作物の要件を満たすか否かが問題となった。

⑵　本件判決では，原告商品のカテゴリー名の選択又は配列はありふれていると判断されていて，その判断に異論はない。しかし，原告商品及び被告商品以外の同様の商品のカテゴリー名の配列は２段階の階層構造であるところ，原告商品と被告商品はいずれも４段階の階層構造であり，偶然の一致なのか，被告商品が原告商品に「依拠」していたのかについて，裁判所の判断は示されていない。

⑶　アプリケーションの開発には時間及び費用を要するところ，様々な工夫を行っても，その工夫がありふれた表現であって創作性がないと判断されれば，著作物に該当しない。このような場合に，アプリケーションをどのように法的に保護することができるかについては検討が必要である。

　本事案では，原告も被告も，自社でアプリケーションを開発することはせず，疎外会社に開発を委託し，疎外会社からアプリケーションの納品を受けている。また，原告は疎外会社との間で「業務委託基本契約書」を締結していて，契約書の中には「成果物の著作権（著作権法第21条から第28条に定める全ての権利を含む）は，特段の定めがない限り，成果物の給付完了の日に乙から甲へ移転するものとする。」との記載がある。

　著作権者（職務著作の場合は疎外会社）は成果物を原告へ納品し，対価を受けることで，開発に要した費用を回収している。原告はアプリケーションを自社で開発する時間と手間を省略できたものの，業務委託基本契約書の締結で疎外会社から譲受したつもりでいたアプリケーションの著作権がそもそも発生しておらず，アプリケーションについて著作権とは別の法的保護を検討しなくてはならない事態となった。業務委託基本契約書の締結で安心せず，契約書に記載された成果物の著作権とは何か，そもそも成果物が著作権法上の要件を満たす著作物であるかどうか，原告は検討しておく必要があったと思われる。しかし，成果物が著作権法上の要件を満たす著作物であるかどうかを，紛争等が何も生じていない段階で検討しても，確定的な答えは見つからないであろう。そこで，著作権以外の方法で，アプリケーションの法的保護を図れないか考える必要があり，その場合，意匠権による保護も選択肢の一つとして検討する余地がある。

(4)　本年4月1日から施行された改正意匠法では，画像そのものの意匠についても，新規性，創作非容易性の要件を満たせば，意匠権を取得できるようになっている（従来は，物品の部分に表示される画像等に保護対象が限定されていた。）。アプリケーションの法的保護を検討する際，著作権が発生しているはずとして何も出願手続を行わないのではなく，著作物の要件を満たさない場合に備えて，意匠出願について検討することを勧める。ただし，著作物の要件を満たさない可能性がある場合は，意匠の登録要件である新規性，創作容易性の要件も満たさない可能性が高い点に留意が必要である。

（野崎　彩子）

「眠り猫」イラスト事件

判 決 の ポ イ ン ト	複製権侵害及び翻案権侵害が認められた。著作権法114条３項に基づく 損害額の認定があった。
事件の表示	H31.4.18　大阪地裁　平成28年（ワ）8552
参 照 条 文	著21　著27　著114③
Key Word	類似性，依拠性，損害額の推定

1．事実関係

　本件は，原告イラストをデザインした原告が，被告イラストの一部が描かれたＴシャツ等を製造販売している被告に対し，①被告イラストは，原告イラストを複製又は翻案したものであり，上記Ｔシャツ等の製造は原告の複製権又は翻案権を侵害すること，②上記Ｔシャツ等の写真を被告が運営するホームページにアップロードしたのは，原告の公衆送信権を侵害すること，③被告が原告イラストを複製又は翻案し，原告の氏名を表示することなく上記Ｔシャツ等を製造等したのは，原告の同一性保持権及び氏名表示権を侵害することを主張して，上記①及び②について，著作権法112条１項に基づき，被告イラストを複製，翻案又は公衆送信することの差止め，並びに，著作権法112条２項に基づき，被告イラストを使用した各物品の廃棄並びに被告イラストに関する画像データ及び被告が運営するホームページの被告イラストが掲載された上記各物品の表示の削除を求め，また，上記①，②及び③について，著作権及び著作者人格権侵害の不法行為に基づき，原告の損害の一部である1,000万円の賠償及びこれに対する訴状送達日の翌日である平成28年９月９日から支払済みまで民法所定の年５分の割合による遅延損害金の支払を求めるとともに，著作権法115条に基づき，謝罪文の掲載を請求した事案である。

2．争点

　本件では，被告イラストは原告イラストを複製又は翻案したものか（争点１），原告の損害額（争点２）が争われた。

3．裁判所の判断

⑴　上記争点１（被告イラストは原告イラストを複製又は翻案したものか）について

　裁判所は，争点１について，以下に引用するとおり判断した。

　「まず，原告イラストと被告イラスト１ないし４は，丸まって眠っている猫を

上方から円形状にほぼ収まるように描くとともに，片前足と片後ろ足と尻尾を
ほぼ同じ位置でまとめて描きつつ，耳や片後ろ足を若干円形状から突出して描
いている点で共通している。これらの共通点は，・・・原告イラストの創作性
が認められる表現上の特徴部分そのものであり，上記各被告イラストの表現上
の特徴は，原告イラストのそれと共通しているといえる。他方，原告イラスト
では猫の目の周囲が黒いのに，上記各被告イラストはそうではないが，全体か
らすると微差にとどまるものというべきである。」，「原告イラストと被告イラ
スト１ないし４の共通点は，被告イラスト５ないし８にも認められる。他方，
被告イラスト５ないし８には，猫の前足が２本とも描かれる一方で，ひげが描
かれておらず，抽象的な紋様が唐草様であるといった相違点もみられるが，そ
れらの前足は片後ろ足や尻尾とほぼ同じ場所にまとめて描かれており，・・・
原告イラストの表現上の特徴は維持されているといえるし，ひげの有無等の相
違点は微差であり，抽象的な紋様の相違は本質的ではない。」などとして，表現
上の本質的な特徴が共通しているとしたうえで，「以上のように，原告イラスト
と上記各被告イラストとが類似又は酷似していることに照らせば，そのような
イラストを作成した被告デザイナーが，原告イラストを参照し，これに依拠し
て上記各被告イラストを作成した事実が推認される。」として，依拠性を肯定し
た。

(2)　**上記争点２（原告の損害額）について**

①　ライセンス料相当額の算定に当たっての販売数量から，返品された商品の
数量を差し引くべきかという争点につき，「しかし，被告は返品を受けた被告
商品を含めて製造し，その時点で原告イラストについての原告の複製権又は
翻案権の侵害が発生し，それを販売店に販売することによって一旦売上げが
計上されたのであるから，被告が製造し，販売店に販売した被告商品の数を
もって上記譲渡数量と認めるのが相当であり，返品を受けた商品の数（売上
げ）を控除すべき旨の被告の主張は採用することができない。」との認定をし
た。

②　使用料率につき，原告がデザイナー登録をしているサイトの料率を基準と
すべきとの原告主張に対し，「しかし，原告がデザイナー登録しているサイト
は，・・・デザイナー等を応援することをコンセプトとしたものであったり，
デザイナーが自らデザインしたイラストを付したＴシャツを販売したりする
ためのサイトとしての性質も有しており，原告イラストあるいは原告の作品
自体を入手することを目的として購入する者が多いと考えられるのに対し，
被告による商品の販売態様は，主として，ショッピングモールに店舗を構え
るなどして，多種多様な商品を販売する販売店（量販店）に対して商品を販
売するというものであり，販売態様が大きく異なっている。」等の理由で，原

告主張を否定した。

③　利用料率，販売数量に乗じる商品の価格について，小売価格と販売価格の
いずれを基に算定すべきかにつき，「著作権法114条3項の著作権の行使につ
き受けるべき金銭の額を算定するに当たっては，特段の事情のない限り，販
売店に対する卸売価格ではなく，販売店における小売価格を基準とするのが
相当であるが，その場合においても，被告が当初販売店に卸売りした際に予
定していた価格（定価，標準価格）に固定するのではなく（原告はそれを前
提とする主張をする。），被告商品においては，季節の変わり目に被告商品を
値下げして販売することもやむを得ないと解されるから，販売店が値下げし
て販売した場合には，その値下げ後の価格をもとに算定するのが相当であ
る。」と判断した。

4．実務上の指針

(1)　複製又は翻案に当たるかについて

　　判決は，複製又は翻案に当たるかについて，裁判所は，「これらの共通点は，
・・・原告イラストの創作性が認められる表現上の特徴部分そのものであり，
上記各被告イラストの表現上の特徴は，原告イラストのそれと共通していると
いえる。」，「他方，被告イラスト5ないし8には，猫の前足が2本とも描かれる
一方で，ひげが描かれておらず，抽象的な紋様が唐草様であるといった相違点
もみられるが，それらの前足は片後ろ足や尻尾とほぼ同じ場所にまとめて描か
れており，前記1で認定した原告イラストの表現上の特徴は維持されていると
いえるし，ひげの有無等の相違点は微差であり，抽象的な紋様の相違は本質的
ではない。」（下線はいずれも筆者による。）といった認定をして，原告イラスト
の創作性を認める理由付けに使った特徴が被告イラストにも共通しているかと
いう観点から，表現上の本質的特徴を維持しているかを判断している。

　　原告代理人の立場からすれば，創作性の主張において，原告イラストと被告
イラストの共通点部分こそが原告イラストの表現上の特徴であり，その部分に
創作性が認められると主張しないと（原告イラストと被告イラストの相違点が
原告イラストの表現上の特徴であると主張してしまうと），創作性が認められ
ても類似性が認められず，敗訴してしまうということになる。

　　このような関係は，不正競争防止法2条1項1号の特別顕著性についての主
張と類似性についての主張との関係などでも見られ，本件に則していえば，原
告イラストと被告イラストの類似する部分のどこを強調して創作性を主張する
のかによって，裁判所の心証も大きく変わってくるものと思われる。

　　また，依拠性の認定については，原告イラストと被告イラストの類似性から
依拠性を推認している。本件においてどの程度類似しているから依拠性を推認

したのかは，原告イラストと被告イラストを確認して，具体的に判断されることをお勧めする。

⑵　損害論：返品された商品の数量を差し引くべきかについて

　返品を受けた商品の数量をライセンス料相当額の算定に当たって控除すべきかについては，例えば書籍の著作権侵害などの場合にも問題になり得ると思われる。返品商品についても既に製造をした以上，侵害行為は行われているから，控除すべきないと判断されるのは妥当であろう。

⑶　損害論：原告が登録しているサイトの料率を基準とすべきかについて

　使用料率につき，原告がデザイナー登録をしているサイトの料率を基準とすべきとした原告主張は，使用料率が少なくとも小売価格（被告は卸売業者であり，小売価格で販売をしていない。）の25％であるとするものである。
本判決では，小売価格は卸売価格の２倍であると認定している。小売価格の50％の値段で販売をしている卸売業者に対し，小売価格の25％の利用料率を認めれば，実質的に利用料率が売上げの50％ということになり，通常の取引では考えられない。判決の結論には，このような実質論も背景にあったと考えられる。

⑷　損害論：小売価格と販売価格のいずれを基に算定すべきかについて

　本判決は，小売価格と販売価格のいずれを基に算定すべきかについて，特に理由を示すことなく，「著作権法114条３項の著作権の行使につき受けるべき金銭の額を算定するに当たっては，特段の事情のない限り，販売店に対する卸売価格ではなく，販売店における小売価格を基準とするのが相当である。」としている。

　しかし，ライセンス料の問題は結局のところどれだけの金額を支払うべきかという問題に帰着する。どのような場合でも販売店における小売価格を基準とするべきということではなく，何を基準にするかは，使用料率によっても異なってくる（本件においては，利用料率からすると小売価格を基準とするのが相当であった。）と考えられる。

（河部　康弘）

侵害訴訟（著作権）

音楽教室における著作物使用にかかわる
請求権不存在確認事件

判 決 の ポイント	音楽教室での教師の演奏は著作権法22条に規定する演奏に該当すると判断し，結果として(一社)日本音楽著作権協会(JASRAC)の音楽教室に対する著作権使用にかかわる請求権を認めた。
事件の表示	R2.2.28　東京地裁　平成29年（ワ）20502,25300
参 照 条 文	著22
Key Word	演奏権，公衆，聞かせることを目的

1．事実関係

　（一社）日本音楽著作権協会（JASRAC）は，それまで管理を行ってこなかった音楽教室内での演奏について，2017年2月に記者発表を行い，翌年1月より著作権使用料の徴収を開始する旨を発表した。これに対して，X，Yなど音楽教室や楽器製造にかかわる関係者247名が原告となり，被告である（一社）日本著作権協会は「音楽教室における被告の管理する楽曲の使用にかかわる請求権を有しない」として，同請求権不存在の確認を求める訴訟を提起した。

2．争点

　著作権法は，著作権の支分権としての演奏権について，「著作者は，その著作物を，公衆に直接見せ又は聞かせることを目的として（以下「公に」という。）上演し，又は演奏する権利を専有する。」（著作権法22条）と規定しているところ，次の点が争点になった。
　　⑴　音楽教室における演奏が「公衆」に対するものか。
　　⑵　音楽教室における演奏が「聞かせることを目的」とするものか。
　　⑶　演奏権は消尽しているのではないか。
　　⑷　権利濫用に該当するのではないか。

3．裁判所の判断
⑴　音楽教室における演奏が「公衆」に対するものか。

　原告は「音楽教室における教師の演奏及び生徒の演奏は，音楽や楽器演奏の共同という性質上，・・・最大でも10名の生徒・・・に対してのみ行われるものであり，教育目的で結合された特定かつ少数の者に対する演奏であるから，「公衆」に対する演奏には該当しない」と主張した。これに対し，裁判所は「原告らが経営する音楽教室は，・・・誰でもそのレッスンを受講することができ

るので，原告らと当該生徒が受講契約を締結する時点では，原告らと生徒との間に個人的な結合関係がない。・・・したがって，音楽教室事業者である原告らからみて，その生徒は「不特定」の者に当たる」，「原告ら音楽教室事業者から見て，その顧客である生徒が「多数」の者に当たるかどうかは，・・・一時点のレッスンにおける生徒の数のみではなく，音楽教室事業の実態を踏まえ，・・・その対象が「多数」ということができるかという観点から判断するのが相当である」とし，「音楽教室における生徒は，利用主体たる原告らにとって，不特定の者であり，また，多数の者にも当たるから，「公衆」に該当する」と判断した。

⑵　**音楽教室における演奏が「聞かせることを目的」とするものか。**

　原告は，「著作権法22条の「聞かせることを目的」とは，聞き手に官能的な感動を与えることを目的とするもの（すなわち，音楽の著作物としての価値を享受させることを目的とするもの）」として，音楽教室における演奏は「聞かせることを目的」としてないと主張した。これに対し，裁判所は，「原告らの音楽教室におけるレッスンは，・・・そのレッスンにおいて，原告ら音楽教室事業者と同視し得る立場にある教師が，公衆である生徒に対して，自らの演奏を注意深く聞かせるために演奏していることは明らかである」とし，「音楽教室における演奏は，・・・「公衆に直接・・・聞かせることを目的として」（公に）との要件を充足する」と判断した。

⑶　**演奏権は消尽しているのではないか。**

　原告は，「原告らの音楽教室において，生徒は，レッスンで演奏する曲の楽譜や教則本を購入しており，教師もレッスンで演奏する曲の楽譜を保有している。楽譜及び教則本は，これを用いて演奏することが当然に想定されているものであり，被告は，楽譜の譲渡の際に当該楽譜を用いての演奏に対する対価を含めた金額を徴収することが可能であったことに照らすと，楽譜についての譲渡権（著作権法26条の2第2項）のみならず，演奏権についても消尽している」，また「音楽教室において，マイナスワン音源の再生が行われる。マイナスワン音源は，演奏が除かれている特定の楽器のレッスンの際に，教師の伴奏に代り，生徒の演奏の合奏の相手とするための補助手段（教材）として再生されることが当然に想定されるものであり，被告は，マイナスワン音源のCD等の譲渡の際に，当該CD等の再生に対する対価を含めた金額を徴収することが可能であったので，演奏権についても消尽している」と主張した。これに対し，裁判所は「楽譜等やマイナスワン音源は，その性質からして，購入後に演奏に用いられることがあり得るとしても，楽譜等やマイナスワン音源の購入者が，これらの楽譜等を使用して「公衆に直接・・・聞かせることを目的として」演奏するとは限らず，購入者の家庭内における演奏に使用し，あるいは著作権法38条1項な

どの権利制限規定により演奏権が及ばない態様で演奏される可能性も当然あり得ることである。そうすると，音楽教室のレッスンで使用する楽譜等及びマイナスワン音源が，購入された後に演奏に用いられることが当然に想定されているということはできない」とし，「講師や生徒が音符及びマイナスワン音源を購入することにより，音楽教室における演奏に係る演奏権が消尽するということはできない」と判断した。

(4) 権利濫用に該当するのではないか。

原告は，「被告は，・・・現行著作権法が施行された昭和46年から，平成15年に原告ヤマハに協議を申し入れるまで，約32年もの間，音楽教室について権利を行使しなかったのであり，現在に至って権利行使を主張することは社会的相当性を欠き，権利の濫用又は権利失効として許されない」と主張した。これに対して，裁判所は，「被告は，現行著作権法が施行された昭和46年1月1日当時，録音物の再生演奏につき，著作権法附則14条により著作権者の権利が制限されていたことを考慮して，音楽教室のレッスンにおける演奏権の管理を控えていたが，平成12年1月1日に同附則が廃止されたことから，音楽教室における著作権管理を開始することとし，音楽教室業界の中心的な存在であった原告ヤマハに対し，競技開始の申し入れを行う書簡を発出したものの，原告ヤマハは協議に応じなかったとの事実が認められる。・・・同附則が廃止された後には原告ヤマハに対して協議を開始することを申し入れているので，権利行使が容易であるにもかかわらず，被告がこれを長期間にわたって放置したと評価することはできない」と判断した。

4．実務上の指針

(1) 「公衆」の解釈

裁判所は，実際の音楽教室における先生と生徒の関係ではなく，経営主体としての音楽教室と生徒との関係からみて，募集に応募して誰でもがなれる生徒は不特定者であると判断した。これは，本裁判のなかでも示されていたように，「クラブ・キャッツアイ事件」（S63.3.15最高裁第三小法廷昭和59年（オ）1204）によって示されたカラオケ法理，すなわち，利用主体を管理性及び営業上の利益に焦点を当てて判断する法理を踏まえてのことである。類似の「ダンス教室事件」でも同様な判断がなされており（H15.2.7名古屋地裁平成14年（ワ）2148，その控訴審であるH16.3.4名古屋高裁平成15年（ネ）233でも同様に判断した。），最高裁での判断基準が変わらない限り，やはり音楽教室の生徒は「公衆」に該当するものと思われる。

(2) 「聞かせる」の解釈

裁判所は，たとえ条文の「聞かせる」という行為を，原告が主張する「官能

的な感動」や「価値を享受させる」という意味としても，音楽教室の行為はこれに該当すると判断した。参考として平成30年の著作権法改正で新設された著作権法30条の4では，著作物を情報として利用する場合に「著作物は・・・当該著作物に表現された思想又は感情を自ら享受し又は他人に享受させることを目的としない場合には・・・利用することができる」と規定され，今や著作物の利用を，単に物理的な状態ではなく，「著作物に表現された思想又は感情を享受させる」状態と解釈することは社会通念上の共通認識になっていると思われる。そのうえで，楽曲演奏の練習という場が，音楽の思想又は感情を享受している場となっているかは，再度，検証する必要があるように思われる。

(3) 音楽の著作物の特殊性

　著作物は表現された時点で著作権法の保護対象にはなるが，著作物の価値が社会において生じるのは，その著作物が受け手に伝えられた場合である。そして，絵画等の美術の著作物や小説等の言語の著作物は，創作者が絵具や文字によって創作したものを，直接，公衆は享受できるのに対して，音楽の著作物は，公衆がその思想又は感情を享受するためには演奏者等の表現者が必要とされ，この点で，美術や言語の著作物にはない特殊性が存在する。

著作物	創作者	表現者	伝達者	著作物の享受者
絵画	画家	→→→→→→	画廊、美術館、出版社等	社会（公衆）
写真	写真家	→→→→→→	画廊、美術館、出版社等	
小説	小説家	→→→→→→	出版社等	
コンピュータゲーム	原作者プログラマー等	→→→→→→	ゲーム会社（オンライン含）	
音楽	作詞家作曲家	演奏者歌手	レコード会社放送局等	

　著作権法1条は「この法律は，・・・これらの文化的所産の公正な利用に留意しつつ，著作者等の権利の保護を図り，もつて文化の発展に寄与することを目的とする」と規定する。「著作権者等の権利の保護」は重要であるが，上述したように，音楽の著作物は（創作者自らが表現者である場合もあるが）演奏者等という表現者がいてはじめて，社会（公衆）はその思想又は感情を享有できる。著作権制度を社会システムとして鳥瞰した場合，表現者の育成に経済的な負荷をかけることが，果たして「文化的所産の公正な利用」に合致することなのかは，今後，控訴審や上告審で議論される余地があると思われる。

（中川　裕幸）

学習塾問題ライブ解説控訴事件

判決の ポイント	学習塾が作成した問題及び解説を入手した別の学習塾が，インターネット上で解説を行う動画配信をしたことについて，学習塾が作成した問題及び解説の複製権と翻案権の侵害の有無が争われた。
事件の表示	R1.11.25　知財高裁　令和元年（ネ）10043 （原審　R1.5.15　東京地裁　平成30年（ワ）16791）
参照条文	著112①　著114②
Key Word	学習塾，ライブ解説，動画配信

1．事実関係

　中学校の受験のための学習塾等を運営する原告（本件の控訴人）は，通塾生及び外部から試験を希望した者を対象に，本件問題を配布してテストを実施し，テスト終了後に本件解説を配布した。

　同様に中学校受験のための学習塾を経営する被告（本件の被控訴人）は，同テストが終了した後に，塾に在籍する複数の生徒から問題の原本を入手し，ウェブ上の動画で本件問題についての解説（以下「被告のライブ解説」という。）を行った。

　原告は，被告に対して，原告の許可なく本件問題及び本件解説を複製して利用した行為が複製権侵害に当たり，また，本件問題及び本件解説をインターネット上で動画配信した行為が翻案権侵害に当たると主張し，上記動画等の配信の差止めを求めるとともに，損害賠償の請求を求めた。

　原審では原告の請求がいずれも棄却されたため，原告がそれを不服として控訴したものである。

2．争点

　被控訴人が本件問題又は本件解説の複製を行っているかについて争われた。また，被告のライブ解説は本件問題の翻案に当たるかについて争われた。さらに，被告のライブ解説は本件解説の翻案に当たるかについて争われた。

3．裁判所の判断

(1)　本件問題又は本件解説の複製を行っているか

　裁判所は，被控訴人が自ら本件問題及び本件解説文を複製したと認めるに足りる証拠がないため，被控訴人が本件問題又は本件解説の複製を行っているとは認められないと判断した。

⑵　被告のライブ解説が本件問題の翻案に当たるか

　裁判所は，言語の著作物の翻案について，既存の著作物に依拠し，その表現上の本質的な特徴の同一性を維持しつつ，具体的表現に修正，増減，変更等を加えて，新たに思想又は感情を表現することにより，これに接する者が既存の著作物の表現上の本質的な特徴を直接感得することのできる別の著作物を創作する行為であるとした。

　そして，裁判所は，著作物の翻案の意義について，本件問題のような編集著作物の翻案が行われたといえるためには，素材の選択又は配列に含まれた既存の編集著作物の本質的特徴を直接感得することができるような別の著作物が創作されたといえる必要があると判断した。

　次に，裁判所は，本件問題は，題材となる作品の選択や，題材とされる文章のうち設問に取り上げる文又は箇所の選択，設問の内容，設問の配列・順序に作者の個性が現れた編集著作物であり，このような素材の選択及び配列等に，その本質的特徴が現れると判断した。

　また，裁判所は，被告のライブ解説について，作成された問題を所与のものとして，これに対する解説，すなわち，問いかけられた問題に対する回答者の思考過程や思想内容を表現する言語の著作物であって，このような思考過程や思想内容の表現にその本質的特徴が現れていると判断した。

　結論として，裁判所は，編集著作物である本件問題と，言語の著作物である被告のライブ解説とでは，その本質的特徴を異にし，被告のライブ解説が，本件問題が取り上げた文を対象とし，本件問題が提起したのと同一の問題を，その配列・順序に従って解説しているものであるとしても，それはあくまでも問題の解説をしているのであって，問題を再現ないし変形をしているのではないため，被告のライブ解説は本件問題の翻案には当たらないと判断した。

⑶　被告のライブ解説が本件解説の翻案に当たるか

　裁判所は，本件解説と被告のライブ解説とがいずれも本件問題に対する解説であることに由来して内容の類似性・同一性がみられ，ライブ解説は，その内容については部分的に本件解説と本質的特徴を同一にするといえるものの，その表現については，本件解説と本質的特徴を同一にするとは認められないため，被告のライブ解説は本件解説の翻案には当たらないと判断した。

４．実務上の指針

⑴　本件問題の著作物性

　本件問題の複製権や翻案権の侵害の議論の前に，本件問題が著作物性を有することが前提となる。このため，実務家においては，本件問題の著作物性の有無について留意すべきである。

　控訴審は，本件問題の著作物性について原審の判決を引用した。その原審では，国語の問題を作成する場合において，数多くの作品のうちから問題の題材となる文章を選択したうえで，当該文章から設問を作成するに当たっては，題材とされる文章のいずれの部分を取り上げ，どのような内容の設問として構成し，その設問をどのような順序で配置するかについては，作問者が，問題作成に関する基本方針，最新の入試動向等に基づき，様々な選択肢の中から取捨選択し得るものであり，そこには作問者の個性や思想が発揮されていると判断した。そして原審は，本件問題について，題材となる作品の選択，題材とされた文章のうち設問に取り上げる文又は箇所の選択，設問の内容，設問の配列・順序について，作問者の個性が発揮され，その素材の選択又は配列に創作性があると認めることができ，本件問題は編集著作物に該当すると判断した。

　実務家としては，上記の前提を把握しておくべきである。

(2)　本件解説の著作物性

　本件問題と同様に，本件解説も著作物性を有することが侵害の議論の前提であるため，実務家においては，本件解説の著作物性の有無についても留意すべきである。

　控訴審は，本件解説の著作物性についても原審の判決を引用した。その原審では，本件解説は，本件問題の各設問について，問題の出題意図，正解を導き出すための留意点等について説明するものであり，各設問について，一定程度の分量の記載がされているところ，その記載内容は，各設問の解説としての性質上，表現の独自性は一定程度制約されるものの，同一の設問に対して，受験者に理解しやすいように上記の諸点を説明するための表現方法や説明の流れ等は様々であり，本件解説についても，受験者に理解しやすいように表現や説明の流れが工夫されるなどしており，そこには作成者の個性等が発揮されているということができるため，本件解説は創作性を有し，言語の著作物に該当すると判断した。

　実務家としては，こちらの前提も把握しておくべきである。

(3)　ライブ解説が本件問題の翻案となる場合

　本判決では，ライブ解説が本件問題を翻案したものとは認められなかったが，ライブ解説の内容がどの程度であれば本件問題の翻案と判断される可能性があるのかが明らかではない。

　この点について，原審では，被告ライブ解説においては，本件問題の全部又は一部の画像を表示しておらず，また，口頭で本件問題の全部又は一部を読み上げるなどの行為もしていないことが，被告ライブ解説は本件問題の本質的な特徴の同一性を維持しているといえない理由として挙げられていた。

　実務家としては，ライブ解説において，問題の全部又は一部の画像を表示す

る場合や，口頭で問題の全部又は一部を読み上げる場合は，翻案と判断される可能性がある点に留意すべきである。

⑷　ライブ解説が本件解説の翻案になる場合

本判決では，ライブ解説が本件解説を翻案したものとは認められなかったが，ライブ解説の内容がどの程度であれば本件解説の翻案と判断される可能性があるのかが同様に明らかではない。

この点について，原審では，原告が翻案権侵害を主張する設問について，本件解説と被告ライブ解説の対比する記載を対比しても，表現が共通する部分はほとんどなく，例えば，共通する表現は「険のある」，「祐介」など，ごくわずかな部分にすぎないことが，被告ライブ解説が本件解説の本質的特徴の同一性を維持しているということができない理由として挙げられていた。

実務家としては，ライブ解説中に用いた表現に共通する部分がどの程度あるかに応じて，翻案か否かが判断される可能性がある点に留意すべきである。

⑸　その他の留意事項

本事案は，編集著作物と認められる試験の問題及び言語の著作物と認められる試験の解説と，試験の問題の解説を動画で行ったライブ解説を対象とするものである。

近年では，オンライン上で動画を公開することによる表現方法が一般的に広く普及しており，試験の問題又は試験の解説のみならず，その他の他人の著作物について，オンライン上の動画で解説，紹介，批評等を行う行為にも留意が必要である。

（伊達　浩）

新冷蔵庫等システム開発契約控訴事件

判 決 の ポイント	本件ソースコードは成果物に該当し，本件ソースコードをサーバ移行に伴い複製・翻案すること及び本件基本契約の終了後，本件共通環境設定プログラムを複製・翻案することは，著作権（複製権・翻案権）の侵害とはならない。
事件の表示	R1.6.6　知財高裁　平成30年（ネ）10052 （原審　H30.6.21　東京地裁　平成29年（ワ）32433）
参 照 条 文	著113②　民709　著114③
Key Word	成果物，複製権，翻案権

1．事実関係

⑴　事案の概要

　本件は，控訴人（原告）が，被控訴人（被告）に対してソフトウェア開発委託基本契約（以下「本件基本契約」という。）に基づき，原告が著作権を有するプログラムの使用を許諾したところ，本件新冷蔵庫等システムのサーバ移行に際し，本件共通環境設定プログラムのソースコード（以下「本件ソースコード」という。）を複製・翻案してその著作権（複製権又は翻案権）を侵害し，本件基本契約が終了後，本件共通環境設定プログラムのDLLファイル，EXEファイル及び本件ソースコードを複製・翻案して本件共通環境設定プログラムの著作権（複製権又は翻案権）を侵害したと主張し，損害賠償を請求した事案である。

　原告は，被告に対し，本件基本契約及び被告が原告に対して交付した注文書に基づいて成立した個別契約（以下「本件個別契約」という。）の成果物として，本件新冷蔵庫等システム及び本件共通環境設定プログラムを納入した。原告は，被告と締結した，本件新冷蔵庫等システムに関する保守管理契約（以下「本件保守契約」という。）に基づき保守管理業務を行っていたが，その後，被告が本件保守契約の解除を申し入れ，本件保守契約は解除された。原告は，被告に対し，本件基本契約を更新しない旨通知したことにより，本件基本契約は終了した。

⑵　ソフトウェア開発委託基本契約の概要

　本件基本契約には，次の定め（被告を甲とし，原告を乙とする）がある。
「第2条（定義）
　　本契約にて使用する用語の定義は，次の各号のとおりとする。・・・
　　⑵　「成果物」とは，コンピュータプログラム，コンピュータプログラムに関する設計書，仕様書，マニュアル等の資料及びその他甲が作成を委託するコンピュータシステムに関わる有体物又は無形物全般をいう。・・・

第21条（著作権・知的財産権及び諸権利の帰属）・・・

3．成果物に係る著作権の帰属については，個別契約において別段の定めのない限り，以下のとおりとする。

⑴　新規に作成された成果物

成果物のうち新規に作成された成果物の著作権については，当該プログラムに関する検収完了をもって，乙の著作権の持分の半分を甲に譲渡することにより，甲乙両者の共有とする。・・・

⑵　甲又は乙が従前から有していた成果物

甲又は乙が従前から有していた成果物の著作権については，それぞれ甲又は乙に帰属するものとする。この場合，乙は甲に対し，当該成果物について，甲が自ら対象ソフトウェアを使用するために必要な範囲で，著作権法に基づく利用を無償で許諾するものとする。・・・なお，乙は甲に対し，乙が従前から保有していたプログラムを改変して作成されたプログラムにつき，甲が自ら対象ソフトウェアを使用するために必要な範囲で，著作権法に基づく利用（著作権法に基づく複製権，翻案権等の著作物を利用する権利をいう）を無償で許諾するものとする。・・・

第26条（契約終了後の権利義務）

本契約が合意の解約により終了した場合および解除により終了した場合でも，本契約に定める権利侵害，著作権・知的財産権および諸権利の帰属，秘密保持，個人情報保護，損害賠償，準拠法，管轄裁判所および本項の規定は当該契約終了以後も有効とする。」

2．争点

本件では，①旧サーバから新サーバへのサーバ移行に伴い本件ソースコードを複製・翻案することが本件基本契約によって許されるか否か（争点⑶），②本件基本契約の終了後，本件共通環境設定プログラムを複製・翻案することが本件基本契約によって許されるか否か（争点⑷）について主に争われた。

3．裁判所の判断
⑴　争点⑶について

本件ソースコードは，被告の委託に基づいて作成されたものであるから，本件基本契約2条2号の「成果物」に該当する。この点について，原告は，①本件ソースコードが本件個別契約における納入の対象とされていないこと，②原告が既存のプログラムを流用することを前提として契約代金額が減額され，かつ本件ソースコードが納入の対象外とされたという経緯からすると，本件ソースコードは「成果物」に該当しない，と主張するが，①について，「成果物」の

定義規定たる本件契約2条2号は納入や検収について何ら規定しておらず，本件ソースコードが「成果物」に当たらないということはできない。②について，原告が有していた既存のプログラムを改変して本件ソースコードが作成されたとしても，被告の委託により作成されたものである以上，「成果物」に該当することに変わりはない。他方，本件基本契約21条3項2号は，原告が従前からその著作権を有していた「成果物」についても，被告が，自ら使用するために必要な範囲で著作権法に基づく利用を無償でできると規定しており，旧サーバから新サーバへの移行に伴って，本件ソースコードを複製したり，新サーバ移行に必要な限度で翻案したりすることは，自ら使用するために必要な範囲に該当し，複製権又は翻案権の侵害となることはないというべきである。

(2) **争点(4)について**

本件基本契約26条は，本契約が合意の解約により終了した場合及び解除により終了した場合でも，著作権・知的財産権及び諸権利の帰属についての定めが有効であると定める。そして，本件基本契約21条3項について，本件基本契約終了後，著作権等の帰属の定めの部分のみが有効に存続すると解するのは不自然であり，むしろ，契約終了後も有効とされる「著作権・知的財産権および諸権利の帰属」の定めとは，本件基本契約21条全体を指し，同条が規定する利用に関する定めも含むものと解釈するのが相当である。また，本件基本契約26条の見出しが，「（契約終了後の権利義務）」とされており，同条本文が，「本契約が合意の解約により終了した場合および解除により終了した場合でも」となっていることからすると，文言上，合意解約又は解除の場合に限られるとはいえず，実質的に考えても，本件基本契約の終了原因が，合意解約又は解除である場合と，更新しない旨の意思表示により終了した場合とで差異を設ける必要性は乏しいことからすると，本件基本契約26条は，本件基本契約が合意解約又は解除以外の原因によって本件基本契約が終了した場合にも，上記各内容が有効であることを規定したものであると解するのが相当である。したがって，本件基本契約の更新しない旨の意思表示による終了後も有効である本件基本契約21条3項2号に基づき，被告は，本件共通環境設定プログラムについて，自ら使用するために必要な範囲内で，著作権法に基づく利用を無償ですることができたものと解される。そして，保守管理のために，本件共通環境設定プログラムを複製又は翻案することは，自己使用のために必要な範囲でされるものといえるから，本件基本契約終了後に被告らが保守管理業務の一環として本件共通環境設定プログラムを複製又は翻案することがあったとしても，それについて複製権又は翻案権の侵害となることはない。

4．実務上の指針
(1)　成果物該当性について

　本件は，ソフトウェア開発等を行う原告が顧客である被告に対し，著作権に基づく損害賠償請求訴訟を提起した事件である。一般的に，ソフトウェア等の開発契約は準委任契約と請負契約に分けられ，本件基本契約及び本件個別契約は，成果物に対する完成責任が発生するため，いずれも請負契約に該当する。本件では，原告が有していた既存のプログラムを改変して作成された本件ソースコードの成果物性が争われたが，被告の委託により作成されたものである以上，「成果物」に該当するとの判断は至極妥当である。

　また，被告による本件ソースコードの複製・翻案行為が，原告の有する本件ソースコードの複製権又は翻案権の侵害を構成しないことについては，本件基本契約21条3項2号のとおりであり，疑問を挟む余地がない。

(2)　契約書の存続条項について

　開発契約書に限らず，一般的に契約書には，契約が契約期間満了，合意解除又は中途解除等により解約となった場合において，その条項の効力が存続するかを定めた存続条項（残存条項）が一般条項として規定される。本契約の存続条項である第26条（契約終了後の権利義務）においては，規定の概要のみによって特定されていたが，本来であれば条文番号により存続条項を明示すべきである。そして，本件基本契約が合意解除又は解除以外の原因によって終了した場合であっても，第26条における各内容に対応する存続条項が有効であるとの判示内容は，一般的な契約書に基づく契約実務のとおりである。さらに，本件共通環境設定プログラムについては，そもそも，自ら使用するために必要な範囲内で利用することができたのだから，原告の主張通りに，本件基本契約終了後に被告らが保守管理業務の一環として複製又は翻案することができないとすれば，被告の冷蔵庫管理システム等に一体として実装される共通環境設定プログラムの使用ができないということとなり，新規に導入した新冷蔵庫等システムが全体として使用できないという不合理な結果となるため，条理の点からも複製権又は翻案権の侵害を構成しないとの判示内容については首肯できる。

(3)　その他

　本件の判示事項には現れていないが，被告が人材派遣契約を締結した被控訴人T社並びに現在は同社社員かつ以前は原告社員であった被控訴人Y1（被告A1）及び被控訴人Y2（被告A2）をして，本件新冷蔵庫等システムを旧サーバから新サーバに移行させ，もって本件ソースコード等を複製・翻案したとの原告の主張は，本件の紛争の原因となった可能性があることを指摘しておく。

（大和田　昭彦）

グループリーダーの付言　　　　　　　　　　　　奥川　勝利

特許・実用新案侵害訴訟（電気）グループ・著作権グループリーダー

弁理士　奥川　勝利（おくがわ　かつとし）

黒田国際特許事務所　勤務（実務経験24年）
弁理士クラブ判例研究部会　副部会長
同研究部会の設立当初来15年間，知財関連の裁判例についての
サーチ・研究を継続的に行っており，また，毎年，知財判決を紹
介する弁理士向け研修の講師を務めています。

１．特許・実用新案侵害訴訟（電気）グループ

　第四次産業革命が進む中で人工知能（AI）に関わるAI関連発明が徐々に特許され始めています。一方で，AI関連発明に関わる特許権侵害訴訟については，これまでほとんど見かけることはありませんでしたが，2019年度に，人工知能装置に係るAI関連発明の特許権侵害訴訟の判決（「自律型思考パターン生成機事件」R1.6.26東京地裁平成29年（ワ）15518）が出され，本書に掲載されています。この訴訟は，アメリカと呼ばれるAI製品を被疑侵害品とした訴訟で，特許権側及び被疑侵害品側のいずれもがAI関連のものである点，また，技術的範囲の属否について争われた点で，注目されます。AI関連発明については，これまで，一般的な制御系の発明と同様に，侵害立証性の問題が指摘されていましたが，上記訴訟では，まさにこの問題が顕在化したと思われます。一般に，電気・ソフトウェア分野では，内部処理などのように実際の製品から把握することが難しい部分に特徴のあるような発明について，侵害立証性をどのように確保するか（請求項をどのように表現するか）が実務家にとって大きな課題となっていますが，今後のAI関連発明の増加に伴い，個別の事案ごとに適切なクレーム表現を探求していくという努力が実務家には更に求められてくると思われます。

２．著作権グループ

　近年の著作権関連事件は，インターネットやSNSなどのネットワーク上のデジタルコンテンツに関わる事件が増えています。2019年度も，本書掲載の「ペンギン写真控訴事件」（R1.12.26知財高裁令和元年（ネ）10048）を含め，いくつかの事件がデジタルコンテンツの不正利用（著作権侵害）に関わる事件です。ネットワーク上のデジタルコンテンツは，第三者による利用（コピー，リンク，リツイートなど）が極めて容易であるのに，このような利用を制限することが技術的に難しいという特性があることから，デジタルコンテンツの適正な利用は，利用者側の意思判断に委ねられるのが現状だと思います。デジタルコンテンツの利用が著作権侵害になるかどうかは，前提として，当該デジタルコンテンツが著作権法で保護される著作物であるかどうか（著作物性）の判断が必要となります。この判断は専門家であっても難しい部分があり，これを一般の利用者に求めることになる現状のままでは，デジタルコンテンツの適正な利用が進んでいかないことが危惧されます。利用者側が著作権侵害を過剰に恐れて本来許されているデジタルコンテンツの自由な利用が阻害されることも問題ですので，このような現状を改善する方策を検討することが求められていると思います。

以上

第2編　民事訴訟編
第2部　その他民事訴訟

その他民事訴訟

「マグネシウムアルコラートの合成方法」
職務発明対価請求事件

判 決 の ポイント	勤務規則等において，特許発明の実施が職務発明に係る対価支払の条件であれば，その支払時期は特許権の設定登録時又はその実施時のうちいずれかの遅い時点である。
事件の表示	R1.11.6　東京地裁　平成31年（ワ）7788
参 照 条 文	旧特35③
Key Word	職務発明の対価，消滅時効

1．事実関係

　本件は，被告の従業員であった原告が，被告が有していた特許第1997141号に係る発明（球形で粒度分布の狭いマグネシウムアルコラートの合成方法）の発明者であり，特許を受ける権利を被告に承継させたとして，被告に対し，平成16年改正前特許法35条3項の規定による相当の対価の支払請求権に基づき，806万4,000円のうち300万円及びこれに対する遅延損害金の支払を求める事案である。

　本件特許の出願日は平成元年8月16日であり，平成7年12月8日登録された。また，被告は平成元年11月には本件発明の実施品の製造，販売を開始し，一旦平成5年に中止したものの，改良品を平成6年2月に完成させ，その改良品は現在に至るまで販売されている。

　原告が被告従業員であったこと，及び，被告在籍時に本件発明を完成させたことには争いがない。被告規則には，職務発明に係る特許を受ける権利を会社が承継する旨の規定があり，出願時及び登録時に譲渡補償金を支払う旨の規定があった。また，会社が職務発明に係る発明の実施等により相当の利益を得た時は，発明者に褒賞金を支給することがあるとの規定があった。

　原告は平成30年10月26日に本件訴訟を提起した。一方，被告は令和元年5月15日の第1回口頭弁論時に，消滅時効を援用する旨の意思表示を行った。

2．争点

　本件訴訟では，被告が消滅時効を援用したことに対し，原告は本件発明が継続的に実施されており，各事業年度の決算の結果を踏まえ，毎年4月1日に褒賞金を支払うのだから，少なくとも平成20年度及び平成21年度の実施に係る褒賞金については，消滅時効が完成していないとして争った。

3．裁判所の判断

　裁判所は「消滅時効は「権利を行使することができる時」から起算される（民法166条1項）ところ，特許法35条3項は，「従業者等は，契約，勤務規則その他の定めにより，職務発明について使用者等に特許を受ける権利・・・を承継させ・・・たときは，相当の対価の支払を受ける権利を有する。」と規定しているから，同条項に基づく相当の対価の支払請求権は，原則として，特許を受ける権利を承継させたときに発生し，その時点から，権利を行使することができることになり，その時点が本件対価請求権の消滅時効の起算点となるものというべきである。もっとも，勤務規則その他の定めに，使用者等が従業者等に対して支払うべき対価の支払時期に関する条項がある場合には，その支払時期が相当の対価の支払を受ける権利の消滅時効の起算点となると解される」と平成15年4月22日の最高裁判決（平成13年（受）1256）の判断を前提として，「これを本件についてみるに，前記のとおり，被告規則には特許出願時及び特許登録時に譲渡補償金を支払う旨の明示的な規定はあるものの（同9条），いわゆる実績補償金については，「会社が職務発明に基づく発明の実施または実施権の許諾もしくは処分により相当の利益を得たときは，会社は当該発明者に褒賞金を支給することがある。（同10条）」と規定するのみで，一義的に明確な支払時期の定めがあるということはできない。」「・・・前記のとおり，「職務発明に基づく発明の実施または実施権の許諾」等を前提として褒賞金の支給について定めていることに照らすと，発明者である従業者等は，登録された特許に係る発明が実施又は実施権の許諾等される以前に褒賞金の支払を求めることはできないものの，当該発明が実施又は実施許諾等された場合には，褒賞金の請求権の行使が可能になるということができる。」「そうすると，被告規則に定められた褒賞金の支払時期については，本件発明の実施又は実施許諾等により利益を取得することが可能になった時点，すなわち，特許権の設定登録時又はその実施若しくは実施許諾時のうちいずれかの遅い時点であると解するのが相当である。」と判断し，具体的には「本件特許の登録時は平成7年12月8日であり，また，・・・被告が平成元年11月頃から本件特許の実施品である被告旧製品を第三者に継続的に出荷していたことは当事者間に争いがないから，被告規則10条に基づく褒賞金，すなわち本件対価請求権の支払時期は，平成7年12月8日となる。」「そうすると，その翌日である平成7年12月9日が消滅時効の起算日となり，同日から10年後の平成17年12月8日の経過をもって消滅時効が完成したので，本件対価請求権は時効消滅したものと認められる。」とし，原告の請求を退けた。

　一方原告は「本件発明の実施がされる限り，各事業年度の決算の結果を踏まえ，毎年4月1日に褒賞金を支払う旨を定めたものであることを前提とし，少なくとも平成20年度及び平成21年度の実施に係る褒賞金については，消滅時効

が完成していない」と主張したが，裁判所は，被告規則10条は「被告が本件発明の実施等により相当の利益を得たときは，発明者に褒賞金を支給することがあると規定するのみであり，支払時期については一義的に明らかではないというべきであり，同条に基づき，褒賞金の支払時期が毎年4月1日に到来すると解することはできず，また，被告においてそのような慣行や支払実態があったと認めるに足りる証拠もない。」として，原告の主張を退けた。

４．実務上の指針

⑴ 対価支払時期の明確化について

　消滅時効はその権利の発生時点が起算点（初日不算入につき，その翌日が起算日）であるため，職務発明対価請求権の消滅時効の起算点は，原則特許を受ける権利の承継時となる。ただし，勤務規則等に，使用者等が従業者等に対して支払うべき対価の支払時期に関する条項がある場合には，その支払時期が相当の対価の支払を受ける権利の消滅時効の起算点となる（H15.4.22最高裁第三小法廷平成13年（受）1256）。しかし，勤務規則等に実績に応じた対価を支払う定めはあるもののその時期に関する定めが明示されていなかった場合には，勤務規則等の内容及びそれに基づく対価の支払実態を勘案して判断される。

　過去の事例としては，シロスタゾール職務発明対価請求事件の知財高裁判決（H18.11.21知財高裁平成17年（ネ）10125）において，実績補償については社内委員会が登録された発明の実施状況を調査するとの社内規程の状況に基づき，特許権の設定登録時又は特許発明の実施時のいずれか遅い時点を支払時期とした（参考文献１）。一方，アンプラーグ職務発明対価請求事件（H20.10.29知財高裁平成20年（ネ）10039）では，社内規則で実績補償につき「会社が・・・発明を実施し，その効果が顕著である」ときに支払うことと定められており，効果の顕著性の判断に実施開始から一定期間を要すること，及び支払基準として過去５年間の営業利益を勘案して支払額が決定されると定められていたことから，実施後５年経過時点が消滅時効の起算点となると判断している（参考文献２）。また，Felica職務発明対価請求事件（H30.5.29東京地裁平成27年（ワ）1190）では，登録日前の発明の実施に係る対価の争いに関し，勤務規則等に支払の定めがないことから，原則に基づき，特許を受ける権利の承継時を消滅時効の起算点としている（参考文献３）。

　本件においては，「職務発明に基づく発明の実施または実施権の許諾」を前提に褒賞金を支払うと定められていたが，実施に基づく実際の利益を対価計算の基礎とするような実態がなかったことから，設定登録時又は特許発明の実施時のいずれか遅い時点を権利発生時，すなわち消滅時効の起算点とした。

　このように，消滅時効の起算点については，その事案ごとの様々な事情を勘

案して判断されている。無用な争いを避け，職務発明の対価請求に関する使用者側の予見性を向上させるためにも，勤務規則等により対価支払時期を明示しておくのが好ましいのではないかと考える。上記の判決は平成16年改正前特許法における判断であるが，この考え方は現行特許法における職務発明対価請求権についても適用できるものと考える。

(2) 対価請求権の発生時期について

　職務発明の対価については，「相当の対価」（平成27年改正前特許法）と規定されている。この「相当の対価」の請求権発生においては，実際の利益額が確定する必要はない。裁判所は一貫して，相当の対価の額は予見可能であり，利益が確定しなくとも請求権は発生するという立場をとっている。すなわち，対価額の算定時期を実際の利益確定後，毎年算定しなければならないということはない。したがって，職務発明に係る特許を受ける権利の承継時点で支払をすることと定めても，問題はない。もっとも，平成27年改正前特許法では事後的に対価の額が不合理であると判断される可能性はあった。しかしながら平成27年改正特許法では，相当の利益（平成27年改正前特許法における「相当の対価」に相当）を定める手続が合理的であれば，事後的に不合理と判断されることもなく，従前のように使用者等にとって予見が困難な状態となることもない。一方で，発明の実施に伴う実際の利益に基づき算定する制度とすると，都度（各会計年度ごとに）利益額に応じて算定を行うこととなり，権利の発生時期が事後的になり，かえって予見性がなく，手続も煩雑なものとなるだろう。

　法律上の権利関係を早期に確定しておくことは，無用な争いを避けることができ，使用者側にとって好ましいものと思われる。したがって，できるだけ早い時期（最も早期は特許を受ける権利の承継時）に対価の支払時期を定めておくことも一案ではないかと思われる。職務発明制度の設計において，考慮すべき事項であろう。

【参考文献】
1．一般社団法人弁理士クラブ知的財産実務研究所編「実務家のための知的財産判例70選2007年度版」（発明推進協会，2007年）p286-p289
2．一般社団法人弁理士クラブ知的財産実務研究所編「実務家のための知的財産判例70選2009年度版」（発明協会，2009年）p302-p305
3．一般社団法人弁理士クラブ知的財産実務研究所編「実務家のための知的財産判例70選2019年度版」（発明推進協会，2019年）p316-p319

（澤田　孝之）

特許専用実施権許諾契約違反控訴事件

判 決 の ポイント	専用実施権を設定する旨の契約において専用実施権者は特許発明を実施する義務を負う旨の黙示の合意があるが，本件事実関係の下では被控訴人の製造販売が実施義務の履行として十分なものでなかったと評価することはできない。
事件の表示	R1.9.18　知財高裁　平成31年（ネ）10032 （原審　H31.2.28　大阪地裁　平成29年（ワ）1752）
参 照 条 文	特77　民415
Key Word	専用実施権，実施義務

1．事実関係

(1)　事案の概要

　本件は，名称を「稚魚を原料とするちりめんの製造法及びその製品」とする発明（本件発明）に係る特許第4686669号の特許権（本件特許権）を有する控訴人が，その専用実施権を設定する旨の契約（本件契約）の相手方である被控訴人は，本件契約上専用実施権者に義務付けられた特許発明の実施をせず，また，実施に係る報告もしなかったとして，債務不履行による損害賠償請求権に基づき，本件契約による約定損害金1,000万円及び遅延損害金の支払を求めた事案である。

　原審は，被控訴人は本件発明を実施しており，また，報告義務の不履行による控訴人の損害は認められないとして，控訴人の請求を棄却した。

　そこで，控訴人がこれを不服として本件控訴を提起した。

(2)　本件発明

　本件特許権の請求項1は，以下のとおりである。

「3パーセント〜10パーセントの食塩水でボイルした稚魚を5℃〜−1℃の温度帯で熟成期間を約48時間設けて氷冷熟成し，その後-23℃〜-25℃で凍結し，解凍後真空包装し，加圧加熱処理することを特徴とする稚魚を原料とするちりめんの製造法。」

(3)　本件契約の内容

　控訴人は本件特許権についてその範囲全部にわたる専用実施権を被控訴人に許諾する。その許諾の対価として被控訴人は控訴人にイニシャルペイメント及びランニング実施料を支払う。イニシャルペイメントは0円と定める。被控訴人は，毎月末日限り，その前月末日までに販売した本製品の総販売額などを記載した実施報告書を控訴人に送付する。被控訴人は，当該期間に本製品の販売実績がない場合も，その旨を記載した報告書を控訴人に送付しなくてはならな

い。控訴人は，被控訴人が本契約に違反したときは，何らの催告を要せず本契約を解除することができる。控訴人及び被控訴人は，相手方の本契約違反により損害を被った場合，相手方に対して損害の賠償を請求することができる。

2．争点

被告製品の製造工程が本件発明の製造工程に反するものか（争点1），被告製品の製造販売が実施義務の履行として十分なものでなかったか（争点2）について争われた。

3．裁判所の判断

控訴審も，被控訴人に実施義務の不履行は認められず，報告義務の不履行は認められるがこれによる控訴人の損害が認められないから，債務不履行による損害賠償を求める控訴人の請求には理由がないものと判断した。

(1) 本件発明に係る被控訴人の実施義務について

被控訴人は，本件契約に基づき本件特許の専用実施権を取得し，本件発明を独占的に実施し得る地位を取得する。一方，控訴人は，自ら実施することができないのみならず，被控訴人以外の者に実施の許諾をして実施料を得ることができないにもかかわらず，特許維持費用を負担する義務を負う。控訴人は，被控訴人が本件発明を実施して製品を顧客に販売することができなければ，実施料の支払を全く受けられない。このような当事者双方の法的地位に照らすと，本件契約においては，本件特許の許諾を受けた被控訴人においてこれを実施する義務を負う旨の黙示の合意があるものと認めるのが衡平にかない，また，被控訴人において本件発明を実施する義務を負うこと自体は，被控訴人も争っていない。

もっとも，このように解したとしても，実施義務の具体的内容，言い換えれば，被控訴人において何をすれば義務を履行したといえるか，あるいは，不完全な履行に対してどのような効果が付与されるかについて，一義的に定まるわけではない。そうすると，本件契約の趣旨に加え，実施品の製造及び販売に係る被控訴人の態度を具体的な事情の下で総合的に検討することにより，本件契約違反に基づく損害の賠償請求の可否を判断するのが相当である。

(2) 実施義務違反の有無について

(ア) 争点1について

控訴人は，被告製品の製造工程には，稚魚をボイルした後に，粗熱をとって冷ます工程が入っていることから，本件発明の製造工程に反し，そのことにより，本件契約上専用実施権者に義務付けられた特許発明の実施がされていない旨主張した。しかし，控訴審は，被告製品の製造工程が本件発明の製

造工程に反していると認めることはできないと判断し，その理由は，一部補正し，控訴人の補充主張に対する判断を付加するほかは，原判決のとおりであるとした。

控訴人の補充主張は，本件発明は，しらすの旨味成分を維持しつつ長期間の保存を可能にすることを目的とするものであるのに，被告製品に含まれるイノシン酸と水分の量は，その2年以上前に本件発明の製造方法に従って製造された製品と比較しても少なく，被告製品においてはイノシン酸による旨味成分の維持がされていないことからすれば，本件発明の製造工程に従って製造されていないと認めるべきであり，このことは被控訴人の実施義務の違反を構成するというものであった。しかし，控訴審は，被告製品に含まれるイノシン酸と水分の量を示す証拠として控訴人が提出した試験結果が，被告製品の状態を的確に示すものといえるか否かについては疑義があり，この疑義を払拭するに足りる的確な証拠はないとして，控訴人の上記主張は，その前提を欠き，理由がないと判断した。

(イ) 争点2について

控訴人は，被控訴人が本件契約の締結後すぐには被告製品を製造しなかったことや，その後に支払われた実施料が少額であったことを捉えて，被告製品の製造販売が実施義務の履行として十分なものでなく，そのことにより，本件契約上専用実施権者に義務付けられた本件発明の実施がされていない旨主張した。しかし，控訴審は，本件事実関係のもとにおいて，被告製品の製造販売が実施義務の履行として十分なものでなかったと評価することはできないと判断し，その理由は一部補正したほかは原判決のとおりであるとした。

4．実務上の指針

本判決の意義は，特許専用実施権許諾契約に専用実施権者の特許発明の実施義務が明示されていなくとも，本件特許の許諾を受けた専用実施権者においてこれを実施する義務を負う旨の黙示の合意があると認めた点にある。

もっとも，黙示の合意があると認めることが当事者双方の法的地位に照らすと衡平にかなうこと，被控訴人が実施義務を負うことを争っていないという事情があったことに留意すべきだろう。専用実施権の許諾契約だからといって，実施義務が明示されていなくとも，実施義務を負う旨の黙示の合意があったと直ちに認められるわけではない。

ところで，本判決は専用実施権の許諾契約に関するものであるから，通常実施権の許諾契約に直ちに当てはまるともいえない。しかし，学説として，実施権の許諾契約において実施義務が明示されていなくても，実施権者の実施成果の出来高に応じた支払が約定されている場合には，実施権は，独占的実施権者

たると非独占的実施権者たるとを問わず，原則として実施義務を負うという見解も示されている。

　そうすると，本事例のように，実施権の許諾契約において，実施権者が特許を実施しないことには特許権者が実施料の支払を全く受けられないことになるような場合は，専用実施権，通常実施権を問わず，最初から契約書等において実施義務に関係する条項を設けておくのも一考といえる。

　もっとも，本判決では，実施義務の具体的内容，言い換えれば，被控訴人において何をすれば義務を履行したといえるか，あるいは，不完全な履行に対してどのような効果が付与されるかについて，一義的に定まるわけではないとも判示している。本事例では，被控訴人が，特許発明を実施するための設備を有していなかったため，その準備に手間取り，結果的に，商品が消費者に十分に受け入れられず，思うように商品が販売できなかったという事情がある。実施義務を明示したところで，特許発明を実施できる能力の有無は別問題であるし，経済的成功が保証されているわけでもない。

　そうすると，実施権の許諾契約書においては，実施義務を明示するだけでは紛争を招くリスクの低減には足りず，加えて，その実施義務の具体的内容についても定めておくことが肝要といえる。

　すなわち，ライセンス契約において，実施開始時期，実施数量，及び最低実施料，さらには販売促進や宣伝広告にかける費用を定めたりする場合もある。特許発明の実施から十分な利益を上げ，適切なライセンス料を支払えるように十分な事業計画を策定して実施のための設備や販売経路を確認し，さらには，将来の予測し得ないビジネス環境の変化に柔軟に対応できるように契約の内容を見直せる条項を設けるなどが重要といえる。

　最後に，特許専用実施権許諾契約の締結にあたり，特許権者及び専用実施権者となる者が留意すべき事項については，原審について解説された「実務家のための知的財産権判例70選」2019年度版p320-p323を参照されるのがよかろう。

【参考文献】
　山川和則ほか編「知財ライセンス契約の法律相談〔改訂版〕新・青林法律相談19」（青林書院，2011年）p622-p627

（小國　泰弘）

専用実施権等設定契約違反事件

判 決 の ポイント	実施権の設定契約に基づく実施料の支払請求における停止条件の不成就について，信義則違反ではないとされた。
事件の表示	R1.7.4　大阪地裁　平成29年（ワ）3973
参照条文	民130
Key Word	実施権設定契約，停止条件，信義則違反

1．事実関係

　本件は，原告Xが被告Yに対し，主位的に，「特許権等の専用実施権および仮専用実施権の設定に関する契約書」に係る契約に基づき，実施料（一時金）4,500万円等の支払を請求するとともに，予備的に，被告が上記契約の停止条件を成就させる意思がないのに，本件契約を締結してノウハウ等を詐取した旨主張して，不法行為に基づき損害の賠償等の支払を請求する事案である。

　Xは，蛍光色素の研究，開発及びその技術指導，蛍光色素の製造，輸出入及び販売等を目的とする株式会社であり，Xの代表取締役X1は，学校法人X2大学の教授である。Yは，・・・天然樹脂，合成樹脂等の製造，加工，売買及び輸出入，工業所有権，ノーハウ等の無体財産権の取得，譲渡及び提供等を目的とする株式会社である。

　X1は，蛍光色素に関する研究をし，「本件契約の対象特許」記載の特許に係る発明（「本件発明」と総称する。）をし，自ら又は特許を受ける権利を承継して，特許権者として記載されている者（X等）が，その発明に係る特許を出願し，特許登録を受けた。

　XとYは，Xが開発した蛍光色素について，蛍光色素の事業化に関する協業の可能性を検討するにあたり，開示側当事者から受領側当事者に開示される一切の技術的，営業的情報の取扱い及び管理の条件について定めることを目的とする秘密保持契約を締結し，その後，「特許権等の専用実施権および仮専用実施権の設定に関する契約書」（以下「本件契約」という。）を締結した。

　本件契約において，契約が成立してから60日以内に，被告が原告に一時金4,500万円を支払うと定められていること（第4条），本契約は，第12条（共同研究）及び第13条（製造・販売）に定める共同研究契約及び製造委託契約の締結を条件とすること（第25条）が規定されており，これは停止条件を定めたものであること，及び現在に至るまで共同研究契約・製造委託契約が締結されていないことは，当事者間に争いがない。

2．争点

被告が故意に本件契約第25条の停止条件の成就を妨げたか（争点1），被告に詐欺を理由とする不法行為が成立するか（争点4）について争われた。

3．裁判所の判断

(1)　争点1について（主位的請求）

裁判所は争点1について以下のように判断した。

「原告は，被告が故意にその条件の成就を妨げたから，条件が成就したものとみなされる（民法130条），あるいは，条件が成就したのと同視すべきであると主張する。ところで，民法130条は信義則に反する当事者の責任を重くしたものであるから，同条によって条件が成就したものとみなすためには，条件が成就することによって不利益を受ける当事者に「故意」があることに加え，条件を不成就にしたことが信義則に反することも要件として求められると解すべきである。そこで，以下では，被告が共同研究契約等を締結せず，停止条件を成就させなかったことが信義則に反するかどうかという観点から検討する。なお，共同研究契約等は，被告と原告が締結するものであり，「単に債務者の意思のみに係る」ものとはいえないから，本件契約第25条の停止条件は，いわゆる純粋随意条件（民法134条）には当たらない。」

「本件契約は，原告と被告が共同研究を行い，本件発明をさらに改良するなどして，原告製品の競合品である「Alexa」よりも蛍光強度等が高く，改良された製品を開発し，被告がその製品の製造販売を事業として行うことを目的として締結されたと認めるのが相当である。」

「被告が原告に対して技術情報等の開示や教示を求める目的も，・・・原告製品に係る蛍光色素の構造や合成法等について開示や教示を受け，原告と共同して，より蛍光強度や水溶性が高く，改良された製品を開発するためであったと認められる。」

「被告は原告から，共同研究を始める前提として開示を求めていた各種情報の開示を十分には受けることができなかったから，そもそも本件発明の作用効果や原告製品に係る蛍光色素の評価を十分にできなかったばかりか，今後の共同研究や製品化に当たって解決すべき課題を具体的に認識することができず，またこれらが具体的に認識できない以上，その課題解決が可能かということや，どの程度困難かということも予想できず，仮に課題解決が可能であるとしても，その課題解決にどの程度の時間を要するかも明らかではなく，製品化の見込みを立てることはできなかったと考えられる。また，被告は多大な経費をかけて本件事業を進めていくことを予定していたが，今後の共同研究や製品化に当たって解決すべき課題の具体的内容が認識できなければ，製品化の可能性や事

業として成り立つ見込みも立てられないから，営利事業を営んでいる被告としては，原告との共同研究を断念し，事業の中止を検討することは不合理とはいえない。」

「被告が原告との間で共同研究契約を締結しなかったことは，やむを得ないものであったということができ，そうである以上，製造委託契約を締結するという話に至ることもないから，製造委託契約を締結しなかったこともやむを得なかったといえる。そうすると，被告が条件を不成就にしたことが信義則に反するとはいえないから，被告が故意に停止条件を成就させなかった（民法130条）と認めることはできない。そして，上記判示を踏まえると，本件契約の適用において，信義則上，共同研究契約等が締結されたのと同視すべき事情があるともいえない。したがって，本件契約は停止条件が成就していない以上，効力を生じていないことになる。そして，前記認定事実や被告の本件訴訟における主張等を踏まえると，被告は現時点で，原告と共同研究契約等を締結する意思を全く有していないと認めるほかないから，原告の被告に対する一時金の請求（主位的請求）は，全部棄却すべきこととなる。」

(2) 争点4について（予備的請求）

裁判所は争点4について以下のように判断した。

「原告は，被告が原告と共同研究を行う意思がなかったにもかかわらず，原告に本件契約の締結を持ちかけ，ノウハウ等を詐取したなどとして，詐欺による不法行為を主張している。しかしながら，前記認定事実によれば，被告は，本件契約締結前から原告との共同研究や事業化に向けた検討をし，原告とも打合せや会議を実施していたし，本件契約締結後も，被告の「プロジェクト」として進めることを前提として，事業化に向けた研究開発計画の策定を行おうとしており，原告との共同研究に向けた検討・準備をしていたと認められ，前記認定の本件契約の締結前後の経緯によれば，被告は，本件契約締結後の原告の対応等を受け，原告との間で共同研究契約等を締結することはできないと判断するに至ったと認められるから，原告が主張するように，本件契約の締結時から，被告に原告と共同研究を行う意思がなかったと推認することはできず，他に原告の主張を認めるに足りる証拠はない。」

4．実務上の指針

(1) 本件は，大学教授X1が，NPO法人Xを作り，特許等を管理しており，企業Yが，大学教授X1と共同研究して事業化を進めるに際して，NPO法人Xと，「特許権等の専用実施権および仮専用実施権の設定に関する契約書」を締結し，その第4条でYからXへの一時金4,500万円の支払を規定し，第25条で，本契約は共同研究契約と製造委託契約の締結を条件とした，すなわち，共同研究契約等

の締結を本契約の停止条件としたものである。XはYの求めに応じ，蛍光色素に関する技術情報及びノウハウ等を開示しており，Yは共同研究等の契約を締結できたにもかかわらず，故意に本件契約第25条の停止条件の成就を妨げたから，民法130条の信義則違反であるとして一時金の支払等を求めて本訴訟を提起した。

　これに対して，裁判所は，本件契約の目的は，単にXの現製品を製造・販売等することではなく，XとYが共同研究を行い，本件発明をさらに改良させた製品を開発し，被告がその製品の製造販売を事業として行うことであると認定し，Yの開示要求はYの事業化判断に必要であること，むしろXの開示が十分ではなく，今後の共同研究や製品化への解決課題の具体的内容を認識できなければ，製品化の可能性や事業見込みも立てられず，事業中止を検討することは不合理とは言えないとして，停止条件の不成就は信義則に反するとは言えないとした。

　本件は，大学教授と企業間の共同研究や事業化に際して締結される実施権設定契約に基づく実施料の支払に関するトラブルであるが，実施料の支払に関する停止条件の不成就についての「信義則違反」について判断されており，判決としては珍しい事例であり，特に契約締結後の両者の対応について，実務上の参考になると思われる。

⑵　本件は，知財高裁に控訴されたが，控訴棄却された（R1.12.18知財高裁令和元年（ネ）10053）。上記争点に加え，本件契約第25条の「条件」の法的効力及び条件成就の有無が，争点として追加された。すなわち，Xは，第25条で「本契約は，第12条（共同研究）及び第13条（製造・販売）に定める共同研究契約，及び製造委託契約の締結を条件とする。」と約定されているところ，ここでいう「条件」は，法的効果を伴うものではないか，解除条件を定めたものとみるべきであり，仮に本件契約第25条にいう「条件」が停止条件を定めたものであるとしても，本件においては，その条件が成就しているというべきであると主張した。しかしながら，原審の審理経過を踏まえ，これらの主張は，成立した自白の撤回に当たり，Xにおいて自白をしたことにつき錯誤があったとも認められないから，その撤回は許されないとしてXの主張は認められなかった（なお，第25条の「条件」は本件契約の効力の発生について停止条件を付すものと解するほかないと付言されている。）。

　下級審で撤回した主張を上級審で再度主張することは，当然ながら許されない。原審において「前提事実」として記載されており，その事実の有無が控訴審において認定されている。

（濱田　百合子）

裁判例インデックス

判例番号	掲載頁	タイトル	特許・実案法	意匠	商標	不競法	著作権	査定系	当事者系	行政その他	侵害その他	電気	機械	化学	技術その他	最高裁	高裁	地裁	キーワード
12	48	局所的眼科用処方物上告事件	○						○					○		三小			予測できない顕著な効果、確定した取消判決の拘束力
13	52	L-グルタミン酸産生菌及びL-グルタミン酸の製造方法事件	○						○					○			知財		進歩性、実施可能要件、サポート要件、再現実験、発明の技術的思想
14	56	窒化物半導体積層体及びそれを用いた発光素子事件	○								○			○			知財		進歩性、周知技術、技術的意義、後知恵、上位概念化
15	60	椅子式マッサージ機事件	○					○					○				知財		実施可能要件、機能的クレーム
16	64	複数分子の抗原に繰り返し結合する抗原結合分子事件	○					○						○			知財		実施可能要件、抗体医薬
17	68	気体溶解装置事件	○					○					○				知財		サポート要件
18	72	非水系電解液事件	○								○			○			知財		サポート要件
19	76	脂質含有組成物及びその使用方法事件	○					○						○			知財		明確性要件、サポート要件
20	80	狭帯部描写システム事件	○					○				○					知財		明確性要件、進歩性
21	84	二重瞼形成用テープ事件	○						○						○		知財		和解契約、不争条項、審判請求の利益、審決却下
22	88	紙製包装容器の製造法及び紙製包装容器事件	○						○				○				知財		プロダクト・バイ・プロセス、訂正、物同一説、クレーム、審決却下
23	92	はんだ付け方法事件	○					○				○					知財		新規事項、新規事項の追加

判例番号	掲載頁	タイトル	特許・実案法	意匠	商標	不競法	著作権	査定系	当事者系	その他系	侵害訴訟系	その他	電気	機械	化学	その他	最高裁	高裁	地裁	キーワード
37	158	情報管理プログラム事件	○								○		○						東京	イ号製品の認定、ソフトウェア発明
38	162	加熱調理器控訴事件	○								○			○				知財		明細書等の記載の参酌、構成要件の表示関係に誘導する手段
39	166	導光板および導光板アセンブリ控訴事件	○								○			○				知財		文言侵害、均等侵害、主要事実の自白
40	170	交差連結具事件	○								○			○					大阪	技術的範囲、文言侵害
41	174	美容器事件	○								○			○					東京	文言侵害、均等論、特許無効の抗弁、損害額の推定覆滅事由
42	178	抗ウイルス性衛生マスク事件	○								○			○					東京	技術的範囲、文言侵害、先使用の抗弁、特許無効の抗弁
43	182	アクリルトリオン除草剤控訴事件	○								○				○			知財		発明の課題、サポート要件、実施料率、共同不法行為
44	186	タンパク質を抽出する混合液事件	○								○				○				東京	技術的範囲、機能的記載
45	190	養殖魚介類への栄養補給体及びその製造方法控訴事件	○								○				○			知財		特許権共有、消尽、間接侵害
46	194	非水系毛髪化粧料および毛髪処理方法事件	○								○				○				大阪	差止請求、廃棄請求、共同不法行為、限界利益
47	198	屈折計事件	○								○		○						東京	損害額、寄与率
48	202	美容器大合議事件	○								○			○				知財		損害額の算定方法
49	206	磁気記録データ事件	○								○		○						東京	測定方法、測定条件、損害額の推定、推定覆滅事由

判例番号	掲載頁	タイトル	特許・実用新案法	意匠	商標	不競法	著作権	査定系	当事者系	その他系	長害訴訟系	その他	電気	機械	化学	その他	最高裁	高裁	地裁	キーワード
62	266	イヤーパッド控訴事件				○					○							知財		実施許諾、販売による消尽
63	272	ペンギン写真控訴事件					○				○							知財		写真の著作物の一部利用、1個の著作物を1回利用
64	276	飲食店用プログラム著作権事件					○				○								大阪	著作物性、職務著作
65	280	Linect事件					○				○								東京	編集著作物、素材の選択又は配列
66	284	「眠り猫」イラスト事件					○				○								大阪	類似性、依拠性、損害額の推定
67	288	音楽教室における著作物使用にかかわる請求権不存在確認事件					○				○								東京	演奏権、公衆、聞かせることを目的
68	292	学習塾問題ライブ解説控訴事件					○				○							知財		学習塾、ライブ解説、動画配信
69	296	新冷蔵庫等システム開発契約控訴事件					○				○							知財		成果物、複製権、翻案権
70	302	マグネシウムアロイコラートの合成方法」職務発明発明対価請求事件	○									○				○			東京	職務発明の対価、消滅時効
71	306	特許専用実施権控訴事件	○									○				○		知財		専用実施権、実施義務
72	310	専用実施権等設定契約違反事件	○									○				○			大阪	実施権設定契約、信義則違反

裁判例索引

キーワード索引

【ら行】

【わ行】

執筆者氏名（五十音順）

浅 野 令 子	弁理士	あいぎ特許事務所
五十嵐 光 永	弁理士	(業)志賀国際特許事務所
石 田　　理	弁理士	(業)太陽国際特許事務所
石 塚 勝 久	弁理士	石塚特許商標事務所
稲 山 朋 宏	弁理士	オアシス国際特許事務所
井 上 誠 一	弁理士	アーバン国際特許事務所
今 堀 克 彦	弁理士	(業)秀和特許事務所
及 川　　周	弁理士	(業)志賀国際特許事務所
大 井 道 子	弁理士	(業)協働特許事務所
大和田 昭 彦	弁理士	株式会社クロスコンパス
岡 田 希 子	弁理士	アテーナ国際特許事務所
奥 川 勝 利	弁理士	黒田国際特許事務所
小 國 泰 弘	弁理士	(業)津国
小 越 一 輝	弁理士	小越国際特許事務所
加 藤 和 孝	弁理士	(業)永井国際特許事務所
茅 野 直 勝	弁理士	(業)酒井国際特許事務所
川 口 眞 輝	弁理士	川口弁理士事務所
川久保 新 一	弁理士	川久保特許事務所
川 原 行 雄	弁理士	桐朋国際特許法律事務所
河 部 康 弘	弁護士・弁理士	小林・弓削田法律事務所
菅 野 好 章	弁理士	アドバンス国際特許事務所
岸 本 達 人	弁理士	東京セントラル特許事務所
北 口 智 英	弁理士	(業)太陽国際特許事務所
國 井 久美子	弁理士	国立大学法人信州大学
黒 瀬 勇 人	弁理士	(業)サトー国際特許事務所
黒 瀬 泰 之	弁理士	そらおと国際特許事務所
黒 田 博 道	弁理士	みらい国際特許事務所
剣 持 勇 一	弁理士	セントラル硝子株式会社
小 林 恵美子	弁理士	(業)樹之下知的財産事務所
權 正 英 樹	弁理士	(業)樹之下知的財産事務所

齋 藤 昭 彦	弁理士	あきた知的財産事務所
坂 手 英 博	弁理士	(業)太陽国際特許事務所
澤 田 孝 之	弁理士	杏林製薬株式会社
下 田 憲 雅	弁護士・弁理士	せいしん特許法律事務所
須 藤 淳	弁理士	(業)後藤特許事務所
伊 達 浩	弁理士	ソニー株式会社
谷 征 史	弁理士	(業)協働特許事務所
玉 腰 紀 子	弁理士	慶應義塾大学
都 野 真 哉	弁理士	TMI総合法律事務所
虎 山 滋 郎	弁理士	ダイヤ特許事務所
内 藤 忠 雄	弁理士	山崎法律特許事務所
永 井 望	弁理士	(業)永井国際特許事務所
永 井 義 久	弁理士	(業)永井国際特許事務所
中 川 裕 幸	弁理士	(業)中川国際特許事務所
長 野 み か	弁理士	(業)太陽国際特許事務所
中 村 新 二	弁理士	(業)磯野国際特許商標事務所
西 山 崇	弁理士	(業)太陽国際特許事務所
根 岸 勇 太	弁理士	(業)信栄特許事務所
野 崎 彩 子	弁理士	(業)太陽国際特許事務所
濱 田 百合子	弁理士	(業)栄光特許事務所
古 館 久丹子	弁理士	(業)栄光特許事務所
保 立 浩 一	弁理士	保立国際特許事務所
三 苫 貴 織	弁理士	オリーブ国際特許事務所
南 島 昇	弁理士	(業)サトー国際特許事務所
森 廣 亮 太	弁理士	(業)秀和特許事務所
山 内 輝 和	弁理士	アーバン国際特許事務所
山 本 晃 司	弁理士	東京セントラル特許事務所
和 気 光	弁理士	和気国際特許事務所
和久田 純 一	弁理士	(業)秀和特許事務所

カバーデザイン
サンクデザインオフィス

実務家のための
知的財産権判例70選　2020年度版

2020年（令和2年）11月25日　初 版 発 行

編　集	一般社団法人弁理士クラブ
©2020	知的財産実務研究所
発　行	一般社団法人発明推進協会
発行所	一般社団法人発明推進協会
	所在地　〒105-0001
	東京都港区虎ノ門3-1-1
	電　話　東京　03(3502)5433（編集）
	東京　03(3502)5491（販売）
	ＦＡＸ　東京　03(5512)7567（販売）

乱丁・落丁本はお取替えいたします。　印刷：株式会社丸井工文社
ISBN978-4-8271-1344-0　C3032　　　　Printed in Japan

発明推進協会ホームページ：http://www.jiii.or.jp/